毛泽东思想和中国特色社会主义理论体系概论辅导教程

卿　臻　陈少珍　张　燕　主编

中国财经出版传媒集团
中国财政经济出版社

图书在版编目（CIP）数据

毛泽东思想和中国特色社会主义理论体系概论辅导教程/卿臻，陈少珍，张燕主编．—北京：中国财政经济出版社，2019.1

ISBN 978－7－5095－8756－0

Ⅰ.①毛…　Ⅱ.①卿…②陈…③张…　Ⅲ.①毛泽东思想－高等学校－教材②中国特色社会主义－社会主义建设模式－高等学校－教材　Ⅳ.①A84②D616

中国版本图书馆CIP数据核字（2018）第299432号

责任编辑：蔡　宾　　　　责任校对：徐艳丽
封面设计：孙俪铭

中国财政经济出版社出版
URL：http：//www.cfeph.cn
E－mail：cfeph@cfeph.cn

社址：北京市海淀区阜成路甲28号　邮政编码：100142
营销中心电话：010－88191537　北京财经书店电话：64033436　84041336
北京时捷印刷有限公司印刷　各地新华书店经销
787×1092毫米　16开　9.75印张　305 000字
2019年1月第1版　2019年1月北京第1次印刷
定价：26.00元
ISBN 978－7－5095－8756－0
（图书出现印装问题，本社负责调换）
本社质量投诉电话：010－88190744
打击盗版举报热线：010－88191661　QQ：2242791300

编委会成员

主　编：卿　臻　陈少珍　张　燕

副主编：黄　励　韦　玮　周　晔

雷明芳　周克扬　林富威

主　审：谢　云　刘　俐

编写说明

“毛泽东思想和中国特色社会主义理论体系概论”是当代大学生必修的思想政治理论课，是高校思想政治理论课程中的核心课程，是帮助大学生树立正确世界观、人生观和价值观的重要途径，体现了社会主义大学的本质要求。编写该辅导教程是为了帮助大学生加深理解和掌握马克思主义中国化的形成发展、主要内容和精神实质，不断增强大学生对于中国特色社会主义的道路自信、理论自信、制度自信、文化自信，坚定中国特色社会主义理想信念。

实践教学是思想政治理论课教学的重要环节，是促进学生了解社会、认识国情、增长才干、培养品格、奉献社会的重要环节，也是贯彻“实践育人”的教育方针，将理论联系实际这一马克思主义基本原理自觉应用于高等教育领域的重要体现。

本书是我们在教学过程中对党的十八大以来理论创新成果和实践创新成果进行认真研究和深入分析的基础上编写而成的，有助于师生进一步准确地理解和把握毛泽东思想和中国特色社会主义理论体系的科学内涵和精神实质，便于学生把握教材的学习内容和学习要求，巩固学习成果，增强政治理论素养，提高运用党的理论、路线、方针、政策去发现问题、分析问题和解决问题的能力。

为了与教材同步，采取了分章编写的形式，每章都设置九个板块，分别为学习目的和要求、学习重点、学习难点、重点难点测试、案例品评、名人名言名句、实践项目、学习延伸、相关链接，并提供了参考答案。

本书能够成书，是广西国际商务职业技术学院编写组集体智慧的结晶，并在共同讨论研究的基础上分工执笔完成。其中，卿臻、陈少珍和张燕三位老师担任主编，负责全书的总体设计、统稿修订及初审工作；黄励、韦玮、周晔、雷明芳、周克扬、林富威担任副主编；谢云、刘俐担任主审工作。具体编写分工如下：卿臻为本书的第一主编，负责全书的总体设计、初审及前言的编写工作；陈少珍为本书的第二主编，负责统稿及第一章的编写工作；张燕为本书第三主编，负责第四章和第五章的编写工作；黄励老师为本书的副主编，负责第二章和第三章的编写工作；韦玮老师为本书的副主编，负责第六章和第七章的编写工作；周晔老师为本书的副主编，负责第八章和第九章的编写工作；雷明芳为本书的副主编，负责第十章的编写工作；周克扬为本书的副主编，负责第十一章和第十二章的编写工作；林富威为本书的副主编，负责第十三章和第十四章的编写工作。

在本书编写过程中，我们参阅和借鉴了国内外最新的研究成果，在此，向社会同仁及各位专家一并表示感谢。由于编者理论修养和水平所限，书中难免有疏漏和不当之处，敬请广大读者批评指正。

编者

2018 年 12 月

目　录

前言 …………………………………（1）
一、学习目的和要求 ……………………（1）
二、学习重点 …………………………（1）
三、学习难点 …………………………（1）
四、重点难点测试 ……………………（1）
五、案例品评 …………………………（3）
六、名人名言名句 ……………………（10）
七、实践项目 …………………………（11）
八、学习延伸 …………………………（11）
九、相关链接 …………………………（11）
参考答案 ……………………………（12）

上篇　毛泽东思想

第一章　毛泽东思想及其历史地位 ………（15）
一、学习目的和要求 ……………………（15）
二、学习重点 …………………………（15）
三、学习难点 …………………………（16）
四、重点难点测试 ……………………（16）
五、案例品评 …………………………（17）
六、名人名言名句 ……………………（21）
七、实践项目 …………………………（21）
八、学习延伸 …………………………（22）
九、相关链接 …………………………（22）
参考答案 ……………………………（23）
第二章　新民主主义革命理论 …………（24）
一、学习目的和要求 ……………………（24）
二、学习重点 …………………………（24）
三、学习难点 …………………………（24）
四、重点难点测试 ……………………（25）
五、案例品评 …………………………（26）
六、名人名言名句 ……………………（29）
七、实践项目 …………………………（29）
八、学习延伸 …………………………（30）
九、相关链接 …………………………（30）
参考答案 ……………………………（30）
第三章　社会主义改造理论 ……………（33）
一、学习目的和要求 ……………………（33）
二、学习重点 …………………………（33）
三、学习难点 …………………………（33）
四、重点难点测试 ……………………（33）
五、案例品评 …………………………（35）
六、名人名言名句 ……………………（37）
七、实践项目 …………………………（38）
八、学习延伸 …………………………（38）
九、相关链接 …………………………（38）
参考答案 ……………………………（39）
第四章　社会主义建设道路初步探索的理论成果 ……（42）
一、学习目的和要求 ……………………（42）
二、学习重点 …………………………（42）
三、学习难点 …………………………（42）
四、重点难点测试 ……………………（42）
五、案例品评 …………………………（44）
六、名人名言名句 ……………………（47）
七、实践项目 …………………………（49）
八、学习延伸 …………………………（50）
九、相关链接 …………………………（50）
参考答案 ……………………………（51）

中篇　邓小平理论、“三个代表”重要思想、科学发展观

第五章　邓小平理论 ……………………（53）
一、学习目的和要求 ……………………（53）
二、学习重点 …………………………（53）
三、学习难点 …………………………（54）
四、重点难点测试 ……………………（54）
五、案例品评 …………………………（56）
六、名人名言名句 ……………………（60）
七、实践项目 …………………………（61）
八、学习延伸 …………………………（62）
九、相关链接 …………………………（62）
参考答案 ……………………………（64）
第六章　“三个代表”重要思想 …………（67）
一、学习目的和要求 ……………………（67）
二、学习重点 …………………………（67）
三、学习难点 …………………………（67）
四、重点难点测试 ……………………（67）
五、案例品评 …………………………（70）
六、名人名言名句 ……………………（70）
七、实践项目 …………………………（71）
八、学习延伸 …………………………（72）
九、相关链接 …………………………（72）
参考答案 ……………………………（73）
第七章　科学发展观 ……………………（75）

一、学习目的和要求 …………………… (75)
二、学习重点 …………………………… (75)
三、学习难点 …………………………… (75)
四、重点难点测试 ……………………… (75)
五、案例品评 …………………………… (77)
六、名人名言名句 ……………………… (78)
七、实践项目 …………………………… (79)
八、学习延伸 …………………………… (79)
九、相关链接 …………………………… (80)
参考答案 ………………………………… (80)

下篇　习近平新时代中国特色社会主义思想

第八章　习近平新时代中国特色社会主义思想及其历史地位 ………………… (83)
一、学习目的和要求 …………………… (83)
二、学习重点 …………………………… (83)
三、学习难点 …………………………… (84)
四、重点难点测试 ……………………… (84)
五、案例品评 …………………………… (85)
六、名人名言名句 ……………………… (86)
七、实践项目 …………………………… (87)
八、学习延伸 …………………………… (87)
九、相关链接 …………………………… (88)
参考答案 ………………………………… (88)
第九章　坚持和发展中国特色社会主义的总任务 …………………… (90)
一、学习目的和要求 …………………… (90)
二、学习重点 …………………………… (90)
三、学习难点 …………………………… (90)
四、重点难点测试 ……………………… (90)
五、案例品评 …………………………… (92)
六、名人名言名句 ……………………… (93)
七、实践项目 …………………………… (93)
八、学习延伸 …………………………… (94)
九、相关链接 …………………………… (94)
参考答案 ………………………………… (94)
第十章　“五位一体”总体布局 ………… (96)
一、学习目的和要求 …………………… (96)
二、学习重点 …………………………… (97)
三、学习难点 …………………………… (97)
四、重点难点测试 ……………………… (97)
五、案例品评 …………………………… (98)
六、名人名言名句 ……………………… (102)
七、实践项目 …………………………… (103)
八、学习延伸 …………………………… (104)
九、相关链接 …………………………… (105)
参考答案 ………………………………… (106)
第十一章　“四个全面”战略布局 ……… (108)
一、学习目的和要求 …………………… (108)
二、学习重点 …………………………… (108)
三、学习难点 …………………………… (108)
四、重点难点测试 ……………………… (109)
五、案例品评 …………………………… (110)
六、名人名言名句 ……………………… (114)
七、实践项目 …………………………… (115)
八、学习延伸 …………………………… (116)
九、相关链接 …………………………… (116)
参考答案 ………………………………… (117)
第十二章　全面推进国防和军队现代化 ……………………………………… (119)
一、学习目的和要求 …………………… (119)
二、学习重点 …………………………… (119)
三、学习难点 …………………………… (119)
四、重点难点测试 ……………………… (119)
五、案例品评 …………………………… (120)
六、名人名言名句 ……………………… (121)
七、实践项目 …………………………… (122)
八、学习延伸 …………………………… (123)
九、相关链接 …………………………… (123)
参考答案 ………………………………… (123)
第十三章　中国特色大国外交 ………… (125)
一、学习目的和要求 …………………… (125)
二、学习重点 …………………………… (125)
三、学习难点 …………………………… (125)
四、重点难点测试 ……………………… (125)
五、案例品评 …………………………… (127)
六、名人名言名句 ……………………… (130)
七、实践项目 …………………………… (130)
八、学习延伸 …………………………… (131)
九、相关链接 …………………………… (136)
参考答案 ………………………………… (137)
第十四章　坚持和加强党的领导 ……… (138)
一、学习目的和要求 …………………… (138)
二、学习重点 …………………………… (138)
三、学习难点 …………………………… (138)
四、重点难点测试 ……………………… (138)
五、案例品评 …………………………… (140)
六、名人名言名句 ……………………… (142)
七、实践项目 …………………………… (143)
八、学习延伸 …………………………… (144)
九、相关链接 …………………………… (144)
参考答案 ………………………………… (144)

前　　言

一、学习目的和要求

通过前言部分的学习，使学生对马克思主义中国化的历史进程有一个总体的了解，使学生对马克思主义中国化的重大理论成果的时代背景、主要解决的问题及历史地位有一个基本的把握，对马克思主义中国化各个理论的内在关系有一个准确的认识。

二、学习重点

1. 什么是马克思主义？
2. 马克思主义中国化的科学内涵。

三、学习难点

1. 马克思主义的主要内容。
2. 马克思主义中国化的必然性。

四、重点难点测试

（一）单项选择题

1. 在中国革命、建设、改革的历史进程中，马克思主义中国化实现了（　　）历史性飞跃。

A. 1 次　　B. 2 次　　C. 3 次　　D. 5 次

2. 中国特色社会主义理论体系包括（　　）。

A. 邓小平理论、“三个代表”重要思想、科学发展观

B. 毛泽东思想、邓小平理论、“三个代表”重要思想、科学发展观、习近平新时代中国特色社会主义思想

C. 邓小平理论、“三个代表”重要思想、科学发展观、习近平新时代中国特色社会主义思想

D. 毛泽东思想、邓小平理论、“三个代表”重要思想、科学发展观

3. 邓小平理论鲜明地回答了（　　）这个首要的基本的理论问题。

A. 新时代坚持和发展什么样的中国特色社会主义、怎样坚持和发展中国特色社会主义

B. 建设什么样的党，怎样建设党的认识

C. 什么是社会主义、怎样建设社会主义

D. 实现什么样的发展、怎样发展

4.（　　）是加强和改进党的建设、推进我国社会主义自我完善和发展的强大理论武器，丰富和发展了中国特色社会主义理论体系，成功把中国特色社会主义推向了 21 世纪。

A. 邓小平理论　　B. 科学发展观

C. “三个代表”重要思想　　D. 习近平新时代中国特色社会主义思想

5. （　　）都是马克思主义中国化的理论成果，都是中国化的马克思主义，它们同马列主义一起，是中国共产党长期坚持的指导思想和全国各族人民团结奋斗的共同思想基础。

A. 毛泽东思想、邓小平理论

B. 毛泽东思想、邓小平理论、“三个代表”重要思想

C. 毛泽东思想和中国特色社会主义理论体系

D. 邓小平理论、“三个代表”重要思想、科学发展观和习近平新时代中国特色社会主义思想

6. 马克思主义中国化第一次历史性飞跃发生在（　　），形成了毛泽东思想。

A. 新民主主义革命时期　　B. 新民主主义革命时期和社会主义革命时期

C. 社会主义革命时期　　D. 解放战争时期

7. 马克思主义中国化第二次历史性飞跃发生在（　　），形成了中国特色社会主义理论体系。

A. 社会主义进入改革开放的新时期　　B. 新民主主义革命时期

C. 社会主义革命和建设时期　　D. 社会主义建设时期

8. 以邓小平为主要代表的中国共产党人，在总结国内外社会主义建设的历史经验的基础上，鲜明地回答了（　　）这个首要的基本的理论问题。

A. 什么是社会主义　　B. 怎样建设社会主义

C. 社会主义本质　　D. 什么是社会主义、怎样建设社会主义

9. 以胡锦涛为主要代表的中国共产党人深刻认识和回答了新时势下（　　）等重大问题。

A. 实现什么样的发展、怎样发展

B. 建设什么样的党、怎样建设党

C. 什么是社会主义、怎样建设社会主义

D. 坚持和发展什么样的中国特色社会主义、怎样坚持和发展中国特色社会主义

10. 毛泽东思想紧紧围绕（　　）的主题，提出一系列相互关联的重要理论观点，构成了一个完整的科学思想体系。

A. 实现什么样的发展、怎样发展　　B. 建设什么样的党、怎样建设党

C. 什么是社会主义、怎样建设社会主义　　D. 中国革命和建设

（二）多项选择题

1. 马克思主义中国化就是运用中国人民喜闻乐见的民族语言来阐述马克思主义理论，使之成为具有（　　）。

A. 中国特色　　B. 中国风格　　C. 中国气派　　D. 中国作风

2. 在中国革命、建设、改革的历史进程中，马克思主义中国化实现了两次历史性飞跃，形成了两大理论成果为（　　）。

A. 毛泽东思想　　B. 中国特色社会主义理论体系

C. 邓小平理论　　D. 习近平新时代中国特色社会主义思想

3. 在习近平新时代中国特色社会主义思想指导下，中国共产党领导全国各族人民，统揽（　　），推动中国特色社会主义进入了新时代。

A. 伟大斗争　　B. 伟大工程　　C. 伟大事业　　D. 伟大梦想

4. 习近平新时代中国特色社会主义思想，是对（　　）的继承和发展，是马克思主义中国化最新成果。

A. 马列主义　　B. 毛泽东思想

C. 邓小平理论　　D. “三个代表”重要思想、科学发展观

5. 2018 年，十三届全国人大一次会议通过的宪法修正案把（　　）共同确立为国家指导思想。

A. 马列主义

B. 毛泽东思想、邓小平理论、“三个代表”重要思想

C. 科学发展观

D. 习近平新时代中国特色社会主义思想

6. 开设“毛泽东思想和中国特色社会主义理论体系概论”，是为了使大学生（　　）。

A. 对马克思主义中国化进程中形成的理论成果有更加准确的把握

B. 对中国共产党领导人民进行的革命、建设、改革的历史进程、历史变革、历史成就有更加深刻的认识

C. 对中国共产党在新时代坚持的基本理论、基本路线、基本方略有更加透彻的理解

D. 对运用马克思主义立场、观点和方法认识问题、分析问题和解决问题能力的提升有更加切实的帮助

7. 马克思主义中国化就是把马克思主义基本原理同中国具体实际和时代特征结合起来，运用马克思主义的（　　）、（　　）、（　　），研究和解决中国革命、建设、改革中的实际问题。

A. 立场　　B. 观点　　C. 方法　　D. 态度

8. 习近平在纪念毛泽东诞辰120周年座谈会上指出：“实事求是，是马克思主义的根本观点，是中国共产党人认识世界、改造世界的根本要求，是我们党的基本（　　）。

A. 思想方法　　B. 工作方法　　C. 领导方法　　D. 生活方法

9. 马克思主义中国化就是把马克思主义基本原理同中国具体实际和时代特征结合起来，运用马克思主义的（　　）研究和解决中国革命、建设、改革中的实际问题。

A. 原理　　B. 立场　　C. 观点　　D. 方法

10.（　　）是毛泽东把辩证唯物主义和历史唯物主义运用到中国革命和建设实践中形成的具有中国共产党人鲜明特色的立场、观点、方法，是我们党进行革命、建设和改革的出发点、根本点和立足点。

A. 实事求是　　B. 群众路线　　C. 独立自主　　D. 自力更生

（三）问答题

1. 马克思主义中国化的科学内涵包括哪些？

2. 马克思主义中国化两大理论成果是什么？两大理论成果之间的关系是怎样的？

五、案例品评

【精选案例1】

“千年伟人”马克思“仍然活着”

——写在马克思诞辰200周年之际

近日报载：在德国特里尔市，离马克思故居不远的广场上竖起了一座5.5米高重达2.3吨的马克思雕像。这是中华人民共和国在马克思诞辰200周年之际，给这位伟大的共产主义精神领袖的最好馈赠和永久纪念。这使全世界的马克思主义者和相信马克思主义的人们为之振奋，倍感欣慰。这表明马克思主义影响是世界性的、经久不衰的！

一、“为人类的幸福而工作”

1818年5月5日，马克思就诞生在特里尔市一个律师的家庭里。在这里，他度过了17年的孩提时代。应该说，18岁以前的马克思虽说好像一个纨绔子弟或者说“问题少年”，但在很多方面，年轻的马克思却已经显现出与众不同。如，他酷爱学习，勤于思考，具有超越时代的缜密洞察力，重视精神层面的知识积累，对费尔巴哈、黑格尔等的学说有着自己独特的见解。再如，他从小具有真性情且敢于反抗，特别讨厌圆滑之类的性格，有时甚至会参与一些“斗殴”的事情，有如新锐骑士，正如他在一首诗中所说：“面对着整个奸诈的世界，我会毫不留情地挑战，让世界这庞然大物塌倒……”。又如，学生时代的马克思具有厚实的文学艺术修养，是一位浪漫的抒情诗人，也许正因为如此，他撰写的《共产党宣言》是一曲全面阐述科学社会主义原理的畅想曲，文采飞扬，读后使人激情澎湃，心旷神怡。更为重要的是，他年纪轻轻，就怀有雄心大志，17岁中学毕业论文就语出惊人，要“为人类的幸福而工作”。他说：“如果我们选择了最能为人类福利而劳动的职业，那么，我们就不会被任何重负所压倒，因为这是

为全人类所作的牺牲；那时，我们感到的将不是一点点自私而可怜的欢乐，我们的幸福将属于千百万人。我们的事业并不显赫一时，但将永远存在，而面对我们的骨灰，高尚的人们将洒下热泪。”马克思的少年壮志，曾经感染激励了多少青年人和有志者啊！

马克思生命的重要转折点大概是在1837年。此时，马克思与康德的新唯心主义决裂，开始接受黑格尔的哲学体系。在资产阶级氛围浓郁的普鲁士，他一方面看到德国军队的强大和资本主义惊人的生产力，另一方面看到资本世界的权贵逐渐垄断话语权，而大街小巷到处可见流浪汉，贫富悬殊触目惊心。就在这样的社会环境里，马克思潜心学习，皓首穷经，深沉地思考，从商品这个社会最简单的细胞入手，向资本主义这只庞大的巨兽发起进攻，并且始终充溢着旺盛的独特的斗争精神、批判精神和革命精神。

二、“两个伟大发现”：超越时代的洞察者和批判者

马克思终其一生都在观察历史的和现实的世界，都在研究批判能够产生剩余价值的资本。

在马克思看来：“人类社会的历史（从土地公有的原始氏族社会解体以来）都是阶级斗争的历史……”，而“资本来到世间，从头到脚，每个毛孔都滴着血和肮脏的东西”（《资本论》）。“资本是死劳动，像吸血鬼一样，必须吸收活的劳动，方能活得起来，并且吸收得愈多，它的活力就愈是大。”“在资产阶级社会里，活的劳动只是增殖已经积累起来的劳动的一种手段。在共产主义社会里，已经积累起来的劳动只是扩大丰富和提高工人生活的一种手段。”“在资产阶级社会里是过去支配现在，在共产主义社会里是现在支配过去。在资产阶级社会里，资本具有独立性和个性，而活动着的个人却没有独立性和个性。”（《共产党宣言》）

“唯物史观”这个伟大的“发现”，深刻地揭示了人类社会发展的客观规律，说明“每一历史时代主要的经济生产方式与交换方式以及必然由此产生的社会结构，是该时代政治的和精神的历史所赖以确定的基础……”。也就是说，只有从社会的经济基础出发，才能科学地说明和揭示人类社会历史发展的客观规律。而无产阶级只有通过一系列发展阶段，采用各种不同的手段和方法，使自己上升为统治阶级，争得民主自由，发展生产力，消灭私有制，才能最终解放自己，这就是无产阶级的“初心”和“历史使命”。而马克思的另一个伟大“发现”即“剩余价值学说”，则深刻地揭示了“现代资本主义生产方式和它所产生的资产阶级的特殊的运动规律”，第一次说明了人类劳动在人类文明进程中的意义，第一次揭开了阶级社会人剥削人的秘密，第一次阐明了剥夺者被剥夺的必然趋势。作为劳动者，其“初心”是要获得劳动的权利、休息的权利、公平享受劳动成果的权利。而作为共产党人，就是要消灭剥削，消灭压迫，消灭阶级，为劳动者阶级的彻底解放而不懈奋斗。

正是由于“唯物史观”和“剩余价值学说”这两个伟大的发现，马克思向全世界宣言：“随着大工业的发展，资产阶级赖以生产和占有产品的基础本身也就从它的脚下被挖掉了。它首先生产的是它自身的掘墓人。资产阶级的灭亡和无产阶级的胜利同样是不可避免的。”号召“全世界无产者，联合起来！”（《共产党宣言》）而我们进行的“共产主义革命就是同传统的所有制关系实行最彻底的决裂；毫不奇怪，它在自己的发展进程中要同传统的观念实行最彻底的决裂。”而“代替那存在着阶级和阶级对立的资产阶级旧社会的，将是这样一个联合体，在那里，每个人的自由发展是一切人自由发展的条件。”马克思的“两大发现”“两个必然”以及“两个彻底决裂”等一系列天才的、周详全面系统的伟大思想原理，揭示了人类社会发展最终走向共产主义的必然趋势，为共产党人奠定了坚定理想信念、坚守精神家园的理论基础。然而这一切都不是人的主观臆断，而是基于对资本主义社会现实的缜密科学分析，正如恩格斯所说：“现代社会主义的必然胜利的信心，正是基于这个以或多或少清楚的形式和不可抗拒的必然性印入被剥削的无产阶级的头脑中、可以感触到的物质事实，而不是基于某一个蛰于书斋的学者的关于正义和非正义的观念。”

正是由于马克思这一系列以天才的透彻而鲜明的语言阐明的、完整的系统的、至今仍然是最全面最深刻的科学社会主义学说，改变了一个世界，“创造了一个时代”。所以，马克思是一个超越时代的洞察者，是马克思主义的创始人，是科学社会主义的开创者，是国际共产主义运动的伟大先驱。他的“思想宝库”就像一座光芒四射的灯塔照亮全世界，成为世界各国无产阶级革命运动的行动指南和斗争纲领，他对人类、对社会、对世界、对时代的贡献都是无与伦比的。时至今日，近两个世纪过去，我们仍然在怀念他，仍然把他作为“老祖宗”来纪念，并把他的思想科学地用于对现实的解释和指导。这说明马克思主义永远具有强大的生命力。

由于反动政府的迫害、极端贫困的生活以及十分繁重的理论和实际工作，马克思的身体健康遭受了严重损害。1883 年 3 月 14 日下午两时三刻，马克思坐在自己工作的安乐椅上与世长辞。1883 年 3 月 17 日恩格斯在伦敦海格特公墓安葬马克思时，用英语发表的讲话指出："正像达尔文发现有机界的发展规律，马克思发现了人类历史的发展规律，马克思还发现了现代资本主义生产方式和它所产生的资产阶级的特殊的运动规律。一生中能有这样两个发现，该是很够了。即使只能作出一个这样的发现，也已经是幸福的了。马克思在他所研究的每一个领域……他都不是浅尝辄止，他作为科学家就是这样，但是这在他身上不是主要的。因为马克思首先是一个革命家。他毕生的真正使命就是以这种或那种方式参加推翻资本主义社会及其所建立的国家设施的事业，参加现代无产阶级的解放事业，正是他第一次使现代无产阶级意识到自身的地位和需要，意识到自身解放的条件。斗争是他的生命要素。很少有人像他那样满腔热情、坚韧不拔和卓有成效地进行斗争。他的英名和事业将永垂不朽！"（《马克思恩格斯选集》第 3 卷第 776 页）马克思这位"千年伟人"，他的名字永远传颂，他的思想光焰不灭，他的事业辉煌永续！

三、"回归马克思，让历史再度沸腾起来"

在 20 世纪 80 年代末、90 年代初苏联解体东欧巨变、社会主义运动跌入谷底的时候，就有人认为"社会主义的崛起是 20 世纪最大的不幸"，就有人断言"马克思的'两个必然'已经过时"，就有人宣称"21 世纪将是资本主义的一统天下。"那段时间，信仰的缺失、信念的动摇、思想的迷茫和困惑，使人感到整个世界确实需要真正的"主义""理论"和"旗帜"来引领，确实需要"信仰""信念"和"信心"来支撑。其实，自从马克思主义诞生以来，总是不断有人诅咒、诋毁和攻击马克思。应该说，他是那个时代最遭忌恨和最受诬蔑的人。但是，历史就是历史，历史是无情的。马克思为人类历史留下的不可磨灭的思想遗产和精神财富，从来就没有人能够在世界范围里阻止它的传播。马克思关于"哲学家们只是用不同的方式解释世界，而问题在于改变世界"的教导已经传遍世界各个角落，人们是不会忘记他的！比如，从 1995 年到 1998 年，千人以上的马克思主义国际学术研讨会就先后召开过四次。即 1995 年为纪念恩格斯逝世 100 周年在巴黎召开的有 1500 多名学者参加的"世界第一届马克思大会"；1996 年在美国纽约召开的有 1500 多名学者参加的"世界社会主义大会"；1996 年在伦敦召开的有 6000 多人参加的盛况空前的"96 伦敦马克思大会"；1998 年，有 60 多个国家和地区的 1500 名马克思主义研究者参加的、在巴黎召开的"纪念《共产党宣言》发表 150 周年国际大会"。

巴黎会议的开幕词说："回归马克思，让历史再度沸腾起来。""马克思主义没有死，马克思仍然活着"。这些话语是多么震撼人心！正是在 20 世纪 90 年代初期，邓小平同志坚定地说："不要认为马克思主义消失了，没用了，失败了，哪有这回事"，"我坚信，世界上赞成马克思主义的人会越来越多。"也就是在这个时刻，从英国广播公司和路透社传出一则轰动世界的消息，宣告马克思被评为"千年第一思想家"。这也说明全世界人民都觉得马克思是一位伟大的思想家、政治家、哲学家、革命家、经济学家、社会学家；都相信他是马克思主义的"老祖宗"，他创立的马克思主义永远是我们认识世界、改造世界的"最强有力的工具"，"是放之四海而皆准"的普遍真理，而真理的力量是强大无比、永远都会穿越时空的。这以后，在世界各地时有纪念马克思这位"千年伟人"的盛会和盛况，这是历史和时代的必然。我想，只要资本主义的主要矛盾和顽疾依旧存在，马克思的声音就不会消失，并且会越来越响亮，越来越强大。

习近平总书记谆谆告诫我们："世界社会主义实践的曲折历程告诉我们，马克思主义政党一旦放弃马克思主义信仰、社会主义和共产主义信念，就会土崩瓦解。共产党人如果没有信仰、没有理想，或信仰、理想不坚定，精神上就会'缺钙'，就会得'软骨病'，就必然导致政治上变质、经济上贪婪、道德上堕落、生活上腐化。"至理名言，振聋发聩！

四、准确理解"两个绝不会"思想，做坚定而清醒的共产主义者

马克思在《〈政治经济学批判〉序言》中说："无论哪一个社会形态，在它们所能容纳的全部生产力发挥出来以前，是绝不会灭亡的；而新的更高的生产关系，在它的物质存在条件在旧社会的胎胞里成熟以前，是绝不会出现的。"

今天的中国已经进入新时代。新时代的中国已经在中国特色社会主义的道路上有了前进的路标：2020 年，全面建成小康社会；2035 年，基本实现社会主义现代化；2050 年，全面建成富强民主文明和谐美丽的社会主义现代化强国。此时此刻，我们不仅要特别警惕那些早就此起彼伏的什么“中国威胁论”“中国崩溃论”等等各种西方话语的乘势来袭，而且要正确理解马克思关于“两个绝不会”的思想。

马克思“两个绝不会”的思想，深刻地揭示了历史发展过程的曲折性。人类社会发展的历史进程表明，新旧两种社会形态的更替绝不是一帆风顺笔直平坦的，资本主义社会代替封建主义社会是如此，社会主义社会要完全代替资本主义社会也是如此。因此，我们要准确理解马克思关于“两个绝不会”的思想，既要对社会主义的前途充满必胜的信心，做坚定的共产主义者；又要充分估计社会主义完全代替资本主义的长期性、复杂性、艰巨性，把自己国家的事情办好，做清醒的共产主义者。对此，邓小平同志在“南方谈话”中曾经意味深长地说，社会主义制度巩固和发展的过程需要几代人、十几代人、甚至几十代人的奋斗。在这个问题上，我们还必须全面把握马克思提出的“两种设想”：即社会主义革命应当在大多数资本主义国家，至少在欧洲几个主要资本主义国家同时发生，才能取得胜利的“共同胜利论”；以及以东方经济落后国家为考察对象以后，提出的“‘东方社会跨越资本主义’、‘卡夫丁峡谷’论”。要清楚地看到，马克思主义不可能为全世界各国的革命提供一种模式和现成答案，无产阶级革命也不可能一蹴而就，而必须把马克思主义与各国的具体实践相结合，走自己的路，做好长期奋斗的思想准备，进而在自己的思想上筑牢马克思关于“两个必然”的思想理论根基，为共产主义理想的实现而生命不息，奋斗不止。

五、坚持马克思主义，就要坚持习近平新时代中国特色社会主义思想

当然，“回归马克思”“不忘老祖宗”，不等于也不可能把历史倒退到马克思所处的时代，不等于也不应该把马克思主义教条化、神秘化、神圣化，更不是要把马克思主义当成包治百病的灵丹妙药和解决所有问题的现存答案，而是要坚定不移地信仰马克思主义，不搞指导思想的多元化，同时不拘泥于用马克思的个别论述来裁决活生生的现实。马克思主义是发展的学说，马克思最反对把自己的理论教条化，而总是根据变化了的社会现实情况不断地修改、补充和完善自己的理论，“随时随地都要以当时的历史条件为转移”去实际地运用自己的思想原理。总之，要用马克思主义的态度来对待马克思主义，让马克思主义植根于伟大的社会实践之中，更好地赋予马克思主义以新的时代内涵。

马克思曾经说过：“每个社会时代都要有自己的伟大人物，如果没有这样的人物，它就要创造出这样的人物来。”马克思就是19世纪创造的伟大人物。历史在发展，社会在前进。马克思主义和科学社会主义自诞生之日发展到今天，历经了从空想到科学、从理论到实践、从一国到多国的艰难曲折的过程。而国际共产主义运动更是跌宕起伏。其自19世纪上半叶在西欧兴起，到19世纪下半叶马克思的故乡德国成为国际共产主义运动的中心；20世纪初，国际共产主义运动的中心开始东移俄国；至20世纪下半叶，中国成为世界社会主义的中心。我国正处于并将长期处于社会主义初级阶段的基本国情没有变，是世界上最大的发展中国家的国际地位没有变，要跨越这个历史阶段，要改变这种国际地位，需要上百年的建设、改革和发展时间。20世纪初以来，以毛泽东同志为主要代表的中国共产党人，把马克思列宁主义的基本原理同中国革命的具体实践结合起来，创立了毛泽东思想，建立了新中国，确立了社会主义基本制度；十一届三中全会以来，以邓小平同志为主要代表的中国共产党人，实行改革开放，开辟了社会主义事业发展的新时期，创立了邓小平理论；十三届四中全会以来以江泽民同志为主要代表的中国共产党人，以及党的十六大以来以胡锦涛同志为主要代表的中国共产党人，在建设中国特色社会主义的实践中，分别形成了“三个代表”重要思想和科学发展观。特别是党的十八大以来，以习近平同志为主要代表的中国共产党人，顺应时代发展，从理论和实践结合上系统回答了新时代坚持和发展什么样的中国特色社会主义、怎样坚持和发展中国特色社会主义这个重大时代课题，创立了习近平新时代中国特色社会主义思想。习近平新时代中国特色社会主义思想是马克思主义中国化的最新成果，是和马克思主义一脉相承的科学理论、一脉相传的红色基因。我们坚信：在新时代中国这个宏大的舞台上，以习近平同志为核心的中国共产党人一定会传承马克思的遗志和事业，演出中国特色社会主义更加威武雄壮的活剧来。

习近平总书记指出：“在人类思想史上，就科学性、真理性、影响力、传播面而言，没有一种思想理论能达到马克思主义的高度，也没有一种学说能像马克思主义那样对世界产生了如此巨大的影响。”今天，我们纪念马克思，坚持马克思主义，就是要坚持习近平新时代中国特色社会主义思想；或者说，现阶段坚持习近平新时代中国特色社会主义思想，就是坚持马克思主义。这是毫无疑问的。

当前，中国正在日益走向世界舞台的中心，“一带一路”正赢得沿线国家越来越多的认同和参与，“人类命运共同体”正在中国的努力下成为广泛共识。有着13亿多英雄中国人民的新时代中国，正在为世界文明发展提供新方案，做出新贡献。而做好这一切，就是对马克思这位“仍然活着”的“千年伟人”的最好纪念。

资料来源：文选德，《湖南日报》，2018－05－03

【思考题】

通过阅读上面的案例，请你谈一谈马克思主义的持久的生命力和对人类社会历史进程的影响。

【精选案例2】

习近平教你读懂马克思

一、“3个一生”评价马克思的人生历程

马克思的一生，是胸怀崇高理想、为人类解放不懈奋斗的一生。1835年，17岁的马克思在他的高中毕业作文《青年在选择职业时的考虑》中这样写道：“如果我们选择了最能为人类而工作的职业，那么，重担就不能把我们压倒，因为这是为大家做出的牺牲；那时我们所享受的就不是可怜的、有限的、自私的乐趣，我们的幸福将属于千百万人，我们的事业将悄然无声地存在下去，但是它会永远发挥作用，而面对我们的骨灰，高尚的人们将洒下热泪”。马克思一生饱尝颠沛流离的艰辛、贫病交加的煎熬，但他初心不改、矢志不渝，为人类解放的崇高理想而不懈奋斗，成就了伟大人生。

马克思的一生，是不畏艰难险阻、为追求真理而勇攀思想高峰的一生。马克思曾经写道：“在科学上没有平坦的大道，只有不畏劳苦沿着陡峭山路攀登的人，才有希望达到光辉的顶点。”马克思为创立科学理论体系，付出了常人难以想象的艰辛，最终达到了光辉的顶点。他博览群书、广泛涉猎，不仅深入了解和研究哲学社会科学各个学科知识，而且深入了解和研究各种自然科学知识，努力从人类创造的一切文明成果中汲取养料。马克思毕生忘我工作，经常每天工作16个小时。马克思在给友人的信中谈到，为了《资本论》的写作，“我一直在坟墓的边缘徘徊。因此，我不得不利用我还能工作的每时每刻来完成我的著作”。即使在多病的晚年，马克思仍然不断迈向新的科学领域和目标，写下了数量庞大的历史学、人类学、数学等学科笔记。正如恩格斯所说：“马克思在他所研究的每一个领域，甚至在数学领域，都有独到的发现，这样的领域是很多的，而且其中任何一个领域他都不是浅尝辄止。”

马克思的一生，是为推翻旧世界、建立新世界而不息战斗的一生。恩格斯说，“马克思首先是一个革命家”，“斗争是他的生命要素。很少有人像他那样满腔热情、坚韧不拔和卓有成效地进行斗争”。马克思毕生的使命就是为人民解放而奋斗。为了改变人民受剥削、受压迫的命运，马克思义无反顾投身轰轰烈烈的工人运动，始终站在革命斗争最前沿。他领导创建了世界上第一个无产阶级政党——共产主义者同盟，领导了世界上第一个国际工人组织——国际工人协会，热情支持世界上第一次工人阶级夺取政权的革命——巴黎公社革命，满腔热情、百折不挠地推动各国工人运动发展。

马克思是顶天立地的伟人，也是有血有肉的常人。他热爱生活，真诚朴实，重情重义。马克思、恩格斯的革命友谊长达40年。正如列宁所说：“古老传说中有各种非常动人的友谊故事”，但马克思、恩格斯的友谊“超过了古人关于人类友谊的一切最动人的传说”。恩格斯无私资助革命事业，即使在自己生活极度困难的情况下仍然尽最大努力帮助革命战友。马克思和妻子燕妮患难与共，谱写了理想和爱情的命运交响曲。

马克思给我们留下的最有价值、最具影响力的精神财富，就是以他名字命名的科学理论——马克思主义。这一理论犹如壮丽的日出，照亮了人类探索历史规律和寻求自身解放的道路。

二、“4个理论”概括了马克思主义的鲜明特征

马克思主义是科学的理论，创造性地揭示了人类社会发展规律。在马克思提出科学社会主义之前，空想社会主义者早已存在，他们怀着悲天悯人的情感，对理想社会有很多美好的设想，但由于没有揭示社会发展规律，没有找到实现理想的有效途径，因而也就难以真正对社会发展发生作用。马克思创建了唯物史观和剩余价值学说，揭示了人类社会发展的一般规律，揭示了资本主义运行的特殊规律，为人类指明了从必然王国向自由王国飞跃的途径，为人民指明了实现自由和解放的道路。

马克思主义是人民的理论，第一次创立了人民实现自身解放的思想体系。马克思主义博大精深，归根到底就是一句话，为人类求解放。在马克思之前，社会上占统治地位的理论都是为统治阶级服务的。马克思主义第一次站在人民的立场探求人类自由解放的道路，以科学的理论为最终建立一个没有压迫、没有剥削、人人平等、人人自由的理想社会指明了方向。马克思主义之所以具有跨越国度、跨越时代的影响力，就是因为它植根人民之中，指明了依靠人民推动历史前进的人间正道。

马克思主义是实践的理论，指引着人民改造世界的行动。马克思说，“全部社会生活在本质上是实践的”，“哲学家们只是用不同的方式解释世界，问题在于改变世界”。实践的观点、生活的观点是马克思主义认识论的基本观点，实践性是马克思主义理论区别于其他理论的显著特征。马克思主义不是书斋里的学问，而是为了改变人民历史命运而创立的，是在人民求解放的实践中形成的，也是在人民求解放的实践中丰富和发展的，为人民认识世界、改造世界提供了强大精神力量。

马克思主义是不断发展的开放的理论，始终站在时代前沿。马克思一再告诫人们，马克思主义理论不是教条，而是行动指南，必须随着实践的变化而发展。一部马克思主义发展史就是马克思、恩格斯以及他们的后继者们不断根据时代、实践、认识发展而发展的历史，是不断吸收人类历史上一切优秀思想文化成果丰富自己的历史。因此，马克思主义能够永葆其美妙之青春，不断探索时代发展提出的新课题、回应人类社会面临的新挑战。

今天，马克思主义极大推进了人类文明进程，至今依然是具有重大国际影响的思想体系和话语体系，马克思至今依然被公认为“千年第一思想家”。

三、“3 个飞跃”总结马克思主义在中国创造的奇迹

中国共产党诞生后，中国共产党人把马克思主义基本原理同中国革命和建设的具体实际结合起来，团结带领人民经过长期奋斗，完成新民主主义革命和社会主义革命，建立起中华人民共和国和社会主义基本制度，进行了社会主义建设的艰辛探索，实现了中华民族的伟大飞跃。这一伟大飞跃以铁一般的事实证明，只有社会主义才能救中国！

改革开放以来，中国共产党人把马克思主义基本原理同中国改革开放的具体实际结合起来，团结带领人民进行建设中国特色社会主义新的伟大实践，使中国大踏步赶上了时代，实现了中华民族从站起来到富起来的伟大飞跃。这一伟大飞跃以铁一般的事实证明，只有中国特色社会主义才能发展中国！

在新时代，中国共产党人把马克思主义基本原理同新时代中国具体实际结合起来，团结带领人民进行伟大斗争、建设伟大工程、推进伟大事业、实现伟大梦想，推动党和国家事业取得全方位、开创性历史成就，发生深层次、根本性历史变革，中华民族迎来了从富起来到强起来的伟大飞跃。这一伟大飞跃以铁一般的事实证明，只有坚持和发展中国特色社会主义才能实现中华民族伟大复兴！

实践证明，马克思主义的命运早已同中国共产党的命运、中国人民的命运、中华民族的命运紧紧连在一起，它的科学性和真理性在中国得到了充分检验，它的人民性和实践性在中国得到了充分贯彻，它的开放性和时代性在中国得到了充分彰显！

实践还证明，马克思主义为中国革命、建设、改革提供了强大思想武器，使中国这个古老的东方大国创造了人类历史上前所未有的发展奇迹。历史和人民选择马克思主义是完全正确的，中国共产党把马克思主义写在自己的旗帜上是完全正确的，坚持马克思主义基本原理同中国具体实际相结合、不断推进马克思主义中国化时代化是完全正确的！

可以告慰马克思的是，马克思主义指引中国成功走上了全面建设社会主义现代化强国的康庄大道，中国共产党人作为马克思主义的忠诚信奉者、坚定实践者，正在为坚持和发展马克思主义而执着努力！

四、“9 个思想”指明如何学习马克思

学习马克思，就要学习和实践马克思主义关于人类社会发展规律的思想。马克思科学揭示了人类社会最终走向共产主义的必然趋势。马克思、恩格斯坚信，未来社会“将是这样一个联合体，在那里，每个人的自由发展是一切人的自由发展的条件”，“无产者在这个革命中失去的只是锁链。他们获得的将是整个世界。”马克思坚信历史潮流奔腾向前，只要人民成为自己的主人、社会的主人、人类社会发展的主人，共产主义理想就一定能够在不断改变现存状况的现实运动中一步一步实现。马克思主义奠定了共产党人坚定理想信念的理论基础。我们要全面掌握辩证唯物主义和历史唯物主义的世界观和方法论，深刻认识实现共产主义是由一个一个阶段性目标逐步达成的历史过程，把共产主义远大理想同中国特色社会主义共同理想统一起来、同我们正在做的事情统一起来，坚定中国特色社会主义道路自信、理论自信、制度自信、文化自信，坚守共产党人的理想信念，像马克思那样，为共产主义奋斗终生。

学习马克思，就要学习和实践马克思主义关于坚守人民立场的思想。人民性是马克思主义最鲜明的品格。马克思说，“历史活动是群众的活动”。让人民获得解放是马克思毕生的追求。我们要始终把人民立场作为根本立场，把为人民谋幸福作为根本使命，坚持全心全意为人民服务的根本宗旨，贯彻群众路线，尊重人民主体地位和首创精神，始终保持同人民群众的血肉联系，凝聚起众志成城的磅礴力量，团结带领人民共同创造历史伟业。这是尊重历史规律的必然选择，是共产党人不忘初心、牢记使命的自觉担当。

学习马克思，就要学习和实践马克思主义关于生产力和生产关系的思想。马克思主义认为，物质生产力是全部社会生活的物质前提，同生产力发展一定阶段相适应的生产关系的总和构成社会经济基础。生产力是推动社会进步最活跃、最革命的要素。“人们所达到的生产力的总和决定着社会状况。”生产力和生产关系、经济基础和上层建筑相互作用、相互制约，支配着整个社会发展进程。解放和发展社会生产力是社会主义的本质要求，是中国共产党人接力探索、着力解决的重大问题。新中国成立以来特别是改革开放以来，在不到70年的时间内，我们党带领人民坚定不移解放和发展社会生产力，走完了西方几百年的发展历程，推动我国快速成为世界第二大经济体。我们要勇于全面深化改革，自觉通过调整生产关系激发社会生产力发展活力，自觉通过完善上层建筑适应经济基础发展要求，让中国特色社会主义更加符合规律地向前发展。

学习马克思，就要学习和实践马克思主义关于人民民主的思想。马克思、恩格斯指出，“无产阶级的运动是绝大多数人的，为绝大多数人谋利益的独立的运动”，“工人阶级一旦取得统治权，就不能继续运用旧的国家机器来进行管理”，必须“以新的真正民主的国家政权来代替”。国家机关必须由社会主人变为社会公仆，接受人民监督。我们要坚定不移走中国特色社会主义政治发展道路，在坚持党的领导、人民当家作主、依法治国有机统一中推进社会主义民主政治建设，不断加强人民当家作主的制度保障，加快推进国家治理体系和治理能力现代化，充分调动人民的积极性、主动性、创造性，更加切实、更有成效地实施人民民主。

学习马克思，就要学习和实践马克思主义关于文化建设的思想。马克思认为，在不同的经济和社会环境中，人们生产不同的思想和文化，思想文化建设虽然决定于经济基础，但又对经济基础发生反作用。先进的思想文化一旦被群众掌握，就会转化为强大的物质力量；反之，落后的、错误的观念如果不破除，就会成为社会发展进步的桎梏。理论自觉、文化自信，是一个民族进步的力量；价值先进、思想解放，是一个社会活力的来源。国家之魂，文以化之，文以铸之。我们要立足中国，面向现代化、面向世界、面向未来，巩固马克思主义在意识形态领域的指导地位，发展社会主义先进文化，加强社会主义精神文明建设，把社会主义核心价值观融入社会发展各方面，推动中华优秀传统文化创造性转化、创新性发展，不断提高人民思想觉悟、道德水平、文明素养，不断铸就中华文化新辉煌。

学习马克思，就要学习和实践马克思主义关于社会建设的思想。马克思、恩格斯设想，在未来社会中，“生产将以所有的人富裕为目的”，“所有人共同享受大家创造出来的福利”。恩格斯结合马克思在《共产党宣言》《哥达纲领批判》《资本论》等著作中提出的一系列主张，阐明在社会主义条件下，社会应该“给所有的人提供健康而有益的工作，给所有的人提供充裕的物质生活和闲暇时间，给所有的人提供真正的充分的自由”。人民对美好生活的向往就是我们的奋斗目标。我们要坚持以人民为中心的发展思想，抓住人民最关心最直接最现实的利益问题，不断保障和改善民生，促进社会公平正义，在更高水平上实现幼有所育、学有所教、劳有所得、病有所医、老有所养、住有所居、弱有所扶，让发展成果更多更公平惠及全体人民，不断促进人的全面发展，朝着实现全体人民共同富裕不断迈进。

学习马克思，就要学习和实践马克思主义关于人与自然关系的思想。马克思认为，“人靠自然界生活”，自然不仅给人类提供了生活资料来源，如肥沃的土地、渔产丰富的江河湖海等，而且给人类提供了生产资料来源。自然物构成人类生存的自然条件，人类在同自然的互动中生产、生活、发展，人类善待自然，自然也会馈赠人类，但“如果说人靠科学和创造性天才征服了自然力，那么自然力也对人进行报复”。自然是生命之母，人与自然是生命共同体，人类必须敬畏自然、尊重自然、顺应自然、保护自然。我们要坚持人与自然和谐共生，牢固树立和切实践行绿水青山就是金山银山的理念，动员全社会力量推进生态文明建设，共建美丽中国，让人民群众在绿水青山中共享自然之美、生命之美、生活之美，走出一条生产发展、生活富裕、生态良好的文明发展道路。

学习马克思，就要学习和实践马克思主义关于世界历史的思想。马克思、恩格斯说："各民族的原始封闭状态由于日益完善的生产方式、交往以及因交往而自然形成的不同民族之间的分工消灭得越是彻底，历史也就越是成为世界历史。"马克思、恩格斯当年的这个预言，现在已经成为现实，历史和现实日益证明这个预言的科学价值。今天，人类交往的世界性比过去任何时候都更深入、更广泛，各国相互联系和彼此依存比过去任何时候都更频繁、更紧密。一体化的世界就在那儿，谁拒绝这个世界，这个世界也会拒绝他。万物并育而不相害，道并行而不相悖。我们要站在世界历史的高度审视当今世界发展趋势和面临的重大问题，坚持和平发展道路，坚持独立自主的和平外交政策，坚持互利共赢的开放战略，不断拓展同世界各国的合作，积极参与全球治理，在更多领域、更高层面上实现合作共赢、共同发展，不依附别人、更不掠夺别人，同各国人民一道努力构建人类命运共同体，把世界建设得更加美好。

学习马克思，就要学习和实践马克思主义关于马克思主义政党建设的思想。马克思认为，"在无产阶级和资产阶级的斗争所经历的各个发展阶段上，共产党人始终代表整个运动的利益"，"他们没有任何同整个无产阶级的利益不同的利益"，而是要"为绝大多数人谋利益"，为建设共产主义社会而奋斗。共产党要"在全世界面前树立起可供人们用来衡量党的运动水平的里程碑"。始终同人民在一起，为人民利益而奋斗，是马克思主义政党同其他政党的根本区别。我们要统揽伟大斗争、伟大工程、伟大事业、伟大梦想，增强政治意识、大局意识、核心意识、看齐意识，持之以恒推进全面从严治党，坚持把党的政治建设摆在首位，坚持和加强党的全面领导，坚决维护党中央权威和集中统一领导，做到坚持真理、修正错误，永远保持共产党人政治本色，把党建设成为始终走在时代前列、人民衷心拥护、勇于自我革命、经得起各种风浪考验、朝气蓬勃的马克思主义执政党！

资料来源：《习近平在纪念马克思诞辰200周年大会上的讲话》

【思考题】

1. 为什么要高度重视马克思主义？
2. 怎样对待和运用马克思主义？

六、名人名言名句

"马列主义的方法有三条，一是理论同实际相联系，二是反对自发论，三是批评与自我批评。"

资料来源：《毛泽东文集》第3卷，第75页

"共产党员是国际主义的马克思主义者，但是马克思主义必须和我国的具体特点相结合，并通过一定的民族形式才能实现。马克思列宁主义的伟大力量，就在于它是和各个国家具体的革命实践相联系的。对于中国共产党说来，就是要学会把马克思列宁主义的理论应用于中国的具体环境，成为伟大中华民族的一部分，而和这个民族血肉相联的共产党员，离开中国特点来谈马克思主义，只是抽象的空洞的马克思主义。因此，使马克思主义在中国具体化，使之在其每一表现中带着必须有的中国的特性，即是说，按照中国的特点去应用它，成为全党亟待了解并亟须解决的问题。"

资料来源：《毛泽东选集》第二卷，第534页

"自从中国人学会了马克思列宁主义以后，中国人在精神上就由被动转入主动，从这时起，近代世界历史上那种看不起中国人、看不起中国文化的时代应当完结了。"

资料来源：《毛泽东选集》第四卷，第1516页

"马克思给我们留下的最有价值、最具影响力的精神财富，就是以他名字命名的科学理论——马克思主义。这一理论犹如壮丽的日出，照亮了人类探索历史规律和寻求自身解放的道路。"

资料来源：《习近平在纪念马克思诞辰200周年大会上的讲话》

七、实践项目

实践项目一

观看文献纪录片《不朽的马克思》（上集、下集）

【目标要求】

通过观看纪录片更深入地了解马克思主义的形成和发展的理论背景，更多角度、更真实、更深刻地理解马克思的人格魅力及马克思的大智慧，使学生学到伟人身上的闪光点。

【活动方案】

1. 时间：课前学生自行安排时间。

2. 方式：利用学习通开展学习。

3. 上课环节：（1）第一环节：请同学们介绍纪录片《不朽的马克思》的主要内容。（2）第二环节：请同学们以简短的文字描述自己看完影片后印象最深刻的1—2个镜头。（3）第三环节：关于马克思主义的总结，学生可根据自己的理解对马克思主义的内容进行总结。（4）第四环节：课堂讨论。①马克思的人格魅力。②马克思主义的时代价值。（5）第五环节：请同学们谈谈观后感。

【活动评价】

1. 实践结果：撰写观后感，字数在800字以上。

2. 评价方式：通过同学们参与程度、观后感的写作质量、课堂表现等三个方面给学生综合评价。

八、学习延伸

1. 观看视频：给你讲讲马克思，共产党员网，http：//www. 12371. cn/special/jjmks/

2. 观看视频：马克思是对的，央视网（cctv. com），http：//tv. cctv. com/2018/05/01/VIDAYfM4sXNuKkpgyteYju5j180501. shtml

九、相关链接

1. 马克思主义主要包括哪些内容？

马克思主义是马克思、恩格斯在19世纪工人运动实践基础上，批判地继承了德国古典哲学、英国古典政治经济学、英法两国空想社会主义学说等前人的优秀思想成果而创立的理论体系。

马克思主义是完整的科学体系。马克思主义理论体系包括三部分，即马克思主义哲学、政治经济学、科学社会主义。其中，马克思主义哲学包括辩证唯物主义和历史唯物主义理论，它的研究对象是整个世界的本质和普遍规律，是关于自然界、人类社会和思维的一般规律的科学，自诞生以来一直被无产阶级政党作为认识世界和改造世界的世界观和方法论，它是马克思主义全部学说的基础。

马克思主义政治经济学是研究人类社会生产方式及其发展规律的科学，其重大贡献在于揭示了资本主义和社会主义生产关系的本质和发展规律、阐述了剩余价值学说，揭露了资本主义制度剥削工人的秘密和资本主义生产方式的不可克服的内在矛盾，揭示了无产阶级同资产阶级之间根本对立的经济根源，揭示了资本主义的本质。

科学社会主义是研究无产阶级解放条件的学说，它以马克思主义哲学和政治经济学为依据，研究无产阶级如何通过阶级斗争、无产阶级革命、无产阶级专政消灭资本主义，实现彻底解放。

马克思主义的三个组成部分是相互联系、彼此依存的思想体系。随着时代的发展，在后人的实践中它又获得了新的发展。

2. 马克思主义为什么要中国化？

（1）马克思主义中国化，这是解决中国问题的现实需要。在中国处于一个半殖民地半封建化的复杂背景下进行革命，不能简单地套用马克思列宁主义的基本原理和照搬外国经验来解决中国的具体问题。

而只能以马克思列宁主义为指导，以中国革命实际问题为中心，把马克思列宁主义基本原理与中国革命具体实际结合起来，使马克思主义中国化。否则，中国革命仍然是不可能胜利的。由于中国国情的特殊性，中国国情与苏联有许多的不同，在苏联工人阶级的力量主要集中在城市，并且工人的数量较大。而在中国工人阶级的力量相对比较弱小，且人数较少，敌人长期占据城市的中心地带，难以采取武装夺取城市的任务。因此，中国革命必须从中国国情出发，从农村包围城市，武装夺取政权。所以要求马克思主义在中国发挥指导作用必须实现其中国化。

从 1949 年中华人民共和国成立至 1956 年社会主义改造基本完成，中国最大的国情是新民主主义社会，认清这一国情，是解决中国从新民主主义向社会主义过渡问题的最基本的依据。1956 年底社会主义改造基本完成后，中国成为一个社会主义国家。但是由于中国人口多，底子薄，生产力不发达，经济文化落后，科学技术水平低，因此，中国正处在并将长期处在社会主义初级阶段。科学认识和准确把握这一基本国情，是社会主义现代化建设的出发点。中国社会不同发展阶段的基本国情，就是不同阶段中国的最大实际。中国共产党人以马克思主义为指导，正是为了运用马克思主义立场、观点和方法来分析中国实际，解决中国革命、建设和改革中的实际问题，并在分析和解决问题的过程中，逐步形成了具有中国特色、符合中国实际的科学理论——中国化的马克思主义理论。

（2）这是中国两次国内革命战争失败的经验教训和总结。1927 年，由于以蒋介石为代表的国民党右派反动势力的背叛，国共两党合作破裂，中国革命遭到了重大的挫折，中国也重新回到了黑暗与分裂的局面中去。作为革命中坚的中国共产党此时尚处于幼年时期，对中国革命的规律懂得不多，还不善于把马克思主义普遍真理同中国实际相结合起来，找出一条适合中国国情、具有中国特色的革命之路。特别是在北伐战争后期，陈独秀的右倾投降主义逐渐在中央领导机关占了统治地位，放弃了对中国革命的领导权，在反革命向革命势力发动突然袭击的时候，无法及时组织有效的抵抗。导致革命遭受了重大的损失。还有一点必须说明的是，中国共产党当时是共产国际的一个支部，直接受共产国际指导。这个组织对中国革命的兴起起了很大的作用。但是，事实证明，共产国际对中国的情况的了解并不是很充分的，他们出一些错误主意对中国右倾投降主义的形成有直接的影响。这些主客观原因综合在一起，最终导致了最初具有很好发展势头的第一次大革命遭到严重的失败。

第二次革命失败教训。1934 年 10 月，由于王明“左”倾冒险主义的错误领导，却得到共产国际主义“左”倾教条主义者的信任，以及敌强我弱，导致第五次反围剿失败。中共中央和中央红军 8 万 6 千多人被迫撤离江西瑞金革命根据地，实行战略转移——长征。在 20 世纪 30 年代犯了错误被迫长征以后，我们就得到了教训，知道马列主义的普遍真理是应该相信的，但是要同中国革命的实际情况相结合，后来一结合就取得了战争的胜利。

（3）这是马克思主义理论的内在要求。马克思主义本来提供的就不是可以到处套用的教条，而是进一步研究问题的出发点和供这种研究使用的方法。马克思主义在各个国家要想发挥其指导作用，必须结合着各个国家各个历史时期的具体实际，将其进一步加以民族化、具体化。从事实出发，遵从这条普遍真理，因此马克思主义在中国要发挥其指导作用，就必须实现中国化。马克思主义之所以能在中国发挥指导作用，不仅因为它是科学，而且主要是因为中国的社会条件有了这种需要，是因为它同中国人民的实践发生了联系，被中国人民所掌握，实现了马克思主义的中国化。

以毛泽东为代表的中国共产党人，创造性地运用马克思主义的普遍原理，把它同中国革命的具体实践结合起来，对于中国长期革命实践中的一系列独创性经验作了理论概括，形成了适合中国实际的科学的指导思想，这就是毛泽东思想。毛泽东思想是马克思列宁主义普遍原理和中国革命具体实践相结合的产物，是马列主义在中国的运用和发展，是被实践证明了的关于中国革命的正确的理论原则和经验总结，是中国共产党集体智慧的结晶。

参考答案

一、重点难点测试

（一）单项选择题

1. B　2. C　3. C　4. C　5. C　6. A　7. A　8. D　9. A　10. D

（二）多项选择题

1. ABC 2. AB 3. ABCD 4. ABCD 5. ABCD 6. ABCD 7. ABC 8. ABC 9. BCD 10. ABC

（三）问答题

1. 答案要点：马克思主义中国化，就是把马克思主义基本原理同中国具体实际和时代特征结合起来，运用马克思主义的立场、观点、方法研究和解决中国革命、建设、改革中的实际问题，坚持和发展马克思主义；就是运用中国人民喜闻乐见的民族语言来阐述马克思主义理论，揭示中国革命、建设、改革的规律，使之成为具有中国风格、中国气派的马克思主义。

第一，紧密联系中国实际，运用马克思主义解决中国革命、建设、改革中的问题。

第二，总结中国革命、建设、改革的实践经验和历史经验，坚持和发展马克思主义。

第三，把马克思主义植根于中国的优秀文化之中，赋予马克思主义以鲜明的中国特色。

2. 答案要点：在马克思主义中国化的进程中产生了两大理论成果：毛泽东思想和中国特色社会主义理论体系。两大理论成果是一脉相承又与时俱进的关系。

二、案例品评

【精选案例 1】

答案要点：马克思主义的持久的生命力既显示了马克思主义真理的力量，又说明了当今时代仍然需要马克思主义，就像自然科学需要爱因斯坦的理论一样。

马克思逝世已经一百多年了，作为马克思主义诞生的标志的《共产党宣言》发表也有一个多世纪了，为什么马克思仍然受到如此的关注和崇敬呢？这是因为马克思为人类精神发展做出了不朽贡献。关于马克思对人类思想的伟大贡献，概括为两个伟大发现，即唯物主义历史观和剩余价值学说。正是基于马克思的这两个伟大发现，社会主义才由空想变为科学。空想社会主义在社会主义思想史上有其重要地位，但它有两个致命的缺点：一是脱离唯物主义基础，二是脱离现实的工人运动。所以它只能流于道德的说教和关于“人”的呓语。马克思的学说有极强的阶级性，它是无产阶级的意识形态。但同时它又是科学的真理，是严整的科学思想体系。革命性和科学性在马克思学说中是高度统一的。

马克思主义对人类社会发展历史进程的影响：

（1）马克思主义从本质上阐述了人类社会关系发展中的根本性规律，说明了人类发展过程中的经济、政治、历史以及社会制度发展的内在规律和本质特征。它是无产阶级革命的理论基础和总体纲领，它深入地揭示了人类社会发展的基本规律和未来的发展趋向，是一个纲领性的指导思想原则，也是关于全世界无产阶级和全人类彻底解放的学说。

（2）马克思主义本身教给我们的是一种世界观和方法论，可以让我们凭借这些方法更深入和更全面地了解这个世界。马克思主义只有在政治活动中，与各国无产阶级革命运动结合以后，才能发挥出最大的政治影响力。在第二次世界大战后社会主义运动的高潮时期，世界上曾形成了社会主义和资本主义的“两大阵营”，后来由于以苏联为首的各国无产阶级执政者所执行的违背马克思主义基本原则的错误路线和方针，导致了“脱离群众”和“脱离实际”的严重错误，最终致使社会主义阵营开始解体，国际社会主义运动陷入“低潮”。

（3）马克思主义作为开放式的无产阶级革命的纲领性指导思想，本身就是社会主义制度的思想基础和理论体系，对无产阶级革命和社会主义建设都具有深远的指导意义。

（4）马克思主义深入地指出了资本主义生产关系内部所蕴含的原则、规律、本质以及根本矛盾，阐述了“社会主义”必将取代“资本主义”的客观规律。这一方面为无产阶级革命和社会主义革命指明了方向，同时另一方面也为资本主义制度提供了“对立面”的参照对象。从“矛盾对立统一”的观点来看，正因为有了社会主义运动的积极影响，才使得资本主义制度下的资产阶级为了继续维护和自身的统治，被迫针对本国的实际国情采用一系列手段和措施，以达到缓和阶级矛盾和社会矛盾的目的，这样在客观上也帮助了资本主义制度自身的进一步提高和完善，同时也在一定程度上减轻了资本主义国家的无产阶级劳动人民所承担的负担和压力。

马克思主义作为科学的世界观和方法论，也是指引中国走出漫漫黑夜的灯塔，90 多年来，中国共产党人在学习传播、革命实践和推进建设中，坚持把马克思主义普遍真理与中国革命和建设实践相结合，在实践中确立、坚持和丰富马克思主义，领导中国人民不断推进历史前进，演出了一幕幕中华民族争取国家独立、民族解放，走向富强、民族、文明、和谐的历史话剧。

【精选案例 2】

1. 答案要点：当今，我们为什么要高度重视马克思主义？习近平总书记主要讲了两方面的原因：一是对马克思一生的高度评价。总书记指出，“马克思的一生，是胸怀崇高理想、为人类解放不懈奋斗的一生”，“是不畏艰难险阻、为追求真理而勇攀思想高峰的一生”，“是为推翻旧世界、建立新世界而不息战斗的一生”。这是对马克思的伟大人生所做出的高度评价，是我们高度重视马克思主义的第一个原因。二是阐述了马克思主义命运与中国共产党、中国人民和中华民族的命运的逻辑相关性，以及马克思主义在中国所产生的广泛而深远的影响。习近平总书记通过阐述马克思主义中国化三次伟大创新与实现中华民族三次伟大飞跃强调，马克思主义的命运早已同中国共产党的命运、中国人民的命运、中华民族的命运紧紧连在一起。由于中国共产党人选择了马克思主义，所以，中国共产党和中华民族才逐渐强大起来，中国人民才不断获得幸福，马克思主义为中国革命、建设、改革提供了强大思想武器，使中国这个古老的东方大国创造了人类历史上前所未有的发展奇迹，也指引着中国成功走上了全面建设社会主义现代化强国的康庄大道；也正是中国共产党和中华民族的逐渐强大，中国人民不断取得幸福，才使马克思主义在中国焕发出强大的生机活力。这就是习近平总书记所强调的，“只有社会主义才能救中国”，“只有中国特色社会主义才能发展中国”，“只有坚持和发展中国特色社会主义才能实现中华民族伟大复兴”。究其根本原因，就在于马克思主义归根结底是为人类求解放的理论。迄今为止，在世界上还没有哪一种理论能达到马克思主义理论的高度，也没有哪一种理论能像马克思主义理论那样对整个世界产生巨大而深刻的影响，并极大地推进了人类文明发展进程。马克思主义站在了真理和道义的制高点上，中国共产党、中国人民、中华民族需要马克思主义。这是我们高度重视马克思主义的第二个原因。

2. 答案要点：学习马克思主义的目的在于实践和运用。运用马克思主义，有一个对待马克思主义的态度问题。对待马克思主义一般有两种态度：一是把马克思主义教条化，以教条化的态度对待马克思主义；二是以科学的态度对待马克思主义，既把马克思主义看作科学的世界观和方法论，又注重把马克思主义与中国具体实际相结合，运用马克思主义的科学世界观和方法论来分析和解决实际问题。习近平总书记在纪念马克思诞辰 200 周年大会上强调指出：“对待科学的理论必须有科学的态度。”他引用恩格斯的话说：“马克思的整个世界观不是教义，而是方法。它提供的不是现成的教条，而是进一步研究的出发点和供这种研究使用的方法。”习近平总书记以对待科学社会主义为例来加以说明：“科学社会主义的基本原则不能丢，丢了就不是社会主义。同时，科学社会主义也绝不是一成不变的教条。”“社会主义并没有定于一尊、一成不变的套路，只有把科学社会主义基本原则同本国具体实际、历史文化传统、时代要求紧密结合起来，在实践中不断探索总结，才能把蓝图变为美好现实。”因此，我们要坚持和运用辩证唯物主义和历史唯物主义的世界观和方法论，坚持和运用马克思主义立场、观点、方法，更好把科学理论转化为认识世界、改造世界的强大物质力量。不当教条当方法，注重马克思主义基本原理与中国具体实际相结合，运用马克思主义的立场观点方法分析和解决问题，是科学对待和运用马克思主义的基本态度。

上篇　毛泽东思想

第一章　毛泽东思想及其历史地位

一、学习目的和要求

通过本章的学习，使学生了解毛泽东思想的形成和发展过程，掌握毛泽东思想的科学内涵、历史地位和指导意义，学会正确地评价历史人物。

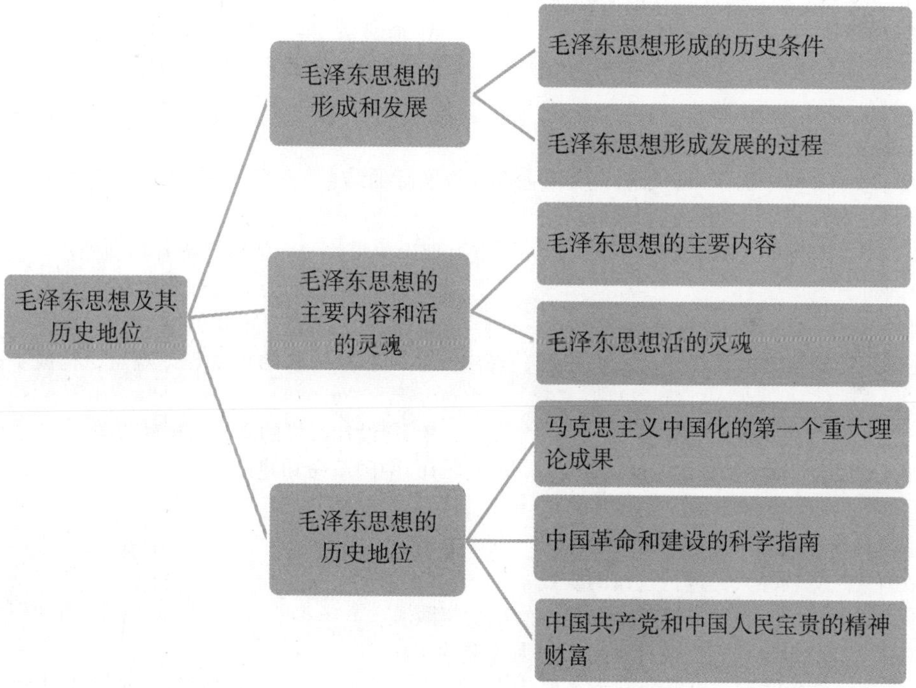

图1－1　思维导图

二、学习重点

1. 毛泽东思想的主要内容。
2. 毛泽东思想的历史地位。

三、学习难点

1. 毛泽东思想活的灵魂。
2. 怎样科学评价毛泽东和毛泽东思想。

四、重点难点测试

（一）单项选择题

1.（　　）将毛泽东思想写入党章，确立为党必须长期坚持的指导思想。

A. 党的六大　　B. 党的七大
C. 党的八大　　D. 党的十一届三中全会

2. 毛泽东思想活的灵魂是（　　）。

A. 实事求是　　B. 实事求是、群众路线、独立自主
C. 实事求是、群众路线　　D. 实事求是、独立自主

3. 在中国共产党历史上，（　　）第一个明确提出了“马克思主义中国化”的科学命题和重大任务，深刻论证了马克思主义中国化的必要性和极端重要性。

A. 毛泽东　　B. 李大钊　　C. 陈独秀　　D. 周恩来

4. 中国共产党从成立之日起，就努力探索（　　），并取得了初步成果。

A. 农村包围城市的道路
B. 马克思主义同中国革命实际的结合
C. 马克思主义同中国革命、社会主义革命和建设实际的结合
D. 如何推翻三座大山的压迫和剥削

5.（　　）作为马克思主义中国化的第一个重大理论成果，至今依然闪耀着真理光芒。

A. 毛泽东思想　　B. 中国特色社会主义理论体系
C. 邓小平理论　　D. “三个代表”重要思想

6. 毛泽东思想紧紧围绕（　　）的主题，提出一系列相互关联的重要理论观点，构成了一个完整的科学思想体系。

A. 实现什么样的发展、怎样发展　　B. 建设什么样的党、怎样建设党
C. 什么是社会主义、怎样建设社会主义　　D. 中国革命和建设

7. 毛泽东思想形成和发展的实践基础是（　　）。

A. 中国共产党领导人民进行革命的实践
B. 中国共产党领导人民进行建设的实践
C. 中国共产党领导人民进行革命和建设的成功实践
D. 中国共产党领导人民完成社会主义三大改造的实践

8. 土地革命战争时期，以毛泽东为主要代表的中国共产党人，坚持马列主义必须与中国革命具体实际相结合的基本原则，逐步开辟了（　　）的革命道路。

A. 农村包围城市　　B. 统一战线、武装斗争
C. 武装夺取政权　　D. 农村包围城市、武装夺取政权

9. 毛泽东在《中国的红色政权为什么能够存在?》《井冈山的斗争》等著作中，提出并阐述了（　　）的思想，标志着毛泽东思想的初步形成。

A. 新民主主义革命思想　　B. 统一战线的思想
C. 农村包围城市、武装夺取政权　　D. 新民主主义革命总路线

10. 毛泽东思想紧紧围绕（　　）的主题，提出一系列相互关联的重要理论观点，构成了一个完整的科学思想体系。

A. 新民主主义革命　　B. 中国革命和建设
C. 社会主义革命　　D. 社会主义建设

（二）多项选择题

1. 毛泽东思想是在我国（　　）的实践过程中，在总结我国革命和建设正反两方面的历史经验的基础上，逐步形成和发展起来的。

A. 新民主主义革命　　B. 社会主义革命
C. 社会主义建设　　D. 改革开放

2. 中国共产党在中国革命中战胜敌人的三个主要法宝是（　　）。

A. 统一战线　　B. 武装斗争
C. 党的建设　　D. 独立自主

3. 毛泽东指出，（　　）是中国共产党区别于其他任何政党的显著标志。

A. 理论和实践相结合的作风　　B. 和人民群众紧密地联系在一起的作风
C. 自我批评的作风　　D. 群众路线的作风

4. 毛泽东思想活的灵魂是（　　）。

A. 实事求是　　B. 群众路线　　C. 独立自主　　D. 自力更生

5. 习近平在纪念毛泽东诞辰 120 周年座谈会上指出："实事求是，是马克思主义的根本观点，是中国共产党人认识世界、改造世界的根本要求，是我们党的基本（　　）。

A. 思想方法　　B. 工作方法　　C. 领导方法　　D. 生活方法

6. 群众路线，就是（　　）从群众中来，至群众中去，把党的正确主张变为群众的自觉行动。

A. 一切为了群众　　B. 一切依靠群众
C. 为了群众一切　　D. 为了一切群众

7. （　　）是毛泽东把辩证唯物主义和历史唯物主义运用到中国革命和建设实践中所形成的具有中国共产党人鲜明特色的立场、观点、方法，是我们党进行革命、建设和改革的出发点、根本点和立足点。

A. 实事求是　　B. 群众路线　　C. 独立自主　　D. 解放思想

8. 毛泽东是伟大的（　　）。

A. 马克思主义者　　B. 无产阶级革命家　　C. 战略家　　D. 理论家

9. 毛泽东思想所确立的马克思主义中国化的（　　），指导着我们党不断推进马克思主义中国化，不断开辟马克思主义中国化新境界。

A. 奋斗方向　　B. 基本原则　　C. 基本方法　　D. 根本原则

10. （　　）是毛泽东把辩证唯物主义和历史唯物主义运用到中国革命和建设实践中形成的具有中国共产党人鲜明特色的立场、观点、方法，是我们党进行革命、建设和改革的出发点、根本点和立足点。

A. 实事求是　　B. 群众路线　　C. 独立自主　　D. 自力更生

（三）问答题

1. 毛泽东思想形成和发展的社会历史条件是什么？
2. 如何把握毛泽东思想的主要内容和活的灵魂？
3. 如何科学认识毛泽东思想的历史地位？

五、案例品评

【精选案例 1】

纵横四海，处处可见毛泽东思想

英国：研究毛泽东的英国著名学者多达 3500 人！

英国人之所以崇敬毛泽东，是因为毛泽东的辩证的思维能力让其信服。无论你问任何成年英国人："中国的四大发明有哪些？孔子对中国产生哪些影响？"英国人可能说不出几个。但如果谈起毛泽东，他们居然能背诵出毛泽东多条经典语录！毛泽东通俗而古典的理论修养和强势逼人的领袖气魄，吸引了一代又一代的英国年轻人。

有人统计，研究毛泽东的英国资深学者多达3500人！而英国海德公园至今仍随处可见印在墙上的毛泽东画像……

美国：总是出现一潮接一潮的"毛泽东热"。

毛泽东第一次出现在西方视野是一本叫《生活》的画报，由此，毛泽东和他的金光闪闪的红五星图像开始在纽约、华盛顿进而在整个美国本土璀璨夺目。美国相当多的总统对毛泽东充满敬仰，甚至以一睹毛泽东尊容为荣。

当其他一些亚非拉国家都出现一波接一波的"毛泽东热"时，华盛顿也"不甘示弱"，研究毛泽东的著作陆续涌现，翻译毛泽东的作品更是版本繁多。

以色列："人若犯我，我必犯人"

以色列总理内塔尼亚胡曾这样评价毛泽东："他使一个一直被西方人耻笑为东亚病夫式的中国，一举变成了一个强大凝聚力的现代民族国家，使几亿受尽压迫的中国人成了能够自己掌握自己命运的主人，这对我们民族的鼓舞都是震撼性的。"

据《环球时报》报道，对于2015年1月的加沙行动，以色列驻华大使安泰毅用中文解释："人不犯我，我不犯人，人若犯我，我必犯人。"他说，"8年来，以色列没能执行这个很实际的建议，我们试尽了各种方法，但我们已经别无选择，我们要按照毛泽东的指点来做。"

日本：翻译出版有关毛泽东著作最多的国家。

20世纪70年代，日本共产党创办了不少宣传毛泽东思想的进步报刊，呼吁广大日本人民要深深体会到"只有毛泽东思想，才能救日本。"

21世纪初叶，随着国际形势深刻变化，研究毛泽东的著作骤然增加，翻译出版毛泽东著作多达上万个不同的版本。日本宣称，"全世界出版毛泽东著作最多的国家在日本!"

日本人研究毛泽东思想最深入的课题是："如何消除贫富两极分化？怎样彻底实现共同富裕?"

委内瑞拉：用毛泽东思想去实现伟大的社会主义。

委内瑞拉总统查韦斯向国内人民演讲时，强调最多的一句话是："凡是敌人反对的我们就要拥护，凡是敌人拥护的我们就要反对!"毛泽东这句最有哲理的话，引导着委内瑞拉主流民意不畏美国强权政治，自信自强地开展国内政治、经济建设。

毛泽东思想在委内瑞拉深入人心。"贯彻中国毛泽东思想可以帮助消除我所处的社会的不公。尤其是在我看来，毛泽东在中国倡导的社会主义道路与前苏联的官僚的、僵化的、狭隘的'社会主义'不同，看起来更加生机勃勃、不教条和具有革命性。"总统查韦斯向他的拥护者忘情地说。

尼泊尔："毛泽东主义"指导与领导着尼泊尔人民建设自己的家园。

尼泊尔首任总理普拉昌达是毛泽东思想的追随者，他坦陈："没有毛泽东主义指导我们，便没有尼泊尔联邦民主共和国的今天。"普拉昌达最爱引用的毛泽东一句话是："雄关漫道真如铁，而今迈步从头越!"

朝鲜：一个对毛泽东心存感激之情的国家。

1976年毛泽东逝世，朝鲜领导人金日成泪水长流："他对中朝历史的影响将永世长存。"

金日成一生只为两位外国领导人流泪痛哭过，而此两位重量级政治人物皆来自中国：一个是毛泽东；另一位是周恩来。如今朝鲜人民在街道上悬挂的横幅"军民团结如一人，试看天下谁能敌"，正是毛泽东个人原创语录。

此外，澳大利亚、新西兰、法国、德国、罗马尼亚等都是"毛泽东热"比较集中的西方国家，非洲国家也在争相研究毛泽东及其著作。

美国前总统克林顿："毛泽东无愧于世界级领袖，'毛泽东热'在中国内部乃至国外不降反升现象，更令人不可思议，美国人应当研究他的思想精髓。"

法国前总统密特朗："毛泽东是世界上居支配地位的人。"

日本前首相福田康夫："无论对他做多么高的评价，都不过分！"

以色列总统佩雷斯："我国的军事理论研究，大多参考了毛泽东相关著述。"

古巴国务委员会主席劳尔·卡斯特罗："毛泽东时代建立的中国天下无人可挡。他很了不起，中国人民不会忘记他，古巴人民也不会忘记他。"

柬埔寨国王西哈莫尼：一本《论持久战》，使我终生崇拜他！

委内瑞拉总统查韦斯："我整个一生都是毛泽东的崇拜者。他的经典语录几乎每条我都能背得出，他是中国人伟大的舵手！"

巴基斯坦前总统穆沙拉夫："他善于稳定人心，凝聚力量。他对巴基斯坦的援助是无私的友情。他是伟大中国领袖。"

赞比亚前总统卡翁达："如果要说到某一个人，他解放了一个非常大的国家，当时有5亿多人，这具有非常深远的意义。至于你问我对他有什么印象，我说他既是一个伟人，又是一个普通人。他的分析（指三个世界划分的论断）是正确的。"

前菲律宾总统马科斯说："毛主席是人类的领袖，历史的推动者。毛泽东统一了中国，给予人民一套新的道德观，提高了工农的地位，并在中国建立了一个廉洁的政府。"

美国前国务卿基辛格："女儿形容她崇拜的歌星能带来电磁般的冲击，我承认我没这种感觉；但在毛泽东面前，他确实给了我这种感受。"

瑞士联邦前主席格内吉："确切地说，他（毛泽东）是一位举世无双的人物。"

巴基斯坦前总理贝娜齐尔·布托："像毛泽东那样的人物，在一个世纪，也许一千年里只能产生一位。毫无疑问，毛泽东是巨人中的巨人。他使历史显得渺小。"

新加坡内阁资政李光耀："毛泽东最了不起的成就是敢于同强大的敌人做斗争，让中国人真正扬眉吐气。他的毅力，他远见卓识的战略论述，令人鼓舞。"

美国前国防部长助理菲利普·戴维逊："毛泽东是一位伟大的战略家。哪个领袖能像他这样在这么多不同类型的冲突中长期立于不败之地？"

美国前军官、中国问题专家R. 特里尔："他奇迹般地创造了一个不等式：毛泽东 > 马克思 + 列宁 + 斯大林。"

资料来源：环球时报—环球网，2015－08－21。

【思考题】

1. 上述材料说明，毛泽东永远活在人民心中。请列举毛泽东永远被人民牢记的五个理由。
2. 请根据你对毛泽东的了解，列出毛泽东的人格特点。

【精选案例2】

评价毛泽东

材料1：邓小平评价毛泽东

1980年8月21日、23日，邓小平两次会见意大利记者法拉奇，回答她的提问。在谈到对毛泽东的评价时，邓小平指出：毛主席的功绩是第一位的。他是中国共产党、中华人民共和国的主要缔造者，他为中国人民做的事情是不能抹杀的，他多次从危机中把党和国家挽救过来。没有毛主席，至少我们中国人民还要在黑暗中摸索更长的时间。毛泽东思想是我们党的指导思想。毛泽东思想主要是毛泽东同志的思想，但不是他一个人的创造，包括老一辈革命家都参与了毛泽东思想的建立和发展。

在回答毛泽东的错误同林彪、"四人帮"的区别问题时，邓小平说：毛主席晚年有些不健康的因素、不健康的思想逐渐露头，主要是一些"左"的思想。错误是从50年代后期开始的，他在生前没有把过去良好的作风，比如说民主集中制、群众路线，很好地贯彻下去，没有制定也没有形成良好的制度，以致最后导致了"文化大革命"。毛主席犯的是政治错误，这个错误不算小。另一方面，错误被林彪、"四人帮"这两个反革命集团利用了。他们的目的是阴谋夺权。所以要区别毛主席的错误同林彪、"四人帮"的罪行。毛主席的错误是第二位的，我们要实事求是地讲他后期的错误。我们还要继续坚持毛泽东思想。

资料来源：《中国共产党新闻—人民网》，http：//dangshi. people. com. cn/GB/165617/166495/10002299. html

材料2：习近平评价毛泽东

毛泽东同志是伟大的马克思主义者，伟大的无产阶级革命家、战略家、理论家，是马克思主义中国化的伟大开拓者，是近代以来中国伟大的爱国者和民族英雄，是党的第一代中央领导集体的核心，是领导中国人民彻底改变自己命运和国家面貌的一代伟人。

在革命和建设长期实践中，以毛泽东同志为主要代表的中国共产党人，根据马克思列宁主义基本原理，形成了适合中国情况的科学指导思想，这就是毛泽东思想。毛泽东思想以独创性理论丰富和发展了马克思列宁主义。毛泽东思想教育了几代中国共产党人，它培养的大批骨干，不仅在新民主主义革命、社会主义革命、社会主义建设时期发挥了重要作用，也为新的历史时期开创和建设中国特色社会主义发挥了重要作用。邓小平同志说，毛泽东思想这个旗帜丢不得，丢掉了实际上就否定了我们党的光辉历史；任何时候都不能动摇高举毛泽东思想旗帜的原则，我们将永远高举毛泽东思想的旗帜前进。

在为中国人民不懈奋斗的光辉一生中，毛泽东同志表现出一个伟大革命领袖高瞻远瞩的政治远见、坚定不移的革命信念、勇于开拓的非凡魄力、炉火纯青的斗争艺术、杰出高超的领导才能。他思想博大深邃、胸怀坦荡宽广，文韬武略兼备、领导艺术高超，心系人民群众、终生艰苦奋斗，为中华民族和中国人民建立了不朽功勋。

毛泽东同志属于中国，也属于世界。他不仅赢得了全党全国各族人民爱戴和敬仰，而且赢得了世界上一切向往进步的人们敬佩。毛泽东同志的革命实践和光辉业绩已经载入中华民族史册。他的名字、他的思想、他的风范 将永远鼓舞我们继续前进。

人世间没有一帆风顺的事业。综观世界历史，任何一个国家、一个民族的发展，都会跌宕起伏甚至充满曲折“艰难困苦，玉汝于成。”“多难兴邦，殷忧启圣。”“失败为成功之母。”毛泽东同志也常说，前途是光明的，道路是曲折的。这是一切正义事业发展的历史逻辑。我们的事业之所以伟大，就在于经历世所罕见的艰难而不断取得成功。

不能否认，毛泽东同志在社会主义建设道路的探索中走过弯路，他在晚年特别是在“文化大革命”中犯了严重错误。对毛泽东同志的历史功过，党的十一届六中全会做出的《关于建国以来党的若干历史问题的决议》进行了全面评价。邓小平同志说，毛泽东同志的功绩是第一位的，他的错误是第二位的，他的错误在于违反了他自己正确的东西，是一个伟大的革命家、伟大的马克思主义者所犯的错误。

在中国这样的社会历史条件下建设社会主义，没有先例，犹如攀登一座人迹未至的高山，一切攀登者都要披荆斩棘、开通道路。毛泽东同志晚年的错误有其主观因素和个人责任，还在于复杂的国内国际的社会历史原因，应该全面、历史、辩证地看待和分析。

对历史人物的评价，应该放在其所处时代和社会的历史条件下去分析，不能离开对历史条件、历史过程的全面认识和对历史规律的科学把握，不能忽略历史必然性和历史偶然性的关系。不能把历史顺境中的成功简单归功于个人，也不能把历史逆境中的挫折简单归咎于个人。不能用今天的时代条件、发展水平、认识水平去衡量和要求前人，不能苛求前人干出只有后人才能干出的业绩来。

革命领袖是人不是神。尽管他们拥有很高的理论水平、丰富的斗争经验、卓越的领导才能，但这并不意味着他们的认识和行动可以不受时代条件限制。不能因为他们伟大就把他们像神那样顶礼膜拜，不容许提出并纠正他们的失误和错误；也不能因为他们有失误和错误就全盘否定，抹杀他们的历史功绩，陷入虚无主义的泥潭。

前事不忘，后事之师。一个马克思主义政党对自己的错误所抱的态度，是衡量这个党是否真正履行对人民群众所负责任的一个最重要最可靠的尺度。我们党对自己包括领袖人物的失误和错误历来采取郑重的态度，一是敢于承认，二是正确分析，三是坚决纠正，从而使失误和错误连同党的成功经验一起成为宝贵的历史教材。

资料来源：《习近平在纪念毛泽东诞辰120周年座谈会上的讲话》

【思考题】

如何辩证、历史地评价杰出人物的历史作用？

六、名人名言名句

“回想在一九二七年革命失败以后，如果没有毛泽东同志的卓越领导，中国革命有极大的可能到现在还没有胜利，那样，中国各族人民就还处在帝国主义、封建主义、官僚资本主义的反动统治之下，我们党就还在黑暗中苦斗。所以说没有毛主席就没有新中国，这丝毫不是什么夸张。毛泽东思想培育了我们整整一代人。”

资料来源：《解放思想，实事求是，团结一致向前看》，这是邓小平同志在 1978 年 12 月 13 日的中共中央工作会议闭幕会上的讲话，载于《邓小平文选》第 2 卷。

“毛泽东同志最伟大的历史功绩，是把马克思列宁主义基本原理同中国具体实际结合起来，领导我们党和人民，找到了一条新民主主义革命的正确道路，完成反帝反封建的任务，结束了中国半殖民地半封建社会的历史，建立了中华人民共和国，确立了社会主义制度。接着，他又从中国实际出发，开始探索社会主义建设的道路。”

资料来源：《江泽民同志在毛泽东同志诞辰一百周年纪念大会上的讲话》，1993 年 12 月 26 日。

“毛泽东同志毕生最突出最伟大的贡献，就是领导我们党和人民找到了新民主主义革命的正确道路，完成了反帝反封建的任务，建立了中华人民共和国，确立了社会主义基本制度，并从中国实际出发探索社会主义建设的道路，为古老的中国赶上时代发展潮流、阔步走向繁荣昌盛创造了根本前提，奠定了坚实的理论和实践基础。”

资料来源：《胡锦涛同志在毛泽东同志诞辰一百一十周年纪念大会上的讲话》，2003 年 12 月 26 日。

“在为中国人民不懈奋斗的光辉一生中，毛泽东同志表现出一个伟大革命领袖高瞻远瞩的政治远见、坚定不移的革命信念、勇于开拓的非凡魄力、炉火纯青的斗争艺术、杰出高超的领导才能。他思想博大深邃、胸怀坦荡宽广，文韬武略兼备、领导艺术高超，心系人民群众、终生艰苦奋斗，为中华民族和中国人民建立了不朽功勋。毛泽东同志为党、国家、民族做出了彪炳史册的伟大贡献，在晚年也犯过严重错误。但是，他的功绩是第一位的，错误是第二位的。全面科学地阐述毛泽东同志和毛泽东思想的历史功绩和历史地位，对于正确认识毛泽东同志的历史功过十分重要，也十分必要。”

资料来源：《习近平同志在纪念毛泽东同志诞辰 120 周年座谈会上的重要讲话》，2013 年 12 月 26 日。

七、实践项目

实践项目一

观看大型文献纪录片《走近毛泽东》(上集、下集)

【目标要求】通过观看纪录片更深入地了解毛泽东思想的形成和发展的时代背景；更多角度、更真实、更深刻地理解毛泽东的中国心和大智慧；能正确评价伟大领袖毛泽东的历史功过；使学生看到伟人身上的闪光点并学习伟人的优秀品质。

【活动方案】

1. 时间：课前学生自行安排时间

2. 方式：利用学习通开展自学

3. 上课环节：

（1）请同学们以简短的文字描述自己看完本片后印象最深刻的一两个镜头。

（2）课堂讨论：

①毛泽东思想就是毛泽东的思想吗？

②毛泽东的人民战争思想在高科技时代的战场上的价值。

③毛泽东思想的当代价值。

（3）观后感：请同学们谈谈观后感。

【活动评价】

1. 实践结果：观后感（课后写一篇观后感，字数在800字以上）
2. 评价方式：通过同学们参与程度、观后感的写作质量、课堂表现等三个方面给学生综合评价

实践项目二

大学生对毛泽东了解程度的调查

【目标要求】

针对所在学校的大学生设置调查问卷，了解在校大学生对毛泽东及毛泽东思想的了解及掌握状况，找出本校思想政治理论课教学工作中必须解决的问题，有针对性地采取相应对策，提高学生学习思想政治理论课的主动性、积极性，从而提高思想政治理论课的教学实效性。

【活动方案】

1. 时间：利用课余时间开展调查问卷工作（大约两周时间）
2. 地点：校园内
3. 对象：本校一年级学生
4. 组织：每5—8名同学组成一个调研小组，协调分工合作
5. 流程：

（1）设计调查问卷：问卷设计10道题目；问卷编写须有针对性；采用单项选择题，每道题的选项为2—4个选项。

（2）发放调查问卷：准备100份问卷，无记名填写。

（3）统计问卷结果。

（4）问卷分析讨论。

（5）撰写调研报告。

【活动评价】

活动结果：调研报告。

八、学习延伸

1. 观看视频：毛主席用兵真如神。

央视网 http：//tv. cctv. com/2012/12/16/VIDE1355592231893768. shtml

2. 观看视频：毛泽东诗词的魅力。

央视网 http：//military. cntv. cn/2014/12/20/VIDE1419050640794108. shtml

九、相关链接

1. 毛泽东思想：马克思列宁主义在中国的运用和发展，是被实践证明了的关于中国革命的正确的理论原则和经验总结，是中国共产党集体智慧的结晶。

2. 实事求是：“实事”就是客观存在着的一切事物，“是”就是客观事物内部联系，即规律性，“求”就是我们去研究。

3. 新民主主义革命：新民主主义革命是无产阶级领导的，以反对帝国主义、封建主义、官僚资本主义为主的人民民主革命。它的目标是无产阶级牢牢掌握革命领导权，彻底完成反帝反封建的历史任务，并及时实现由新民主主义向社会主义的过渡。

新中国的成立标志着我国新民主主义革命的基本胜利，1956年社会主义三大改造的基本完成，标志着中国新民主主义社会阶段的结束和社会主义初级阶段的开始。

参考答案

一、重点难点测试

（一）单项选择题

1. B 2. B 3. A 4. B 5. A 6. D 7. C 8. D 9. C 10. B

（二）多项选择题

1. ABC 2. ABC 3. ABC 4. ABC 5. ABC 6. AB 7. ABC 8. ABCD 9. ABC 10. ABC

（三）问答题

1. 答案要点：毛泽东思想是在我国新民主主义革命、社会主义革命和社会主义建设的实践过程中，在总结我国革命和建设正反两方面的历史经验的基础上，逐步形成和发展起来的。毛泽东思想的形成和发展有其深刻的时代背景。19 世纪末 20 世纪初，世界进入帝国主义和无产阶级革命时代，战争与革命成为时代主题，这是毛泽东思想形成的时代背景。

2. 答案要点：毛泽东思想是马克思列宁主义在中国的运用和发展，是被实践证明了的关于中国革命和建设的正确的理论原则和经验总结，是中国共产党集体智慧的结晶。毛泽东思想紧紧围绕中国革命和建设的主题，提出了一系列相互关联的重要理论观点，构成了一个完整的科学思想体系。主要内容有：新民主主义革命理论、社会主义革命和建设理论、革命军队建设和军事战略的理论、政策和策略的理论、思想政治工作和文化工作的理论、党的建设理论。除了以上几个方面外，毛泽东思想体系还包括关于国际战略和外交工作的理论等内容。毛泽东思想的活的灵魂，是贯穿于上述各个理论的立场、观点和方法。它包含三个基本方面，即实事求是，群众路线，独立自主。

3. 答案要点：毛泽东思想的历史地位：（1）马克思主义中国化的第一个重大理论成果；（2）中国革命和建设的科学指南；（3）中国共产党和中国人民宝贵的精神财富。

正确认识毛泽东思想的历史地位和指导意义，有一个怎样科学评价毛泽东和毛泽东思想的问题。这个问题关系到怎样看待党和国家过去几十年奋斗和前进的历史，关系到党的团结、国家的安定，也关系到党和国家未来的发展前途，不仅有重要的历史意义，而且有重要的现实意义。

毛泽东一生为党和人民的事业作出了贡献，《历史决议》对毛泽东和毛泽东思想的历史地位做出了科学的、实事求是的评价，对于统一全党的认识起到了重要的作用，得到了全党的拥护。《历史决议》指出，毛泽东是伟大的马克思主义者、伟大的无产阶级革命家、战略家和理论家。他为中国共产党和中国人民解放军的创立和发展，为中国各族人民解放事业的胜利，为中华人民共和国的缔造和社会主义事业的发展，建立了不可磨灭的功勋，为世界被压迫民族的解放和人类进步事业做出了重大贡献。由于在中国建设社会主义是一项崭新的事业，人们对如何走出一条适合中国国情的社会主义道路还缺少规律性认识，加上当时复杂严峻的国际环境的影响，我们党在社会主义建设道路的探索中发生过曲折。毛泽东的功绩是第一位的，错误是第二位的。他的错误是一个伟大的革命家、一个伟大的马克思主义者所犯的错误。将毛泽东晚年的错误同经过长期历史检验形成科学理论的毛泽东思想区别开来，为我们完整地理解毛泽东思想、坚持和发展毛泽东思想指明了方向。我们应该珍视这半个多世纪以来，在中国革命和建设过程中，把马克思主义基本原理同中国具体实际相结合所形成的科学理论成果，并在新的实践中运用和发展。

二、案例品评

【精选案例 1】

答案要点：（略）

【精选案例 2】

答案要点：第一，杰出人物是一定历史条件下的产物，要正确认识杰出人物的历史作用，必须深入了解他们所处的历史条件，坚持历史主义原则。第二，在阶级社会里杰出人物，特别是政治家、思想家、理论家、军事家，总是一定阶级的代表，他们的历史作用同他们所代表的那个阶级的历史作用是分不开的。因此，要正确认识杰出人物的历史作用，必须对他们做阶级分析。第三，杰出人物的出现及其历史作用都是必然性与偶然性的辩证统一，因此必须用必然性与偶然性辩证统一的观点来分析杰出人物及其历史作用。第四，任何杰出人物都有巨大的历史功绩，也必然会有这样那样的缺点或错误。因此，对他们的历史作用要作全面的分析与评价，既不能肯定一切，也不能否定一切。

第二章　新民主主义革命理论

一、学习目的和要求

通过本章的学习，使学生了解近代中华民族的历史任务和近代中国革命任务；掌握新民主主义革命理论形成的依据，新民主主义革命的总路线、新民主主义基本纲领和新民主主义革命的基本经验；认识新民主主义理论是毛泽东思想的重要内容，对中国革命取得胜利发挥了重要指导作用。

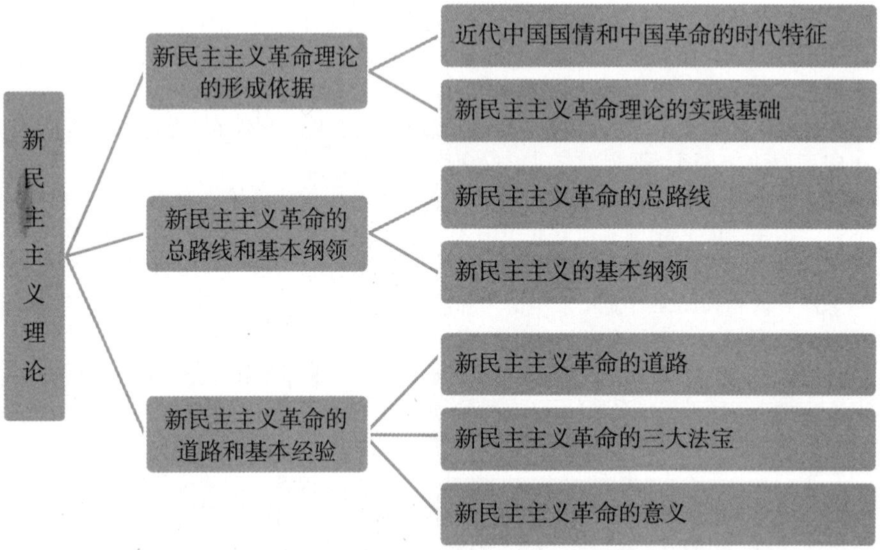

图 2－1　思维导图

二、学习重点

1. 新民主主义革命理论形成的依据。
2. 新民主主义革命的总路线。
3. 新民主主义革命的基本经验。

三、学习难点

1. 新民主主义革命道路形成的必然性。
2. 新民主主义革命的三大法宝。

四、重点难点测试

（一）单项选择题

1. 毛泽东指出，（　　）是解决中国革命问题的基本前提。

A. 认清中国社会的特殊国情　　B. 认清中国社会的主要矛盾

C. 正确分析中国社会的阶级状况　　D. 正确分析中国社会的经济状况

2. 近代中国社会最主要的矛盾是（　　）。

A. 农民阶级和地主阶级的矛盾　　B. 帝国主义和中华民族的矛盾

C. 无产阶级和资产阶级的矛盾　　D. 封建主义和资产阶级的矛盾

3. 中国资产阶级民主革命进入新民主主义革命的新阶段是以（　　）为标志。

A. 十月革命　　B. 新文化运动　　C. 五四运动　　D. 中国共产党的成立

4. 开辟世界无产阶级革命新纪元的是（　　）。

A. 五四运动　　B. 十月革命　　C. 第一次世界大战　　D. 辛亥革命

5. 最早提出“枪杆子里出政权”的中国共产党领导人是（　　）。

A. 陈独秀　　B. 李大钊　　C. 毛泽东　　D. 周恩来

6. 新民主主义革命理论得到全面系统阐述，标志毛泽东思想得到多方面展开趋向成熟是在（　　）。

A. 抗日战争时期　　B. 国民革命时期　　C. 土地革命时期　　D. 解放战争时期

7. 完整表述新民主主义革命的总路线是在（　　）。

A. 国民革命时期　　B. 抗日战争时期　　C. 解放战争时期　　D. 土地革命时期

8. 第一次提出“新民主主义革命”的科学概念的文献是（　　）。

A.《中国社会各阶级分析》　　B.《星星之火，可以燎原》

C.《反对本本主义》　　D.《中国革命和中国共产党》

9. 近代中国贫困落后和一切灾难祸害的总根源是（　　）。

A. 封建主义　　B. 帝国主义　　C. 民族资本主义　　D. 官僚资本主义

10. 中国革命最基本的动力是（　　）。

A. 农民阶级　　B. 小资产阶级　　C. 民族资产阶级　　D. 无产阶级

（二）多项选择题

1. 鸦片战争后，帝国主义的不断入侵，改变了中国社会发展的轨迹，使社会性质发生了两个根本性的变化（　　）。

A. 独立的中国逐步沦为半殖民地的国家　　B. 破坏了中国的小农经济

C. 中国社会完全沦为殖民地　　D. 封建的中国逐步变为半封建的中国

2. 近代中国的社会性质，决定了社会的主要矛盾是（　　）。

A. 帝国主义与殖民地的矛盾　　B. 帝国主义与中华民族的矛盾

C. 帝国主义与中国老百姓的矛盾　　D. 封建主义与人民大众的矛盾

3. 近代中国社会的性质和矛盾，决定了近代中国革命的根本任务是（　　）。

A. 推翻官僚资本主义统治　　B. 扫清军阀统治

C. 推翻帝国主义的统治　　D. 推翻封建主义统治

4. 新民主主义革命的法宝是（　　）。

A. 群众路线　　B. 统一战线　　C. 武装斗争　　D. 党的建设

5. 新民主主义革命总路线的内容是（　　）革命。

A. 无产阶级领导的　　B. 人民大众的

C. 反对帝国主义的　　D. 反对封建主义和官僚资本主义的

6. 新民主主义革命与旧民主主义革命比较有了新的内容和特点，即（　　）。

A. 中国新民主主义革命处于世界无产阶级社会主义革命的时代，是世界无产阶级社会主义革命的一部分

B. 全世界无产阶级联合起来

C. 革命的领导力量是无产阶级及其先锋队——中国共产党

D. 革命的指导思想是马克思列宁主义

7. 中国共产党领导的革命统一战线有两个联盟，它们是（　　）。

A. 工农联盟　　B. 工商联盟

C. 工人阶级与非劳动者联盟　　D. 国共联盟

8. 新民主主义革命的经济纲领主要内容是（　　）。

A. 没收封建地主的土地归农民所有　　B. 没收民族工商业主的资本归国家所有

C. 没收官僚资本主义的资本归国家所有　　D. 消灭富农

9. 新民主主义的文化是（　　）。

A. 民族的　　B. 民主的　　C. 科学的　　D. 大众的

10. 武装斗争是新民主主义革命的三大法宝之一，它的经验是（　　）。

A. 枪指挥党　　B. 全心全意为人民服务是人民军队的宗旨

C. 党指挥枪　　D. 坚持正确的战略战术原则

（三）问答题

1. 什么是新民主主义革命的总路线？
2. 如何理解新民主主义革命的领导权问题？
3. 新民主主义革命基本纲领的主要内容是什么？
4. 如何认识中国革命走农村包围城市、武装夺取政权道路的必要性及重大意义？
5. 如何理解新民主主义革命的三大法宝及其相互关系？

五、案例品评

【精选案例1】

再说秋收起义：毛泽东为什么要当“山大王”？

1927年9月9日，毛泽东亲自领导了湘赣边界秋收起义，并率领部队向井冈山进军，建立了第一支工农武装，创立了第一个农村革命根据地，开辟了农村包围城市，武装夺取政权的崭新道路。

枪杆子里面出政权

1927年7月16日至18日，中共中央五人常委举行会议，决定实行土地革命和在秋收时期组织农民武装暴动的新政策。中共中央经过慎重考虑，委托毛泽东研究湖南军事形势和农民运动状况，指导湖南省委的工作，筹划在湖南举行秋收起义。

8月7日，毛泽东出席了在汉口秘密举行的中央紧急会议（即“八七”会议），他在会上强调“以后要非常注意军事，须知政权是由枪杆子中取得的。”

中共中央临时政治局决定派毛泽东以中央特派员的身份回湖南传达“八七”会议精神，改组湖南省委，领导秋收起义。

“霹雳一声暴动”

1927年9月9日，在毛泽东的亲自领导下，震动全国的湘赣边界秋收起义爆发了！参加秋收起义的军事骨干力量，主要有国民革命军第二方面军总指挥部警卫团、平江、浏阳农军和安源的工人武装。

秋收起义如惊天动地的春雷，唤醒了千百万工农群众拿起武器同国民党反动派开展新的斗争。当时全国的革命形势已走向低潮，反动军事力量在各处都大大超过革命力量。再加上湘赣边界的群众没有充分发动起来，本来就很薄弱的工农革命军第一师又兵分三路各自为战，行动也不统一，进攻的目标却是湖南的中心城市长沙，这个计划事实上是难以实现的。

9 月 15 日晚，中共湖南省委决定停止原准备在第二天发动的长沙暴动。毛泽东清醒地对客观形势做出准确判断，他认为敌我力量悬殊，单靠工农革命军现有力量不可能攻占国民党军队强固设防的长沙，最终只会导致全军覆没。毛泽东主张放弃进攻长沙，把起义军向南转移到敌人统治力量薄弱的农村山区寻找落脚点，保存革命力量，再图发展。

那么，到什么地方比较适宜呢？毛泽东指着一张地图说："这里像眉毛一样的地方，是罗霄山脉的中段，适宜作我们的落脚点。"

罗霄山脉地处湖北、湖南、江西、广东四省的交界处，其中段地势险要，峭壁耸立，进可以攻，退可以守，远离大城市，群众基础较好，敌人力量比较薄弱，而声势可以直接影响到湘赣两省的下游，有很大的战略优势与政治意义。提出这个主张，在当时是需要极大勇气的。会议经过激烈争论，前敌委员会接受了毛泽东的建议，"议决退往湘南"。

9 月 20 日清晨，工农革命军第一师 1500 余官兵在里仁学校操场上整齐列队，毛泽东宣布改变行动方向的决定。他满怀信心地指出："这次秋收暴动，虽然受了点挫折，但这算不了什么！常言道：胜败是兵家常事。我们当前的力量还小，还不能去攻打敌人重兵把守的大城市，应当先到敌人统治薄弱的农村，去保存力量，发动农民革命。我们现在好比一块小石头，蒋介石反动派好比一口大水缸，但总有一天，我们这块小石头，一定要打烂蒋介石那口大水缸，胜利一定属于我们。"

毛泽东的讲话，大大鼓舞了刚受到严重挫折的起义军的士气。

红色"山大王"

9 月 26 日，工农革命军离开莲花县城，向永新方向前进。部队自转兵南下以来，一路上连续作战，战斗力大大减弱，少数伤病员因缺医少药而牺牲，有些人因为怕艰苦不辞而别。

毛泽东为此内心焦灼，他清楚地知道，如果不马上解决这些问题，部队就很难继续前进。9 月 29 日，部队来到永新县三湾村。当晚，毛泽东召开中共前敌委员会扩大会议，讨论部队现状及解决的措施，决定对部队实行整顿和改编，这就是我军历史上著名的"三湾改编"。

10 月 3 日下午，工农革命军到达宁冈县古城。位于湖南酃县和江西宁冈、遂川、永新四县交界处的井冈山，过去长期有"山大王"，现在被袁文才、王佐两支绿林式的农民武装所占据。在前敌委员会扩大会议上，有人认为袁、王的队伍实际上是"土匪部队"，主张"他们那几十支枪，一包围缴械就完了。"毛泽东严厉批评了这种意见，说："你们太狭隘了，度量太小啦！我们不能采取大鱼吃小鱼的吞并政策，历史上有哪个能把三山五岳的土匪消灭掉？联合起来就是大队伍。"

10 月 6 日，毛泽东亲自约见袁文才。见面后，毛泽东充分肯定了他与王佐"劫富济贫"的革命性，双方谈得非常投机。毛泽东当场宣布赠送袁文才 100 支枪，这大大出乎袁文才的意料，袁文才马上回赠给工农革命军 600 块大洋，并答应工农革命军在茅坪建立后方医院和留守处。这样，工农革命军和袁文才、王佐部队的关系一天天密切起来。

毛泽东率领这支小部队继续向井冈山转移。从文家市到茨坪，历时一个多月，行程 1000 多里，工农革命军在毛泽东领导下，经过秋收暴动和艰苦转战，终于将红旗插上了井冈山。

资料来源：《中国 1927——解密 80 年前中国政局的历史谜团》，张福兴著，中共党史出版社，2007 年 7 月版。

【思考题】

1. 毛泽东为什么要带领部队上井冈山？
2. 中国共产党探索的农村包围城市的革命道路有什么样的重要意义？

【精选案例 2】

毛泽东的"枪杆子里面出政权"的来历与演变

建党之初没有枪杆子的遗憾

在成立的最初阶段，中国共产党把主要精力放在宣传"主义"和组织工人上。在党看来，这是由无产阶级先锋队的本质决定的，是自然而然的事情。正因如此，对有人热衷于搞枪杆子的做法，党曾经一度持批判态度。

在宣传"主义"方面，以陈独秀、李大钊为代表的共产党早期组织的创立者，十分重视共产主义的宣传。在组织工人方面，中共党组织在上海、北京、济南、武汉、长沙、广州等产业工人比较集中的城市进行了大量的工作。无疑，中国共产党在创建初期所开展的宣传和组织工作，对中国共产党的发展壮大都有着十分重要的意义。然而，一个革命的政党，如没有"枪杆子"，不能不说是一个遗憾。

"枪杆子里面出政权"的提出

1926 年 7 月，中共中央召开第三次中央执行委员会扩大会议，通过建党以来的第一份《军事运动议决案》。但是，中国共产党在此时并没有能真正掌握一支有力的武装，以致在蒋介石突然背叛革命时，我们的武装力量极其弱小，甚至束手无策。从"四一二"反革命政变到中共六大，中共党员和革命群众被杀的有 30 多万，被监禁的有 4600 多人。中共党员的数量从 1927 年 5 月时的 57967 人，一下子降到 11 月份时的 10765 人，损失的幅度几乎达 70%！面对局势骤然巨变，下一步怎么走？这个问题非常急迫地摆在中国共产党的面前。但中共中央领导层中一些人的认识一时并没能跟上急遽变化的局势。

1927 年 7 月 4 日，在中共中央政治局常委会上，毛泽东明确提出了"上山"和"投入军队中去"的策略，并说"上山可造成军事势力的基础"。反之，"不保存武力则将来一到事变我们即无办法。"这并不是毛泽东突发的念头，而是对中国革命实际情况深入了解和分析之后得出的符合实际的结论。枪杆子的问题，在毛泽东看来，已是十分重要且关乎全局的成败了。7 月 15 日，武汉国民党政府宣布"分共"。8 月 7 日，在中共中央召开的紧急会议上，面对中国革命异常险峻而复杂的形势，面对国民党这个强大的敌人，毛泽东没有照搬俄国的革命经验，没有言必称马列地将问题停留在理论分析上，而是根据历史经验和现实斗争的需要，响亮地提出："秋收暴动非军事不可，此次会议应重视此问题，新政治局的常委要更加坚强起来注意此问题。湖南这次失败，可说完全由于书生主观的错误，以后要非常注意军事。须知政权是由枪杆子中取得的。"

"须知政权是由枪杆子中取得的"这一观点，无疑是对中国革命理论和斗争方式的巨大突破。

对抗国民党反动派以反动武装残酷屠杀共产党人和革命群众，最直接有效的就是以革命的武装去反对它！南昌起义、秋收起义和广州起义是在大革命失败后最有影响力的三次大起义。南昌起义的意义无须赘言，它的重要性怎么说都不为过。由此开始，中国共产党开始拿起枪杆子干革命。

枪杆子里建立政权的实践

秋收起义是在毛泽东直接领导下的一次武装起义。秋收起义虽然由于敌我力量悬殊、全国革命形势低落等原因而失败了，但它锻造了一支队伍——工农革命军第一军第一师。这支队伍在秋收起义之后，根据毛泽东当机立断的命令，改变原有部署，退到浏阳文家市集中。在文家市，毛泽东向全师指战员说：现代中国革命没有枪杆子不行，有枪杆子才能打倒反动派。在此之后，起义军经三湾改编，走上井冈山，逐渐发展成为党领导的主要武装力量。在井冈山建立工农武装割据之后，毛泽东对中国革命作了深入的思考，回答了红色政权为什么能够存在的问题。毛泽东认为，红色政权之所以能存在，其中一个重要原因就是"相当力量的正式红军的存在"。随后，毛泽东等人又在赣南、闽西建立起中央革命根据地，并在 1931 年 11 月成立了"中华苏维埃共和国临时中央政府"。但由于中共中央"左"倾冒险主义的发展，蒋介石军事、政治战略的改变等原因，第五次反"围剿"以失败告终，党中央和中央红军不得不撤离中央苏区，实施战略转移，并最终在陕北落脚。

捍卫枪杆子里取得的政权

到达陕北之后，时代的主题已经由土地革命逐渐向全民族抗战转变。中日民族矛盾已经超越阶级矛盾成为中国社会的主要矛盾，一个民族敌人深入国土的事实起着决定性的作用。在这样的情况下，只有建立最广泛的抗日民族统一战线，才能挽救中华民族。在这样的背景下，中国共产党拿了 10 年的枪杆子该怎么处理？这是一个从未遇到过的新问题。

全面抗战爆发后不久，王明从苏联回到延安。在 1937 年 12 月召开的政治局会议上，王明作了《如何继续全国抗战与争取抗战胜利呢》的报告，提出了"一切经过统一战线""一切服从统一战线"的右的错误主张，否认共产党在抗战中争取领导权的重要意义，否认抗日民族统一战线中的独立自主原则。这些，从根本上来说，就是主张放弃枪杆子。在蒋介石时刻都磨刀霍霍的时候，这样的主张是十分危险的。

毛泽东则比王明清醒得多，他充分认识到枪杆子的重要性。1938 年 11 月 6 日，毛泽东在扩大的党的六届六中全会上作结论时，再次强调了“枪杆子”对中国革命和中国共产党的重要性：“共产党员不争个人的兵权（决不能争，再也不要学张国焘），但要争党的兵权，要争人民的兵权。现在是民族抗战，还要争民族的兵权。在兵权问题上患幼稚病，必定得不到一点东西。劳动人民几千年来上了反动统治阶级的欺骗和恐吓的老当，很不容易觉悟到自己掌握枪杆子的重要性。”“日本帝国主义的压迫和全民抗战，把劳动人民推上了战争的舞台，共产党员应该成为这个战争的最自觉的领导者。每个共产党员都应懂得这个真理：‘枪杆子里面出政权。’”

同样是拿枪杆子，共产党与国民党的根本区别在于与人民的关系，共产党是为人民拿枪杆子，也就是毛泽东说的“要争人民的兵权”。

资料来源：邵建斌，人民网

【思考题】

1. 中国新民主主义革命的经验是什么？为什么中国共产党要走上武装反抗的道路？
2. 新民主主义时期武装斗争的经验对现当代有什么启示意义？

六、名人名言名句

战争史上的奇观，中华民族的壮举，惊天动地的伟业。

枪杆子里出政权。

因为我们是为人民服务的，所以，我们如果有缺点就不怕别人批评。

星星之火，可以燎原。

一切反动派都是纸老虎。

人民，只有人民才是创造历史的动力。

——毛泽东

七、实践项目

实践项目一

毛泽东诗词赏析

【目标要求】

通过赏析毛泽东革命年代诗词，认识中国革命斗争的艰辛与不易，领略毛泽东不凡的人生经历和人格魅力，从而加深对新民主主义革命和毛泽东思想的深刻认识。

【活动方案】

分小组搜集相关诗词，制作课件对选取诗词的背景及如何赏析介绍。鼓励学生诵读诗歌。

【活动评价】

课外完成，课堂内展示。

实践项目二

参观南宁南湖公园内邓小平李明瑞百色起义纪念馆

【目标要求】

通过实地参观考察，了解百色起义爆发的背景、过程及邓小平、李明端等老一辈革命家的光辉革命历程，从而认识革命的艰苦卓绝，培养以爱国主义为核心的民族精神。

【活动方案】

搜集相关资料，针对革命时期的革命家制作人物介绍 ppt。

【活动评价】

课余时间完成，课堂时间展示。

1. 根据学生在整个活动中的表现和参与热情，计入平时成绩。
2. 活动后小组成员提交 ppt 课件一份。

八、学习延伸

1. 阅读毛泽东《中国社会各阶级的分析》《星星之火，可以燎原》《实践论》《〈共产党人〉发刊词》《新民主主义论》。
2. 阅读王树增作品《长征》《抗日战争》《解放战争》《朝鲜战争》。
3. 观赏电视纪录片《走近毛泽东》《复兴之路》《百年中国》。

九、相关链接

1. 新民主主义革命：毛泽东提出中国革命是“新民主主义革命”，新民主主义革命是无产阶级领导的，以反对帝国主义、封建主义、官僚资本主义为主的人民民主革命。它发生在十月革命之后，属于世界无产阶级革命的范畴，它的指导思想是马克思主义，目标是无产阶级牢牢掌握革命领导权，彻底完成反帝反封建的历史任务，并及时实现由新民主主义向社会主义的过渡。

2. 官僚资本：半殖民地半封建国家的国家垄断资本，是适应帝国主义进行商品倾销、资本输出和掠夺资源的需要，依仗地主买办资产阶级专政的国家政权而发展起来的。1936 年以后，近现代历史文献中使用的官僚资本一词，主要是指中国国民党统治集团中的蒋介石、宋子文、孔祥熙、陈立夫四大家族。它除了剥削产业工人以外，还利用政治特权，通过滥发纸币、募借内外债、商业投机等方式，掠夺广大劳动人民，压迫城市小资产阶级，损害民族资产阶级。新中国成立前夕，官僚资本垄断了全国的金融事业，控制着铁路、公路、航空运输等部门，严重地阻碍了社会生产力的发展。

3. 农村包围城市：就是中国共产党将自己主要力量和工作重点由城市转移到敌人统治力量比较薄弱的农村，发动农民武装起义，建立人民军队，建立革命根据地，将落后的农村改造成为先进的革命阵地，在那里积蓄和发展革命力量，扩大农村革命根据地，然后逐步造成农村包围城市的战略态势，最后夺取全国胜利。

4. 统一战线：是无产阶级及其政党为了集中力量反对当前的主要敌人，逐步实现自己的历史使命，同一切可以联合的阶级、阶层、政党或集团在一定目标下结成的广泛的政治联盟，它是无产阶级及其政党的基本策略。

5. 又联合又斗争：在统一战线中处理与资产阶级的关系的方针。联合，就是不拒绝与其建立统一战线，并且尽可能地保持这个统一战线。斗争，就是在同资产阶级联合时，坚持思想上、政治上、组织上的和平的“不流血”的斗争；而被迫同资产阶级分裂时，就转变为武装斗争。

参考答案

一、重点难点测试

（一）单项选择题

1. A　2. B　3. C　4. B　5. C　6. A　7. C　8. D　9. B　10. D

（二）多项选择题

1. AD　2. BD　3. ACD　4. BCD　5. ABCD　6. ACD　7. AC　8. AC　9. ACD　10. BCD

（三）问答题

1. 答案要点：新民主主义革命总路线的主要内容。1948 年 4 月，毛泽东《在晋绥干部会议上的讲话》中，完整地提出了中国共产党的新民主主义革命的总路线。这就是：无产阶级领导的，人民大众的，反对帝国主义、封建主义和官僚资本主义的革命。这条总路线正确地解决了新民主主义革命的对象、动力、领导力量、性质与前途等一系列基本问题，丰富和发展了马克思列宁主义关于民主革命的学说。

2. 答案要点：新民主主义革命的领导权问题。无产阶级的领导权是中国革命的中心问题，也是新民主主义革命理论的核心问题。区别新旧两种不同范畴的民主主义革命，根本的标志是革命的领导权掌握在无产阶级手中还是掌握在资产阶级手中。

（1）无产阶级对中国革命的领导是通过自己的政党来实现的。无产阶级只有在其政党的领导下，才能完成自己的历史使命。无产阶级对中国革命的领导权不是自然而然得来的，而是在与资产阶级争夺领导权的斗争中实现的。

（2）无产阶级及其政党实现对各革命阶级的领导，必须建立以工农联盟为基础的广泛的统一战线，这是实现领导权的关键。无产阶级在同资产阶级统一战线时，必须坚持独立自主的原则，保持党在思想上、政治上和组织上的独立性，实行又联合又斗争的方针，这是坚持领导权的基本策略。

（3）无产阶级要保持在民主革命中的领导权，必须建立和发展人民的革命武装力量，坚持党指挥枪的原则。建立一支无产阶级领导的以农民为主体的强大的革命武装，是保证领导权的坚强支柱。

（4）加强无产阶级政党的建设，是实现领导权的根本保证。

3. 答案要点：新民主主义的政治纲领，就是要推翻帝国主义和封建主义的统治，建立一个无产阶级领导的，以工农联盟为基础的，各革命阶级联合专政的新民主主义的共和国。新民主主义的经济纲领，即没收封建地主阶级的土地归农民所有，没收官僚资产阶级的垄断资产归新民主主义国家所有，保护民族工商业。新民主主义的文化纲领，无产阶级领导的人民大众的反帝反封建的文化，就是民族的、科学的、大众的文化。

4. 答案要点：

（1）中国是一个半殖民地半封建的国家，外受帝国主义压迫，没有民族独立；内受封建制度压迫，没有民主制度，并且国民党新军阀凭借武装力量在全国实行法西斯独裁统治，人民大众没有任何民主和自由，在全局上和长时期内不具备合法斗争的条件。因此，武装斗争就成为革命的主要斗争形式，军队成为聚集革命力量的主要组织形式，武装的革命反对武装的反革命成为中国革命的一个特点。

（2）在半殖民地半封建的中国，农民占全国人口的绝大多数。中国反帝反封建的民主革命，实质上是无产阶级领导下的农民革命，武装斗争实质上是共产党领导的以农民为主体的革命战争。农民是工人阶级可靠的同盟军和民主革命的主力军，废除封建土地剥削制度是广大农民的迫切要求，也是民主革命的基本内容。因此，中国共产党要领导革命取得胜利，就必须深入农村，发动、武装农民，建立农村革命政权，开展土地革命，确立起革命力量的深厚社会基础。

（3）近代中国是一个政治、经济、文化发展极不平衡的半殖民地半封建的大国。经济政治发展的不平衡使中国没有统一的资本主义经济，自给自足的自然经济广泛存在；大革命失败后，敌我力量的对比极为悬殊。强大的帝国主义及其走狗长期占据着中心城市，革命力量很难首先在城市发展和取得胜利，而广大农村则是反动统治的薄弱环节。无产阶级要积蓄和壮大自己的力量，就必须把落后的农村建设成为巩固的根据地，长期斗争，逐步改变敌强我弱的形势，最后夺取全国的胜利。农村包围城市、武装夺取政权道路理论的意义。

①这一理论揭示了中国革命发展的客观规律，指导中国革命取得了最后胜利。

②这一理论丰富和发展了马克思主义暴力革命的学说，为殖民地半殖民地人民的解放斗争提供了重要经验。

③这一理论是毛泽东为代表的中国共产党人坚持实事求是、从实际出发，把马克思主义普遍原理同中国革命具体实践相结合的典范，是毛泽东思想形成的标志，是对马克思主义关于革命理论的重大贡献。

5. 答案要点：统一战线，武装斗争，党的建设，是中国共产党在中国革命中战胜敌人的三个法宝。

统一战线问题是无产阶级政党策略思想的重要内容。建立最广泛的统一战线，首先是由中国半殖民地半封建社会的阶级状况所决定的。作为无产阶级先锋队的中国共产党所领导的革命力量，要战胜强大的反革命力量，就必须把农民、城市小资产阶级以及其他的中间阶级都团结在自己的周围，结成最广泛的统一战线。其次，是由中国革命的长期性、残酷性及其发展的不平衡性所决定的。革命发展的不平衡性，使得无产阶级及其政党有必要采取正确的统一战线的策略，把一切可以团结和利用的力量尽可能团结在自己的周围，夺取中国革命的最终胜利。

武装斗争是中国革命的特点和优点之一。与资本主义国家不同，在半殖民地半封建的旧中国，帝国主义和封建主义总是凭借着反革命暴力对革命人民实行残暴的镇压。无产阶级和广大人民群众无议会可以利用，无组织工人举行罢工的合法权利。革命人民只有武装起来，以武装的革命反对武装的反革命。

中国共产党要领导革命取得胜利，必须不断加强党的思想建设、组织建设和作风建设。半殖民地半封建的中国社会是一个农民为主体的国度，无产阶级人数很少，农民和其他小资产阶级占人口的大多数，农民和小资产阶级出身的党员占多数。加之长期处于农村游击战争的环境，各种非无产阶级思想，特别是小资产阶级思想必然反映到党内来，党内无产阶级思想和非无产阶级思想之间的矛盾成为党内的主要矛盾。这种情况决定了要建设一个广大群众性的、马克思主义的无产阶级政党，是一项艰巨的任务，也是一项伟大的工程。

三个法宝相互联系、辩证统一。统一战线和武装斗争是中国革命的两个基本特点，是战胜敌人的两个基本武器。统一战线是实行武装斗争的统一战线，武装斗争是统一战线的中心支柱；党的组织则是掌握统一战线和武装斗争这两个武器以实行对敌冲锋陷阵的英勇战斗的重要保证。

二、案例品评

【精选案例 1】

1. 答案要点：第一，中国是农业大国，农民人口占了全国人口的绝大多数，所以，在中国开展革命斗争，必须充分发动农民。第二，旧中国是个半殖民地半封建社会国家，政治经济发展不平衡，四分五裂，军阀割据，农村是帝国主义和国民党统治的薄弱环节，使得党在农村开展革命斗争、建设根据地提供了缝隙和可能。第三，近代中国农村深受反动派统治阶级的多重压迫和剥削，人民革命愿望强烈，加之经过大革命的洗礼，革命的群众基础好。第四，中国革命的继续向前发展，为在农村建立革命根据地提供了客观条件。

2. 答案要点：第一，农村包围城市的革命道路是中国共产党人经过二十多年的流血牺牲，千辛万苦探索出符合中国国情的唯一正确的革命道路。第二，它是中国共产党人坚持实事求是的原则、实践探索的体现，不是照搬苏联十月革命的经验，而是从中国实际出发，开辟了引导中国革命走向胜利的正确道路，它是马克思主义中国化的重要成果。第三，丰富和发展了马克思列宁主义关于武装夺取政权的学说，是对马克思列宁主义理论宝库的独创性贡献，对推进马克思主义中国化具有重要的方法论意义。

【精选案例 2】

1. 答案要点：新民主主义革命的基本经验，就是统一战线、武装斗争、党的建设三大法宝。首先，建立一个最广泛的革命统一战线是中国革命胜利的基础。这是中国革命胜利的一条重要的经验。其次，中国革命要取得胜利要依靠中国共产党领导下的新型人民军队通过长期的人民战争战胜强大的敌人。最后，中国共产党能取得胜利与其不断加强党的思想建设、组织建设和作风建设是分不开的。

武装斗争是中国革命的特点和优点。与资本主义国家不同，在半殖民地半封建社会的旧中国，无产阶级和广大人民群众无议会民主可以利用，无组织工人举行罢工的合法权利。帝国主义和封建主义总是凭借着反革命暴力对革命人民实行残暴的镇压。所以只有党领导人民建立武装政权，以武装的革命反对武装的反革命。

2. 答案要点：其现实意义在于过去搞革命，要适合中国国情，走领导人民开辟的农村包围城市、武装夺取政权的道路；现在搞建设，也要从中国社会主义初级阶段的实际出发，不断探索，走有中国特色的社会主义现代化道路。

第三章　社会主义改造理论

一、学习目的和要求

通过本章的学生，使学生了解和掌握新民主主义社会的性质和主要矛盾；理解新民主主义社会向社会主义社会过渡的条件和必然性、过渡时期总路线提出的历史必然性；掌握农业、资本主义工商业社会主义改造的基本经验；区别社会主义改造和改革的关系。

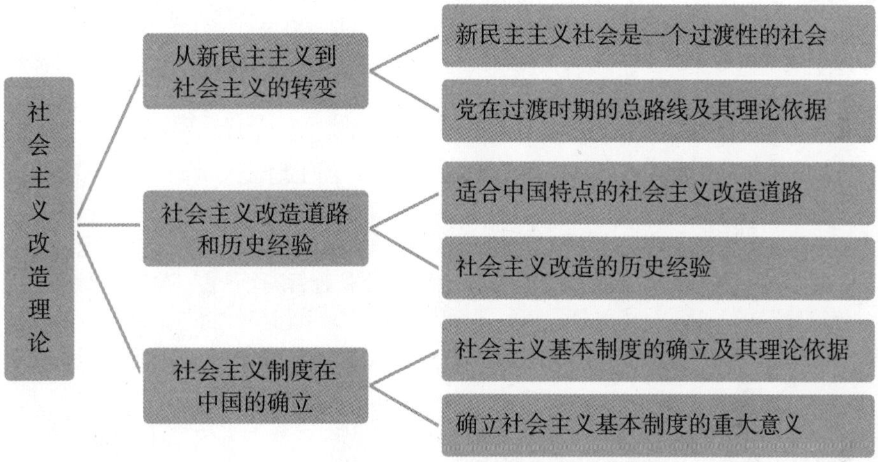

图 3 – 1　思维导图

二、学习重点

1. 新民主主义社会的性质与特点。
2. 党在过渡时期的总路线及其理论依据。
3. 确立社会主义基本制度的重大意义。

三、学习难点

1. 社会主义改造理论的主要内容和历史经验。
2. 正确认识社会主义改造过程中出现的失误和偏差。

四、重点难点测试

（一）单项选择题

1. 下面不属于社会主义改造的经验是（　　）。

A. 工业化与社会主义改造并举　B. 采取逐步渐进的方式
C. 采取和平改造的方法　D. 对民族资本家采取剥夺的政策

2. 新中国成立后，随着土地改革的完成，我国社会的主要矛盾是（　　）。
A. 地主阶级与农民阶级矛盾　B. 地主阶级与资产阶级矛盾
C. 封建主义和人民大众矛盾　D. 工人阶级与资产阶级矛盾

3. 在我国剥削制度被消灭的标志是（　　）。
A. 中华人民共和国建立　B. 全国大陆的统一
C. 三大改造的完成　D. 土地改革的完成

4. 新中国建立初期，我国生产力发展落后，经济基础薄弱，所以要优先发展（　　）。
A. 重工业　B. 农业　C. 轻工业　D. 国防工业

5. 从新民主主义社会向社会主义社会转变的标志是（　　）。
A. 社会主义改造基本完成　B. 中华人民共和国成立
C. 提出过渡时期总路线　D. 第一个五年计划完成

6. 近代中国历史发展的客观规律，决定中国新民主主义社会必然走向（　　）。
A. 封建主义社会　B. 殖民主义社会　C. 社会主义社会　D. 资本主义社会

7. 新中国成立初期，建立社会主义国营经济的主要途径是（　　）。
A. 剥夺地主的工商业　B. 剥夺小资产阶级的工商业
C. 没收官僚资本　D. 没收民族资本主义

8. 1954 年 9 月我国制定和颁布施行的法律是（　　）。
A.《中华人民共和国宪法》　B.《中国土地法大纲》
C.《婚姻法》　D.《劳动法》

9. 我国对资本主义工商业的社会主义改造政策是（　　）。
A. 加工订货　B. 统购包销　C. 公私合营　D. 和平赎买

10. “一化三改”的一化是（　　）。
A. 农业现代化　B. 国防现代化　C. 工业化　D. 科学技术现代化

（二）多项选择题

1. 对手工业进行社会主义改造的主要形式有（　　）。
A. 互助组　B. 供销合作社　C. 生产合作社　D. 公私合营

2. 在对资本主义工商业改造过程中所采取的“四马分肥”是指（　　）。
A. 国家所得税　B. 企业公积金　C. 工人福利金　D. 资本家的利润

3. 中国建立社会主义经济制度的途径有（　　）。
A. 没收官僚资本　B. 对个体农民进行社会主义改造
C. 对私人资本主义工商业进行社会主义改造　D. 对个体手工业进行社会主义改造

4. 新民主主义社会存在的经济成分有（　　）。
A. 社会主义性质的国营经济　B. 官僚资本主义
C. 农民和手工业的个体经济　D. 多种形式的国家资本主义经济

5. 对农业进行社会主义改造的逐步过渡形式有（　　）。
A. 互助组　B. 初级社　C. 高级社　D. 家庭联产承包经营

6. 对资本主义工商业进行改造理论的内容包括有（　　）。
A. 改造资本主义企业的同时把资本家改造为自食其力的劳动者
B. 采取和平赎买的方式
C. 由低级到高级的过渡形式
D. 对资本主义工商业采取剥夺并教育引导的方法

7. 党在过渡时期总路线的主要内容是（　　）。
A. 没收官僚垄断资本

B. 逐步实现社会主义工业化
C. 没收地主土地
D. 逐步实现对农业、手工业和资本主义工商业的社会主义改造

8. 中华人民共和国的成立标志着中国（　　）。
A. 进入新民主主义社会　　B. 进入过渡时期
C. 进入社会主义初级阶段　　D. 正摆脱帝国主义的压迫，走向民族独立

9. 过渡时期总路线的“两翼”指的是（　　）。
A. 实现社会主义工业化　　B. 实现对农业社会主义改造
C. 实现对手工业的社会主义改造　　D. 实现对资本主义工商业的社会主义改造

10. 新中国建立初期我国的主要任务是（　　）。
A. 完成民主革命遗留任务，巩固新政权　　B. 恢复国民经济
C. 开始着手全面向社会主义过渡　　D. 把我国建设成为强大的社会主义国家

（三）问答题

1. 为什么说新民主主义社会是一个过渡性质的社会？
2. 怎样理解党在过渡时期的总路线？
3. 如何认识我国社会主义改造的基本经验？
4. 如何理解中国确立社会主义制度的重大意义？

五、案例品评

【精选案例 1】

“红色资本家”荣毅仁的传奇人生

无锡是江南颇为独特的一个城市。3000 多年以前，周代泰伯奔吴，立足梅里，把先进的中原文明传播到“荆蛮之地”的南方，开风气之先。公元前 202 年正式建县，因境内锡山产锡、锡资源枯竭而取名“无锡”。到了隋唐时期，大运河贯穿东西，交通便利，明清时期成为长江流域四大米市之一。近代，沪宁铁路通车，形成了“大十字”物流框架，非常有利于现代企业的发展。

荣家，就是在 20 世纪初崛起于无锡的中国最著名的现代工商业家族。奠定荣氏商业世家基础的便是荣毅仁的父辈荣宗敬、荣德生兄弟。伯父荣宗敬（1873 ~ 1938 年）雄才大略，父亲荣德生（1875 ~ 1952 年）讷于言而敏于行，平实勤励。他俩早年随父经营钱庄业，后贩面粉北销，获得厚利，遂与友人在无锡合办保兴面粉厂，1903 年独资经营后更名茂新面粉厂。1905 年又开设振新纱厂，随后陆续在上海、无锡、汉口开设申新纺织厂、福新面粉厂、茂新面粉厂。历经二十余年，荣氏兄弟便进入了中国最大的民族资本家行列，成为名震工商业界的“面粉大王”和“棉纱大王”。

新中国成立后，荣德生坚持留在大陆，历任全国政协委员、华东军政委员会委员、苏南行政公署副主任等职。在半个世纪的工商生涯中，造就了实力雄厚、散布全球的工商业家族网络。

荣毅仁生于 1916 年，1937 年上海圣约翰大学历史系毕业后，正值日本全面侵华。

荣宗敬自上海避居香港，次年 2 月不幸病逝。年仅弱冠的荣毅仁开始辅佐父亲经营庞大的家族企业。先后在无锡茂新面粉公司任助理、经理，上海合丰企业公司董事，上海三新银行董事、经理，逐渐成为荣氏二十多个家族企业的代表。建国前夕，荣氏家族其他成员和上海的其他资本家一样，纷纷离开大陆，而荣毅仁决定留下来。1956 年，他经过深思熟虑后，把自己的商业帝国无偿交给国家，为新中国的工业振兴做出了卓越贡献，赢得普遍的尊重。当时的国务院副总理陈毅以老市长身份，为荣毅仁助选上海副市长，“因为他既爱国又有本领，应当选为国家领导人”。1957 年后，荣毅仁出任上海市副市长、纺织工业部副部长。

在“文革”中，荣毅仁身处逆境，英雄无用武之地。十一届三中全会之后，荣毅仁开始了新生。为了探索国际经济合作之道，在邓小平的支持下，于 1979 年 10 月成立了一个直属国务院的投资机构中国

国际信托投资公司（以下简称 CITIC）。邓小平以三顾茅庐之礼数，聘请荣毅仁来当首任总裁。不久，荣毅仁便以大上海资本家的经营谋略和中国政府的强大背景，将 CITIC 发挥到所向无敌的地步。

公司成立第一年，荣毅仁就接待了来自 40 个国家和地区的客人达 4000 多人次，国内前来洽谈业务的也有 3000 多人次。荣毅仁不遗余力网罗人才，聘请到为中美建交立下汗马功劳的前美国国务卿基辛格为顾问，成为脍炙人口的美谈。

CITIC 的触角伸向各个领域，具有银行、贸易公司、法律、会计事务所等各项功能，涵盖贷款、进出口贸易、咨询、国际投标代理等业务，在国际经济合作方面积累了宝贵的经验。

首先是发行海外债券。1980 年初期，中国 22 项重点工程中的大项目江苏仪征化纤工程，因投资不足准备下马。中国急需化纤产品，此项目下马损失难以预料，纺织部找到中信公司寻求帮助，中信公司经慎重研究，提出了向海外发行债券的办法。1981 年 2 月，中信公司成功地在日本发行了 100 亿日元的债券。今天各种企业债券纷纷上市，人们对此已习以为常，而当时中信的这一举动，一度引起过争议，习惯于“既无外债，又无内债”的封闭式思维的人们，对此确实难以理解。一些思想较为保守的人，也不赞同债券利率高于一般政府贷款和进出口贷款，说中信干了一件赔钱买卖。但事实胜于雄辩，仪征化纤厂以突出的效益证明中信的选择是正确的，这次集资创举被称为“仪征模式”。中信公司以后数年间先后在日本、德国、新加坡等国家和中国香港等地发行了多次不同币种的债券。仅 1984 年一年就在海外成功地发行四次债券，共发行 300 亿日元、3 亿港币和 1. 5 亿西德马克的公募债券以及 1 亿美元债券，为中国工业化争取到了宝贵的资金援助。

1980 年后期，CITIC 发动了收购香港之战。1987 年 1 月 16 日，香港 CITIC 决定收购国泰航空 12. 5% 的股权。其后，又收购港龙航空 38. 3% 的股权，取得香港电信公司 20% 的股权。香港媒体一片惊呼：中国赤色资本家荣毅仁“收购香港”。实际上，当时投资于香港的中国资本系统企业已超过 1 千家，其投资总额超过 250 亿美元，遥遥领先日本 120 亿美元加上美国 70 亿美元的投资总和，而其中三分之二以上是以 CITIC 为首的华润集团、光大实业、中国银行、招商局、中国旅行社等大陆系统资本所占有的。

1993 年，第八届全国人大选举荣毅仁为中华人民共和国国家副主席，这位 76 岁的红色资本家又重新扮演起政治家的角色，再次把自己亲手缔造的商业王国交给了他的助手魏鸣一和王军。

荣毅仁的一生，始终在资本家与政治家之间转换。有一位香港记者这样形容荣毅仁：“身材高大、满头银发，一身法式双排扣西服，挺直的腰板，总给人以器宇轩昂的感觉。”其实，刚毅仁厚的荣毅仁喜欢的名言是：“发上等愿，结中等缘，享下等福；择高处立，就平处坐，向宽处行。”

资料来源：东方网

【思考题】

1. 我国在社会主义改造时期对资本主义工商业采取了什么样的政策？
2. 社会主义改造对我国社会主义生产力发展起了哪些重大作用？
3. 荣毅仁的人生选择对你有什么样的启示？

【精选案例 2】

被誉为“共和国形象”的穷棒子社

在全国农业合作化运动中，遵化县西铺村王国藩合作社以其组织起来勤俭创业的非凡业绩，被毛泽东誉为“我们整个国家的形象”，成为全国农业合作化运动中的一面旗帜。

遵化县西铺村是个拥有 145 户人家的山村。1950 年，分得土地的西铺村农民，在遭受 1949 年的水灾之后，面临重新讨饭的痛苦局面。在这种情况下，党和政府十分关心西铺农民，1951 年初，遵化县委派人到西铺村，在党内传达了中央《关于农业生产互助合作的决议（试行草案）》，由此拉开了西铺村互助合作运动的序幕。1951 年春，全村建起 11 个互助组。至 1952 年初，全村 80% 的农户参加了互助组。同年秋，王国藩带领本村 23 户贫农办起了初级社。当时这 23 户都是村里最穷的，全社 230 亩土地，没有车辆、农具和生产资料，只有四分之一到三十分之一的若干个驴股凑起来仅够四分之三头驴，故被讥讽为“三条驴腿”的“穷棒子社”。但他们人穷志不穷，不怕讥笑，坚持白手起家、勤俭办社。建社初期，为解决资金问题，全社 19 名壮劳力冒着严寒，到 30 里外的迁西县王寺峪一带砍山柴 4 万多斤，收入430多元，购置了一辆铁轮车、1头牛、1头骡、19只羊和一部分农具，解决了社内生产的迫切需要，渡过了难关。以后，“穷棒子社”始终坚持勤俭经营、量力而行、开源节流、优先发展生产的方针，到1953年秋农业大丰收，粮食平均亩产127公斤，总产229万多公斤。扣除集体提留，每户平均分得粮食700多公斤、现金190多元，较单干增加60%的收入，公共积累达2400多元，突破了西铺村历史上的最高产量，社的经济条件显著好转，社外的农民包括中农纷纷申请入社，原来被人讥笑的“穷棒子社”由23户发展到83户，耕地由230亩扩大到930亩，“穷棒子社”改名为“西四十里铺建明初级农林牧生产合作社”。扩充后的农业社，实行小部分社内急需折价归社，大部分牲口等生产资料仍归个人所有的办法，继续坚持勤俭办社的方针，积极兴修水利，改良土壤，增施肥料。到1954年秋，建明社可谓双喜临门，农林牧副各业增收，社又扩充增员，由83户发展到全村共有的148户，土地扩大到1900多亩，实现了全村合作化。到1955年，经过社员的共同努力，昔日的“穷棒子社”发展到集体收入达526万元，比1953年增长67倍，并为国家交售了余粮，充分体现了合作化的优越性。

西铺村“穷棒子社”艰苦创业的生动事迹得到了毛泽东的高度赞扬。1956年1月，由毛泽东主持编纂的《中国农村的社会主义高潮》一书，收入《书记动手，全党办社》和《勤俭办社》这两篇文章。其中，《书记动手，全党办社》作为首篇收录，毛泽东对这篇文章做了多处文字修改，并写了编者按。按语指出：“遵化县的合作化运动中，有一个王国藩合作社，二十三户贫农，只有三条驴腿，被人称为‘穷棒子社’。他们用自己的努力，在三年时间内，‘从山上取来’了大批生产资料，使得有些参观的人感动得下泪。我看这就是我们整个国家的形象。难道六万万穷棒子不能在几十年内，由于自己的努力，变成一个社会主义的又富又强的国家吗？社会的财富是工人、农民和劳动知识分子自己创造的。只要这些人掌握了自己的命运，又有一条马克思列宁主义的路线，不是回避问题，而是用积极的态度去解决问题，任何人间的困难总是可以解决的。”毛泽东在《勤俭办社》这篇文章的按语中写道：“这里介绍的合作社，就是王国藩领导的穷棒子社。勤俭经营应当是全国一切农业生产合作社的方针，不，应当是一切经济事业的方针。勤俭办工厂，勤俭办商店，勤俭办一切国营事业和合作事业，勤俭办一切事业，什么事情都应当执行勤俭的原则。这就是节约的原则，节约是社会主义经济的基本原则之一。”从此，西铺村成为全国远近闻名的办社典型。

资料来源：唐山党史网

【思考题】

1. 我国在农业社会主义改造中采取了什么样的政策？为什么要采取这样的政策？

2. 毛泽东为何高度称赞“穷棒子社”为共和国形象？当今如何继承和发扬“穷棒子社”艰苦奋斗的精神？

六、名人名言名句

用民主方法解决人民内部矛盾。

——毛泽东

我们应该深刻注意群众生活的问题，从土地、劳动问题，到柴米油盐问题，一切这些群众生活上的问题，都应该把它提到自己的议事日程上。

——毛泽东

在人民内部，不可以没有自由，也不可以没有纪律；不可以没有民主，也不可以没有集中。这种民主和集中的统一，自由和纪律的统一，就是我们的民主集中制。在这种制度下，人民享受着广泛的民主和自由；同时又必须用社会主义的纪律约束自己。

——毛泽东

世界是你们的，也是我们的，但是归根结底还是你们的，你们青年人朝气蓬勃，好像早晨八九点钟的太阳光，希望寄托在你们身上。

——毛泽东

七、实践项目

实践项目一

革命歌曲大联唱

【目标要求】通过唱革命歌曲，唤起学生对毛泽东老一辈革命家及祖国的情感，加深学生对社会主义建设的深刻理解。

【活动方案】分组搜集新中国成立后，歌颂毛主席及社会主义祖国的革命歌曲进行排练。

【活动评价】课外完成练习，课堂内展示。

实践项目二

观看《社会主义三大改造纪实》

【目标要求】

通过观看纪录片，学生可以更加形象、深刻地理解社会主义改造的必要性和重要意义，更加容易理解社会主义改造道路及历史经验。

【活动方案】

1. 时间：课前学生自行安排时间

2. 方式：（1）利用学习通自行观看纪录片。（2）利用网络搜集资料：搜集人物荣毅仁、魏如、刘鸿生、张小泉的事迹。

3. 上课环节：（1）第一环节：请同学们介绍纪录片《社会主义三大改造纪实》的主要内容。（2）第二环节：请同学们介绍荣毅仁、魏如、刘鸿生、张小泉等人物的事迹。（3）第三环节：课堂讨论。①新民主主义革命胜利后，为什么要进行社会主义改造？②当年引导农民走合作化道路与今天构建社会主义新农村有何异同？③“三大改造”采取积极引导、逐步过渡的方式对我们人生有什么启示？

【活动评价】

通过同学们参与程度、课堂表现等两个方面给学生综合评价。

八、学习延伸

1. 阅读《中国人民政治协商会议共同纲领》《革命的转变和党在过渡时期的总路线》。
2. 阅读周而复小说《上海的早晨》。
3. 观赏电影《李双双》、电视纪录片《百年中国》。

九、相关链接

1. 党在过渡时期的总路线：即从中华人民共和国成立，到社会主义改造基本完成，这是一个过渡时期。党在这个过渡时期的总路线和总任务，是要在一个相当长的时期内，逐步实现国家的社会主义工业化，并逐步实现国家对农业、对手工业和对资本主义工商业的社会主义改造。这是一条社会主义建设与社会主义改造同时并举的总路线，简称“一化三改”。其中社会主义工业化是主体，三改即对个体农业、手工业和资本主义工商业的社会主义改造是两翼，两者互相促进。

2. 国家资本主义：就是在国家直接控制和支配下的资本主义经济。它一般分为资产阶级统治下的国家资本主义和无产阶级专政条件下的国家资本主义两种。我国社会主义改造中出现的国家资本主义经济，是在人民政府管理之下的，用各种形式和国营社会主义经济联系着的，并受工人监督的资本主义经济。这种资本主义经济主要地不是为了资本家的利润而存在，而是为了供应人民和国家的需要而存在。因此，这种新形式的国家资本主义经济是带有很大的社会主义性质，是对工人和国家有利的。

3. 和平赎买：无产阶级夺取政权后，采用和平方式把资产阶级占有的生产资料变为人民财产的手段方法。就是国家有偿地将私营企业改变为国营企业，将资本主义私有制改变为社会主义公有制。赎买的具体方式不是由国家支付一笔巨额补偿资金，而是让资本家在一定年限内从企业经营所得中获取一部分利润。

4. 四马分肥：是在社会主义改造时期个别企业公私合营阶段企业利润分配的一种形象说法。即在个别企业公私合营阶段，国家向企业投资，并派干部进入企业参与管理，企业利润则按所得税、工资福利费、公积金、资方股息红利的原则进行分配。在资方股息红利中，再按国家与资本家双方股份所占比例进行第二次分配。

5. 新民主主义向社会主义转变的理论：是以毛泽东为代表的中国共产党人根据马列主义关于向社会主义社会过渡的理论和实践，结合中国的具体国情，提出了中国由新民主主义社会向社会主义社会转变的理论。毛泽东认为，过去中国处在半殖民地半封建社会，经济文化十分落后，根据马克思主义理论社会主义是建立在物质文明高度发达基础上这一理论，中国通过新民主主义革命取得全国政权，建立新民主主义社会后，必须经过一段长时期的新民主主义社会建设，在国家经济文化事业较为兴盛后，才能逐步进入社会主义社会。

6. 农业合作化理论：以毛泽东为代表的中国共产党人在领导我国社会主义改造运动中，创造性地运用和发展了列宁的合作化理论，形成了具有中国特色的农业合作化理论。第一，提出了“先集体化，后机械化”的农业发展道路。第二，遵循自愿互利、典型示范和国家帮助的原则，以互助合作的优越性吸引农民走互助合作道路。第三，正确分析农村的阶级和阶层状况，制定正确的阶级政策。第四，坚持积极领导、稳步前进的方针，采取循序渐进的步骤。农业社会主义改造大体上经历了互助组、初级社和高级社三个发展阶段。第一阶段主要是发展互助组，同时试办初级社。互助组由几户或十几户农民自愿组成，土地耕畜和其他生产资料仍归农民个人所有，但在生产方面组织起来、互帮互助，具有社会主义萌芽性质。第二阶段主要是建立初级农业生产合作社。初级社以土地入股和统一经营为特点，实行集体劳动，产品分配采取按劳分配和土地入股分红相结合，耕畜和大农具也付给一定的报酬，具有半社会主义性质。第三阶段是发展高级社。高级社实行生产资料农民集体所有、按劳付酬，取消土地分红，具有完全的社会主义性质。

7. 资本主义工商业改造理论：中国在对资本主义工商业的社会主义改造中，根据马克思主义的基本原理，结合中国的具体国情，实现了马克思、恩格斯曾经设想的、列宁想做而没有做成的对资产阶级的和平赎买，创造性地开辟了一条适合中国特点的社会主义改造道路。

第一，对领导资本主义和民族资产阶级进行了科学分析，分别采取了不同的政策。将中国的资本主义分为官僚买办资本主义和民族资本主义两大部分，前者是以国家垄断权力集聚财富和资本的，无产阶级应当用暴力剥夺的办法将其没收变成国有资产。后者是依靠正常的资本原始积累发展起来的。在社会主义革命时期，民族资产阶级既有剥削工人取得利润的一面，又有拥护宪法、愿意接受社会主义改造的一面。对此，共产党人通过采取正确的政策，利用民族资本主义和民族资产阶级积极的一面，克服其消极的一面，最终引导他们走上社会主义改造的道路。第二，采取从低级到高级的国家资本主义的过渡形式。对资本主义工商业的社会主义改造经历了三个步骤。第一步主要实行初级形式的国家资本主义；第二步主要实行个别企业的公私合营；第三步是实行全行业的公私合营。第三，把资本主义工商业者改造成为自食其力的社会主义劳动者。

参考答案

一、重点难点测试

（一）单项选择题

1. D　2. D　3. C　4. A　5. A　6. C　7. C　8. A　9. D　10. C

（二）多项选择题

1. ABC　2. ABCD　3. ABCD　4. ACD　5. ABC　6. ABC　7. BD　8. ABD　9. BCD 10. AB

（三）问答题

1. 答案要点：新中国的成立，标志着我国新民主主义革命阶段的基本结束和社会主义革命阶段的开始。从中华人民共和国成立到社会主义改造基本完成，是我国从新民主主义向社会主义过渡的时期。这一时期，我国社会的性质是新民主主义社会。新民主主义社会不是一个独立的社会形态，而是由新民主主义向社会主义转变的过渡性的社会形态。

在新民主主义社会中，存在着五种经济成分，即：社会主义性质的国营经济、半社会主义性质的合作社经济、农民和手工业者的个体经济、私人资本主义经济和国家资本主义经济。在这些经济成分中，通过没收官僚资本而形成的社会主义的国营经济，掌握了主要经济命脉，居于领导地位。与新民主主义时期三种不同性质的主要经济成分相联系，中国社会的阶级构成主要表现为三种基本的阶级力量：工人阶级、农民阶级和其他小资产阶级、民族资产阶级。由于农民和手工业者的个体经济既可以自发地走向资本主义，也可以被引导走向社会主义，其本身并不代表一种独立的发展方向。随着土地改革的基本完成，工人阶级和资产阶级的矛盾逐步成为国内的主要矛盾。而解决这一矛盾，必然使中国社会实现向社会主义的转变。

在我国新民主主义社会中，社会主义的因素不论在经济上还是政治上都已经居于领导地位，加上当时有利于发展社会主义的国际条件，决定了社会主义因素将不断增长并获得最终胜利，非社会主义因素将不断受到限制和改造。为了促进社会生产力的进一步发展，实现国家富强、民族振兴，我国新民主主义社会必须适时地逐步过渡到社会主义社会。因此，我国新民主主义社会是属于社会主义体系的，是逐步过渡到社会主义社会的过渡性质的社会。

2. 答案要点：党在过渡时期的总路线主要内容被概括为“一化三改”。“一化”即社会主义工业化，“三改”即对个体农业、手工业和资本主义工商业的社会主义改造。他们之间相互联系，不可分割。这是一条社会主义建设和社会主义改造同时并举的路线，体现了社会主义工业化和社会主义改造的紧密结合，体现了解放生产力与发展生产力、变革生产关系与发展生产力的有机统一。

党在过渡时期的总路线，要求把实现社会主义工业化与实现社会主义改造两大任务紧密结合起来。实现工业化实质是发展生产力，也是社会主义建设的过程；社会主义改造是解决所有制问题，即变革生产关系，而生产关系变革的完成则标志着社会主义制度在中国的初步确立，因此，也是社会主义革命的过程。所以，总路线两大任务的紧密结合，体现了社会主义工业化与社会主义改造并举，发展生产力与变革生产关系并举，社会主义建设与社会主义革命并举的思想，这是党的过渡时期总路线的鲜明特点。

过渡时期总路线的实质就是要把中国从落后的农业国建设成为现代化的社会主义工业国；把解放初期建立在多种所有制基础上的新民主主义社会改造成为基本建立在全民所有制和集体所有制基础上的社会主义社会，使社会主义经济成为我国国民经济的基础。

3. 答案要点：在进行社会主义改造、向社会主义过渡的进程中，中国共产党积累了丰富的历史经验。第一，坚持社会主义工业化建设与社会主义改造同时并举。实现以社会主义工业化为主体，完成对农业、手工业社会主义改造和对资本主义工商业社会主义改造为两翼，是党在过渡时期总路线的明确要求。实践证明，党坚持社会主义改造与社会主义工业化同时并举的方针，对于在深刻的社会变革中保持社会稳定，逐步改善人民生活，推动社会发展，都具有十分重要的意义。第二，采取积极引导、逐步过渡的方式。我国对农业、手工业和资本主义工商业的改造都采取了区别对象，用不同的办法积极引导、逐步过渡的方式。中国的这场巨大而深刻的社会变革，不仅没有对生产力的发展造成破坏，而且促进了生产力的发展。第三，进行和平改造。在社会主义改造之前，无论是资本主义工商业，还是农民和手工业者的个体所有制，都具有私有制的性质。在农业社会主义改造方面，用事实向农民表明合作化的好处和给农民带来的利益，使农民拥护党的政策。手工业者的情况和农民基本相同。同时以和平赎买的方法完成了对资本主义工商业的社会主义改造，并把对资本主义企业的改造和对资本家个人的改造结合在一起进行。对资本家实行团结、教育和改造的方针，不仅稳定了资本家的思想，提高了他们的认识，保证了改造的顺利进行，而且将几十万资本家改造成自食其力的劳动者，成为社会主义企业的经营和管理干部。这不仅保证了社会的稳定，而且极大地促进了社会主义事业的发展。

总之，和平改造解决了诸如实现社会变革与经济发展、和平过渡与消灭剥削制度这类通常难以解决的矛盾问题。

4. 答案要点：社会主义制度的确立是中国历史上最深刻最伟大的社会变革，也是 20 世纪中国又一次划时代的历史巨变。中国从一个半殖民地半封建社会，越过漫长的资本主义发展的历史阶段，进入到社会主义新时代，为后来中国社会的发展和进步奠定了坚实的基础。

第一，社会主义制度的确立，为中国现代化的建设创造了制度条件。社会主义经济制度以其与社会化大生产一致性和能够在经济落后条件下尽可能地集中力量办大事的优势，为发展社会生产力开辟了广阔的道路。今天中国现代化建设取得的辉煌成就，都离不开选择并且走上了社会主义道路这个最基本的前提条件。

第二，社会主义制度的确立，使广大劳动人民真正成为国家的主人和社会生产资料的主人，这是中国阶级关系的最根本变革。因而极大地提高了工人阶级和广大劳动人民的积极性和创造性，巩固和扩大了工人阶级领导的，以工农联盟为基础的人民民主专政的国家政权的阶级基础和经济基础。

第三，中国社会主义制度的确立，进一步改变了世界政治经济格局，增强了社会主义的力量，对维护世界和平产生了积极影响。占世界人口四分之一的东方大国进入了社会主义社会，这是世界社会主义运动历史上又一个历史性的伟大胜利，为其他相对落后的国家探索民族独立、人民解放和走符合本国国情的发展道路提供了重要经验，对这些国家的人民也是一个巨大的鼓舞。

第四，社会主义制度在中国的确立，不仅再次证明了马克思主义的真理性，而且以其独创性的理论原则和经验总结，丰富和发展了马克思主义的科学社会主义理论。

二、案例品评

【精选案例 1】

1. 答案要点：第一，用和平赎买的方法改造资本主义工商业。第二，采取从低级到高级的国家资本主义的过渡形式。第三，把资本主义工商业者改造成为自食其力的社会主义劳动者。

2. 答案要点：社会主义改造的目的是为了解放生产力。社会主义改造就是变革不适应工业化发展要求的生产关系，是围绕着社会主义工业化建设这个中心任务进行的；引导个体农民、个体手工业者走集体化的道路，改造私人资本主义工商业，目的都是为了适应社会主义工业化建设的要求，更好地发展生产力。

3. 答案要点：略

【精选案例 2】

1. 答案要点：第一，积极引导农民组织起来，走互助合作道路。第二，遵循自愿互利、典型示范和国家帮助的原则，以互助合作的优越性吸引农民走互助合作道路。第三，正确分析农村的阶级和阶层状况，制定正确的阶级政策。第四，坚持积极领导、稳步前进的方针，采取循序渐进的步骤。采取这一政策的原因：中国共产党带领农民进行新民主主义革命，革命取得胜利，党的威望得到极大提升。土地改革完成后，我国广大农民分得田地，生产积极性大大提高。吸取苏联农村政策中的经验教训，走逐步发展合作化的道路。

2. 答案要点：“穷棒子”社农民靠自力更生、艰苦创业，改变了自己的贫穷落后，对当时一穷二白的中国来说是一种示范。如今，我国在科技创新许多领域也需要自力更生、发奋图强，“穷棒子”精神永远不灭。

第四章　社会主义建设道路初步探索的理论成果

一、学习目的和要求

通过本章的学习，帮助学生掌握社会主义道路探索的有关思想内容，深入认识社会主义初级阶段的各类矛盾和处理方法，了解党的早期领导人强调走工业化道路的必要性，认识到党在初期探索过程中的经验及教训。

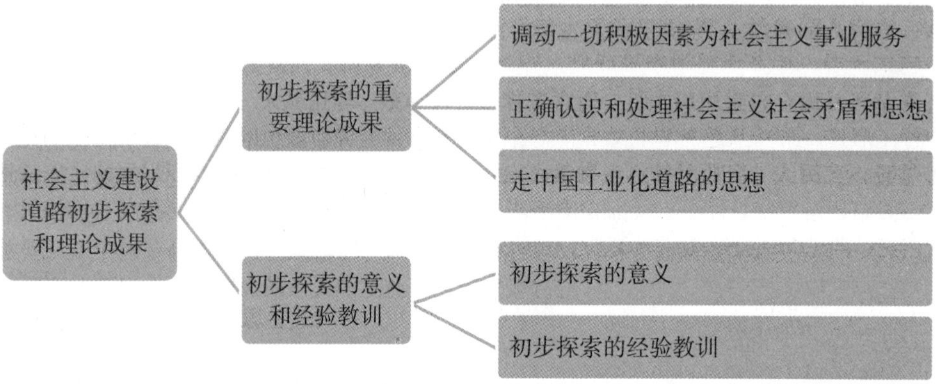

图 4－1　思维导图

二、学习重点

1. 党在中国社会主义建设道路的初步探索中取得的理论成果。
2. 社会主义社会的基本矛盾和主要矛盾。
3. 中国工业化道路。

三、学习难点

1. 如何正确处理好两类不同性质矛盾？
2. 党对社会主义建设道路初步探索的经验教训。

四、重点难点测试

（一）单项选择题

1. 以毛泽东为代表的中国共产党人开始探索中国自己的社会主义建设道路的标志是（　　）。

A. 1956 年 1 月召开的最高国务会议　　B. 《论十大关系》的发表

C. 中共八大的召开　　D. 《关于正确处理人民内部矛盾的问题》的发表

2. 中国新民主主义革命阶段的基本结束以（　　）为标志。

A. 1947 年石家庄解放　　B. 1945 年国民党和共产党签署《双十协定》

C. 1938 年中日战争爆发　　D. 1949 年中华人民共和国的成立

3. 探索适合中国国情的社会主义道路从根本上说是（　　）。

A. 实现三大改造　　B. 推动中国经济建设

C. 摆脱苏联模式影响　　D. 把马列主义原理同中国具体实际结合起来

4.《论十大关系》中论述了我国社会主义建设中需要重点把握的十大关系，前五条侧重于讨论（　　）。

A. 国防问题　　B. 经济问题　　C. 政治问题　　D. 文化问题

5. 毛泽东指出社会主义社会的基本矛盾是（　　）。

A. 人民日益增长的物质文化需求和落后的生产力之间的矛盾

B. 生产关系和生产力之间的矛盾，上层建筑和经济基础之间的矛盾

C. 人民对于建立先进的工业国和落后的农业国的现实之间的矛盾

D. 人民内部矛盾

6. 在政治思想领域正确处理人民内部矛盾应采取的方法是（　　）。

A. 统筹兼顾、适当安排　　B. 专政

C. 团结—批评—团结　　D. 民主集中制

7. 毛泽东提出的发展国民经济总方针是以（　　）为基础。

A. 工业　　B. 服务业　　C. 农业　　D. 重工业

8. 鉴于中国经济基础薄弱的情况，毛泽东提出要把（　　）作为国民经济发展的主导。

A. 农业　　B. 服务业　　C. 轻工业　　D. 工业

9. 调动一切积极因素为社会主义事业服务是（　　）中提出的。

A.《论十大关系》　　B.《毛泽东文集》

C.《关于正确处理人民内部矛盾的问题》　　D. 党的八大

10. 新中国成立初期我国主要是学习（　　）。

A. 日本经验　　B. 新加坡经验　　C. 美国经验　　D. 苏联经验

（二）多项选择题

1. 在社会主义建设道路初步探索时期，中共中央强调实现四个现代化是（　　）。

A. 农业现代化　　B. 工业现代化　　C. 科学技术现代化　　D. 国防现代化

2.《论十大关系》前三条主要讲（　　）的关系。

A. 国家、生产单位和生产者个人　　B. 重工业和轻工业、农业

C. 沿海工业和内地工业　　D. 经济建设和国防建设

3. 毛泽东认为，社会主义社会可划分为（　　）。

A. 共产主义的第一阶段　　B. 社会主义的高级阶段

C. 不发达的社会主义阶段　　D. 比较发达的社会主义阶段

4. 下列关于党在五六十年代探索社会主义的发展阶段的说法中正确的是（　　）。

A. 社会主义可以分成不发达的社会主义和比较发达的社会主义两个阶段

B. 中国处于不发达阶段，比较发达社会主义要比不发达社会主义阶段需要更长的时间

C. 我国当前人口多，底子薄，建成比较发达社会主义至少要五十年至一百年或者更多时间

D. 社会主义在中国将很快建成，共产主义很快就会实现

5. 毛泽东指出人民内部矛盾要用民主方法解决，所谓民主方法是指（　　）。

A. 讨论的方法　　B. 批评的方法　　C. 说服教育的方法　　D. 专政的方法

（三）问答题

1. 为什么说我国在社会主义建设道路初步探索时期取得的一系列成果对我们现在建设和发展中国

特色社会主义有重要意义？

2. 如何正确认识第一代中央领导集体在社会主义建设道路初步探索阶段遭受的重大挫折？

五、案例品评

【精选案例 1】

广西环江放出水稻“大卫星”：亩产十三万斤

1958 年 9 月 9 日，广西西北部多民族聚居的环江县放出了水稻亩产稻谷十三万斤的“大卫星”。这颗全国最大的水稻假卫星，给环江县造成巨大灾难，党和政府的威信更是受到难以估量的影响。

密植夺高产的假戏法

1957 年 11 月，新任县委书记洪华等人清洗了一大批所谓“右派”分子以后，接着在全县开展“大跃进”运动，提出“不怕做不到，只怕想不到，只要想得到，一定能做到”的口号。洪华曾宣告要“争全区第一，全国第一，天下第一”，他在大大小小的会议上打“擂台”，誓言要放水稻高产卫星。

为了让环江放出天下最大的水稻高产卫星，经过县、区两级的精心策划，决定选用并蔸的方法。柳州地委（这时环江县已改属柳州地区管辖）领导也特别关照环江的水稻卫星，并为放卫星具体地指出了方向，他们暗示：“……湖北三万斤亩产的卫星是把六亩移到一亩里去了。全国卫星没有十万斤（亩）恐怕放不出去的。”

县里根据上面意图，制定了实施方案，8 月 23 日，行动开始。

具体的做法是：把原来搞试验的一块 1.13 亩试验田中的禾苗全部拔出来，再犁耙、深耕，将大量各种肥料施入田中，然后耙融耙烂；8 月 28 日至 30 日内，动员当地社员、县直机关干部和在县里参加集中学习的中小学教师等近千人，从城管大队的南门、北门、地麦、陈茶、良伞，三乐大队的刘家、地理、欧家等生产队的一百多亩中稻籼谷水稻田中，选出长势最好、且已成熟的禾苗，将禾苗连根带泥移到试验田中并蔸。由于不分昼夜，那块田的并蔸两天即告完成。其植之密，乃至小孩在禾苗上即使爬来爬去也掉不下来。在并蔸过程中，为了将禾苗稳住，他们用木桩支撑后再用竹篾片拦腰，将田块分割成五六尺见方的格子，四周再用木桩顶实，这样禾苗便直立在一块一块的格子里。他们还在田头搭棚扎寨，成立现场指挥部，装有电话机，由大队干部日夜看守，派专人护理。移植的禾苗密不通风，他们便用喷雾器改成鼓风机、给禾苗插装竹管，由十多个人轮流鼓风，日夜不停。

按常理，禾苗在收割前是无须施肥的，但是人们不断给这块地的禾苗施肥；在施人畜粪尿时，粪渣子粘在叶片上压了禾苗，人们竟用蚊帐将粪水过滤，再用洒水壶喷洒。

一台密植夺高产的假戏，布置就绪。对此，不少人表露了反感的情绪，但均被压制。

亩产十三万斤的精心“制作”

1958 年 9 月初，以洪华为首的环江县委就向柳州地委和自治区党委报了喜，声称要放一颗亩产超十万斤的全国最大的卫星。自治区、柳州地区党委随即发函邀请各新闻单位和电影制片厂到现场采访报道；还组成检查验收团，成员有党政领导、政协领导，还有广西农学院、广西大学等科研院所的水稻种植专家、教授。

1958 年 9 月 9 日上午 10 时左右，县委书记洪华，向一名领头开镰的副书记授勋似地授给了系有红绸带的新镰刀，举行了隆重的开镰仪式。开镰仪式共有六千多人参加，包括特邀来的检查验收团成员，来自广西各县每个生产队的参观者、环江县各公社的代表以及奉命到场的当地社员，四百多男女社员参加现场收割。

在收割时，把田头收割下的谷子用一担担箩筐装满，每人一担挑起排成队伍，在县城主要街道游转一圈后，把谷子运到县委大院过秤堆放。在街道上游行时，在四个生产队的粮仓里，一群群社员遵照指令，将准备好的一担担谷子等游行队伍路过时，就尾随跟上。挑谷游行的队伍人数，一下子便增加了两倍多。

即使如此，恐怕还不能达到预计的产量。在乱哄哄的过秤现场，策划者又施展魔术，指挥过完一次秤的，不倒上谷堆，又挑起谷子回到未过秤的队伍中再次过秤。如此循环往复，过秤的数字便越来越大了。

经过十几个小时的折腾，县委大院堆满了谷子，统计人员从登记簿累计出数字，这块试验田共 1.13 亩，当天收割了 1.075 亩，收到干谷 140217.4 斤，折合亩产 130434.14 斤。就这样，一个全区、全国、人类历史上空前的水稻亩产最高纪录便魔术般地“创造”出来了。

放卫星后的高征购与大饥荒

环江的粮食似乎已堆积成山，无仓可放了。不过，1959 年初，县里向上级汇报和向外公布的数字是：1958 年全年粮食总产量 3.3 亿斤；而实际的产量却只有 1.05 亿斤（就是这个数据，也含有水分）。

1959 年，上级分配给环江县的粮食总产量指标是 9.6 亿斤，比 1958 年的 3.3 亿斤又翻了两番，分配下来的征购任务是贸易粮 0.71 亿斤（折合原粮便是 1 亿斤），而当年环江县实际产粮仅为 0.828 亿斤，将全部粮食上缴也交不出这 1 亿斤粮食，群众无粮可交。

为了完成上交征购粮任务，环江县委按自治区的布置，将各集体小仓库里的粮食（群众的口粮，猪、牛牲畜的饲料粮）作为征购粮一起并入国家仓库。

群众家中没有了口粮，猪、牛牲畜没有了饲料粮，户户断炊，食堂停火，因饥饿造成了各种疾病，浮肿、肝炎、干瘦、妇女子宫脱垂等病人不断增多，先后饿死四五万人。

资料来源：《当年事：——南方周末解密档案》

【思考题】

1. 你认为造成“大跃进”的原因是什么？
2. 我们应当从“大跃进”中吸取什么教训？

【精选案例 2】

“一五”计划时期的重要成就

1 月 1 日，《人民日报》发表题为《迎接 1953 年的伟大任务》的社论指出：“1953 年将是我国进入大规模建设的第一年”，将“开始执行国家建设的第一个五年计划”。“一五”计划，是指我国从 1953 年到 1957 年发展国民经济的计划。它是在党中央的直接领导下，由周恩来、陈云同志主持制定的。“一五”计划时期，我国经济建设取得丰硕成果，初步建立起社会主义工业化的基础，主要如下：

一、工业方面

长春第一汽车制造厂、沈阳第一机床厂、沈阳飞机制造厂、鞍山钢铁公司。

1. 长春第一汽车制造厂

1953 年奠基兴建，1956 年建成并投产，制造出新中国第一辆解放牌卡车下线。1958 年制造出新中国第一辆东风牌小轿车和第一辆红旗牌高级轿车。一汽的建成，开创了中国汽车工业新的历史。

图 4－2　长春第一汽车制造厂建成并投产

2. 沈阳飞机制造厂

中华人民共和国第一家飞机制造企业。自 1951 年创建以来，其伴随着国家的发展，创造了中国航空史上辉煌的一页。中国第一架喷气式歼击机、中国第一架超音速歼击机、中国第一架双倍音速歼击机、中国第一架自主设计研制高速战斗机、中国第一架喷气教练机等，均产自于此。

图 4-3　沈阳飞机制造厂制造出中国第一架战斗机

3. 鞍山钢铁公司

1953 年第一个五年计划开始，国家集中力量建设鞍钢。扩大鞍钢生产规模，建设大型国有联合生产企业，在原生产规模基础上完成 48 项主要工程的改造改建和扩建，其中包括大型轧钢、无缝钢管、炼铁高炉三大工程。到 1957 年一五计划完成、鞍钢全面得到改造和扩建生产能力超过原计划指标。鞍钢成为名副其实的中国第一大型钢铁基地，被誉为祖国的钢都。

图 4-4　鞍山钢铁公司

二、交通建设方面

宝成铁路、鹰厦铁路、青藏公路、康藏公路、武汉长江大桥。

1. 宝成铁路

宝成铁路于 1952 年 7 月 1 日在成都动工，1954 年 1 月宝鸡端开工建设，1956 年 7 月 12 日，南北两段在甘肃徽县黄沙河接轨通车，1958 年元旦全线交付运营。宝成铁路宝鸡至凤州段是中国的第一条电气化铁路。

图 4-5　宝成铁路

2. 青藏公路

这条公路于 1950 年动工，1954 年通车。西宁市至格尔木市段路线计长 782 公里，其中属于平原和微丘区的里程为 564 公里，属于重丘区的里程为 218 公里。全段海拔为 2200 ~ 3800 米。格尔木市至拉萨市段路线计长 1161 公里，其中属于平丘区的里程为 1013 公里，重丘区为 148 公里，全段海拔均在 4000 米以上。

3. 川藏公路

从1950年4月开始，经过11万军民的艰苦修建，川藏公路北线于1954年12月正式通车，2000多名军民为此付出了生命。此后，筑路大军又继续修筑了东俄洛经巴塘、芒康、左贡至邦达南线段，并于1969年全部建成通车，被正式列入国道318线。作为祖国内地进出西藏的五条重要通道之一，川藏公路担负着联系祖国东西部交通的枢通作用，无论在军事、政治、经济、文化上都有不可替代的作用和地位。它不但是藏汉同胞通往幸福的“金桥”和“生命线”，而且是联系两族人民的纽带，具有极其重要的意义。

图4－6　川藏公路示意图

4. 武汉长江大桥

位于武昌蛇山和汉阳龟山之间的江面上，是中国在万里长江上修建的第一座桥梁，被称为“万里长江第一桥”，在中国桥梁史上具有重要意义。于1955年9月1日开工建设，1957年10月15日建成通车，大桥的建设得到了苏联政府的帮助。前国家领导人毛泽东在此写下“一桥飞架南北，天堑变通途”这一脍炙人口的诗句，表达了对武汉长江大桥的由衷赞美。

图4－7　武汉长江大桥

资料来源：新浪博客，疙瘩源，http：//blog. sina. cn/dpool/blog/s/blog_ 794dafed0101fk7p. html

【思考题】

1. 在我国“一五”计划期间，取得巨大成就的原因是什么？
2. 在我国“一五”计划期间，取得巨大成就的历史意义是什么？

六、名人名言名句

社会科学，马克思列宁主义，斯大林讲得对的那些方面，我们一定要继续努力学习。我们要学的是属于普遍真理的东西，并且学习一定要与中国实际相结合。如果每句话，包括马克思的话，都要照搬，那就不得了。我们的理论，是马克思列宁主义的普遍真理同中国革命的具体实践相结合。

——毛泽东，《论十大关系》

一共讲了十点。这十种关系，都是矛盾。世界是由矛盾组成的。没有矛盾就没有世界。我们的任务，是要正确处理这些矛盾。这些矛盾在实践中是否能完全处理好，也要准备两种可能性，而且在处理这些矛盾的过程中，一定还会遇到新的矛盾，新的问题。但是，像我们常说的那样，道路总是曲折的，前途总是光明的。我们一定要努力把党内党外、国内国外的一切积极的因素，直接的、间接的积极因素，全部调动起来，把我国建设成为一个强大的社会主义国家。

——毛泽东，《论十大关系》

我们的方针是，一切民族、一切国家的长处都要学，政治、经济、科学、技术、文学、艺术的一切真正好的东西都要学。但是，必须有分析有批判地学，不能盲目地学，不能一切照抄，机械搬用。他们的短处、缺点，当然不要学。

——毛泽东，《论十大关系》

中央和地方的关系也是一个矛盾。解决这个矛盾，目前要注意的是，应当在巩固中央统一领导的前提下，扩大一点地方的权力，给地方更多的独立性，让地方办更多的事情。这对我们建设强大的社会主义国家比较有利。我们的国家这样大，人口这样多，情况这样复杂，有中央和地方两个积极性，比只有一个积极性好得多。

——毛泽东，《论十大关系》

国家和工厂、合作社的关系，工厂、合作社和生产者个人的关系，这两种关系都要处理好。为此，就不能只顾一头，必须兼顾国家、集体和个人三个方面。

——毛泽东，《论十大关系》

重工业是我国建设的重点。必须优先发展生产资料的生产，这是已经定了的。但是决不可以因此忽视生活资料尤其是粮食的生产。如果没有足够的粮食和其他生活必需品，首先就不能养活工人，还谈什么发展重工业？所以，重工业和轻工业、农业的关系，必须处理好。

——毛泽东，《论十大关系》

在今天的世界上，我们要不受人家欺负，就不能没有这个东西（原子弹）。怎么办呢？可靠的办法就是把军政费用降到一个适当的比例，增加经济建设费用。只有经济建设发展得更快了，国防建设才能够有更大的进步。

——毛泽东，《论十大关系》

任何过程如果有多数矛盾存在的话，其中必定有一种是主要的，起着领导的、决定的作用，其他则处于次要和服从的地位。因此，研究任何过程，如果是存在两个以上矛盾的复杂过程的话，就要用全力去找出它的主要矛盾。捉住了这个主要矛盾，一切问题就迎刃而解了。

——毛泽东，《矛盾论》

我们的人民政府是真正代表人民利益的政府，是为人民服务的政府，但是它同人民群众之间也有一定的矛盾。这种矛盾包括国家利益、集体利益同个人利益之间的矛盾，民主同集中的矛盾，领导同被领导之间的矛盾，国家机关某些工作人员的官僚主义作风同群众之间的矛盾。这种矛盾也是人民内部的一个矛盾。一般说来，人民内部的矛盾，是在人民利益根本一致的基础上的矛盾。

——毛泽东，《关于正确处理人民内部矛盾的问题》

凡属于思想性质的问题，凡属于人民内部的争论问题，只能用民主的方法去解决，只能用讨论的方法、批评的方法、说服教育的方法去解决，而不能用强制的、压服的方法去解决。

——毛泽东，《关于正确处理人民内部矛盾的问题》

在一九四二年，我们曾经把解决人民内部矛盾的这种民主的方法，具体化为一个公式，叫作“团结—批评—团结”。讲详细一点，就是从团结的愿望出发，经过批评或者斗争使矛盾得到解决，从而在新的基础上达到新的团结。按照我们的经验，这是解决人民内部矛盾的一个正确的方法。

——毛泽东，《关于正确处理人民内部矛盾的问题》

马克思主义的哲学认为，对立统一规律是宇宙的根本规律。这个规律，不论在自然界、人类社会和人们的思想中，都是普遍存在的。矛盾着的对立面又统一，又斗争，由此推动事物的运动和变化。矛盾是普遍存在的，不过按事物的性质不同，矛盾的性质也就不同。对于任何一个具体的事物说来，对立的统一是有条件的、暂时的、过渡的，因而是相对的，对立的斗争则是绝对的。

——毛泽东，《关于正确处理人民内部矛盾的问题》

我们的教育方针，应该使受教育者在德育、智育、体育几方面都得到发展，成为有社会主义觉悟的有文化的劳动者。要提倡勤俭建国。要使全体青年们懂得，我们的国家现在还是一个很穷的国家，并且不可能在短时间内根本改变这种状态，全靠青年和全体人民在几十年时间内，团结奋斗，用自己的双手创造出一个富强的国家。社会主义制度的建立给我们开辟了一条到达理想境界的道路，而理想境界的实现还要靠我们的辛勤劳动。

——毛泽东，《关于正确处理人民内部矛盾的问题》

马克思主义必须在斗争中才能发展，不但过去是这样，现在是这样，将来也必然还是这样。正确的东西总是在同错误的东西作斗争的过程中发展起来的。真的、善的、美的东西总是在同假的、恶的、丑的东西相比较而存在，相斗争而发展的。当着某一种错误的东西被人类普遍地抛弃，某一种真理被人类普遍地接受的时候，更加新的真理又在同新的错误意见作斗争。这种斗争永远不会完结。这是真理发展的规律，当然也是马克思主义发展的规律。

——毛泽东，《关于正确处理人民内部矛盾的问题》

一切国家的好经验我们都要学，不管是社会主义国家的，还是资本主义国家的，这一点是肯定的。但是主要的还是要学苏联。学习有两种态度。一种是教条主义的态度，不管我国情况，适用的和不适用的，一起搬来。这种态度不好。另一种态度，学习的时候用脑筋想一下，学那些和我国情况相适合的东西，即吸取对我们有益的经验，我们需要的是这样一种态度。

——毛泽东，《关于正确处理人民内部矛盾的问题》

我们要实现农业现代化、工业现代化、国防现代化和科学技术现代化，把我们祖国建设成为一个社会主义强国，关键在于实现科学技术的现代化。

——周恩来

今天的现实是不够美满的，但是美满的现实需要我们大家共同去创造。

——周恩来

“经济建设和人民生活必须兼顾，必须平衡”“一要吃饭，二要建设”“无农不稳”“无粮则乱”

——陈云，1956 年商业部扩大的部务会议上的讲话《做好商业工作》

关系全国人民经济生活的事是第一位的大事，建设规模必须同国力相适应，经济建设和人民生活必须兼顾、必须平衡，经济建设必须做到综合平衡，要按照经济规律办事和进行必要的国家干预，正确处理积累和消费的比例关系，保证国民经济按比例地健康发展。

——陈云

七、实践项目

实践项目一

处理好大学期间十大关系，度过美好充实的大学生活

【目标要求】

《论十大关系》是以毛泽东为核心的党中央第一代领导集体探索适合中国社会主义道路的奠基之作，它是 1956 年 4 月 25 日由毛泽东在中共中央政治局扩大会议的讲话中首次提出，并在 5 月 2 日的最高国务会议上进一步阐述。十大关系亦十大矛盾，毛泽东在《十大关系》中对如何解决这些矛盾，指明了方向。历史是辩证的，人生也是辩证的，大学生在学习生活中也会遇到各种各样矛盾，请学生借鉴《论十大关系》，列举并分析大学生活中存在哪些矛盾关系，该如何处理好这些关系，使大学生活充实而有意义。

【活动方案】小组讨论（课内实践）

1. 活动组织过程

（1）课前准备。请学生在学习第四章前阅读了解《论十大关系》。

（2）讨论主题。列举并分析大学生活中存在哪些矛盾关系，该如何处理好这些关系，使大学生活充实而有意义。

（3）讨论过程。

①每五人为一组，分成讨论小组。

②每组选一位组长，督促小组成员积极参与谈论。

③每位小组成员提出2—3条自己在学习生活中遇到的矛盾。

④交流、总结出大学期间大学生要处理好的主要矛盾关系和如何处理好这些矛盾关系。

（4）分享讨论成果。

①在超星学习通中发表讨论成果。

②请观点有代表性，思路清晰，对讨论主题有全面、深刻认识的学生代表小组发言。

2. 活动效果

（1）通过讨论活动认识到马克思主义、毛泽东思想不是高高在上的，可以用来指导我们的学习、生活和工作。

（2）学会把理论与实践相联系，用理论指导生活实践。

（3）全面审视、深入思考自己的大学生活，对自己大学生活面临矛盾进行剖析，找到解决办法，安排好自己的大学生活。

【活动评价】

（1）每位在学习通上发言的同学，只要言之有理即可获得5分积分嘉奖。

（2）分析到位、逻辑清晰、提出有针对性办法的同学可代表小组到前台发言，发言的同学可获得20积分的嘉奖。

八、学习延伸

1. 推荐的相关书籍、文章

毛泽东著作：《论十大关系》《关于正确处理人民内部矛盾问题》《矛盾论》

陈云著作：《陈云同志文稿选编》（1956—1962）

2. 推荐观看的相关影视资料

纪录片《走近毛泽东》《大国崛起》第九集、《风云新途》

电影《活着》

九、相关链接

社会主义社会矛盾学说：我国社会主义改造完成以后，毛泽东以中国的实践经验为基础，运用马克思主义基本原理观察和分析社会，就社会主义社会矛盾的性质、根源、表现和运动规律、解决方法等作了全面的分析和阐发，从而建立了关于社会主义社会矛盾问题的学说。这是马克思主义发展史上第一次系统阐述社会主义社会的矛盾问题，是毛泽东思想在社会主义时期的重大发展。

第一，指出社会主义社会仍然存在着矛盾，正是这些矛盾推动着社会主义社会向前发展。社会主义社会的基本矛盾仍然是生产关系和生产力之间的矛盾、上层建筑和经济基础之间的矛盾，它们不但表现在社会生活的各个方面，而且贯穿于社会主义社会的始终，是推动社会主义社会不断前进的根本动力。

第二，阐明了社会主义社会基本矛盾的性质和特点。社会主义社会的基本矛盾，同旧社会的基本矛盾具有根本不同的性质和情况，它们具有“又相适应又相矛盾”的特点，是在基本适应条件下的矛盾，是在人民根本利益一致基础上的矛盾，因而不是对抗性而是非对抗性的矛盾。

第三，提出了通过社会主义制度本身解决社会基本矛盾的思想。他指出，社会主义社会的矛盾不是对抗性的，它的解决不需要像资本主义社会那样采取剧烈的阶级斗争的方式，它可以依靠社会主义自身的力量，通过对生产关系和生产力、上层建筑和经济基础不相适应的方面进行调整得到解决。

第四，在阐明中国社会主义社会基本矛盾状况和性质的基础上，进一步分析了中国的社会矛盾。他指出，我国存在着两种不同性质的矛盾，即敌我矛盾和人民内部矛盾，正确处理人民内部矛盾是国家政治生活的主题。

参考答案

一、重点难点测试

（一）单项选择题

1. B　2. D　3. D　4. B　5. B　6. C　7. C　8. D　9. A　10. D

（二）多项选择题

1. ABCD　2. BCD　3. CD　4. ABC　5. ABC

（三）问答题

1. 答案要点：领导人民探索社会主义建设道路，历经艰辛和曲折，在理论和实践上取得了一系列重要成果。这些成果对于巩固我国社会主义制度、开创和发展中国特色社会主义，对于促进世界社会主义发展，具有重要的意义。

第一，巩固和发展了我国的社会主义制度。作为一种崭新的社会制度和人民当家做主的政权，社会主义的建立极大地激发了广大人民群众的建设热情和积极性。但由于我国人口多、底子薄、经济文化比较落后，社会主义建设的任务艰巨繁重。国际上，以美国为首的西方国家对中国采取敌视政策，并进行封锁和遏制，企图颠覆社会主义制度。面对着严峻复杂的国内外形势，党带领全国人民，坚持独立自主、自力更生，开始了大规模的社会主义建设，在经济、政治、文化等各方面都取得了重大成就。这些成就的取得，体现了社会主义制度的优越性，增强了广大人民群众走社会主义道路的信心，社会主义也在实践中得到了发展。

第二，为开创中国特色社会主义提供了宝贵经验、理论准备、物质基础。进入全面建设社会主义时期，党对社会主义建设道路的探索经历艰辛，积累了丰富的经验，也留下了深刻的教训，这些都是党和人民在历史实践中获得和发生的。无论是成功的经验还是失误的教训，正确地加以总结，都是党的宝贵财富，为新时期中国特色社会主义开创和发展提供了重要的思想资源。在探索中形成的一些正确地和比较正确的思想观点，取得的独创性理论成果，尤其是关于社会主义建设的正确大理论原则和经验总结，丰富和发展了毛泽东思想，对我国社会主义建设发挥了重要指导作用，为开启新时期新道路奠定了重要的思想基础。这一时期的建设成就为开启新时期新道路奠定了重要的物质基础。

第三，丰富了科学社会主义的理论和实践。在中国这样一个有着几亿人口、经济文化比较落后的东方大国建设社会主义，其艰巨性、复杂性在世界社会主义发展史上都是没有先例的。中国社会主义建设的实践，既不同于马克思、恩格斯设想的在生产力高度发达的基础上建立的社会主义，也不同于在资本主义有一定发展基础上开始的苏联社会主义建设。党领导人民探索社会主义建设道路汲取了苏联模式的经验教训，根据自己的实践形成许多独创性成果，深化了对社会主义的认识。探索的成就表明，社会主义建设没有一个固定不变的模式，各个国家应该根据自己的国情，独立自主地选择适合自己的发展道路。这不仅丰富了中国社会主义的理论与实践，也丰富了科学社会主义理论与实践，为其他国家的社会主义建设提供了经验和借鉴。

2. 答案要点：从 1949 年中华人民共和国成立，到 1978 年党的十一届三中全会召开前，中国共产党执政 29 年的历程，波澜壮阔而又曲折复杂，要学会用辩证唯物主义和历史唯物主义的观点看待社会主义建设道路初步探索阶段遭受的重大挫折。

（1）要充分肯定改革开放前对社会主义建设规律探索的理论成果。虽然，自 1957 年以后，我国社会主义道路探索遭受重大挫折，但仍取得经济、政治、文化等各项建设的巨大成就，为我国以后的发展奠定了最初的基础，积累了宝贵的经验。所以，探索取得的成就，是这段历史的主流和本质。

（2）认识社会主义建设规律必然要经历一个过程，应该允许探索过程中出现失误乃至失败。从历史上看，新民主主义革命是经过两次胜利和两次失败的经验教训才使党逐步掌握了中国革命的规律，领导革命取得成功。在社会主义建设时期，同样经过了一个反复的探索过程，其间也经历过“大跃进”和“文化大革命”的两次重大挫折，八大以后社会主义建设 20 多年的曲折发展也深刻地教育了全党，为我们逐步掌握建设社会主义的规律提供了宝贵的经验教训，成为十一届三中全会以后邓小平提出中国特色社会主义理论的前提和条件，为中国共产党实现马克思主义基本原理和中国具体实际相结合的第二次历史性飞跃提供了基础。改革开放伟大事业，就是在以毛泽东为核心的党的第一代中央领导集体艰辛探索社会主义建设规律取得宝贵经验的基础上进行的。

（3）不能因为失误而全盘否定“文化大革命”前17年的历史。在这一时期我们主要依靠自己的力量，基本建立了独立的、比较完整的工业体系和国民经济体系，有了自己的原子弹、氢弹、人造卫星，人民生活得到改善，国际地位得到提高。从总体上看我国社会主义事业取得的成就仍然是主要的。

二、案例品评

【精选案例1】

1. 答案要点：（1）对社会主义建设经验不足，对经济发展规律和中国经济基本情况认识不足。（2）地方不少领导同志在胜利面前滋长了骄傲自满情绪。（3）急于求成，夸大了主观意志和主观努力的作用。

2. 答案要点：（1）探索中国式的社会主义建设道路过程中，生产力的变革，要符合客观经济规律，不能急于求成。（2）要坚持在综合平衡中稳步前进的建设方针、有计划有比例地发展国民经济。（3）坚持实事求是，一切从实际出发。

【精选案例2】

1. 答案要点：（1）人民民主专政的政权得到巩固。（2）党和国家制定的正确的方针路线，公布过渡时期的总路线和总任务，制定第一个五年计划。（3）广大工人农民的艰苦奋斗，有高涨的工作热情。（4）苏联的援助。

2. 答案要点：（1）为我国建立了比较完善的工业体系，初步改变了我国的工业落后面貌，为社会主义工业化奠定了基础。（2）积累了社会主义有计划建设的宝贵经验。（3）充分体现社会主义制度的优越性。

中篇　邓小平理论、“三个代表”重要思想、科学发展观

第五章　邓小平理论

一、学习目的和要求

通过本章的学习，使学生了解邓小平理论形成的历史条件和过程；掌握邓小平理论回答的基本问题和主要内容；理解邓小平理论是比较完备的科学体系；学会运用邓小平理论的基本立场、观点和方法认识问题、分析问题。

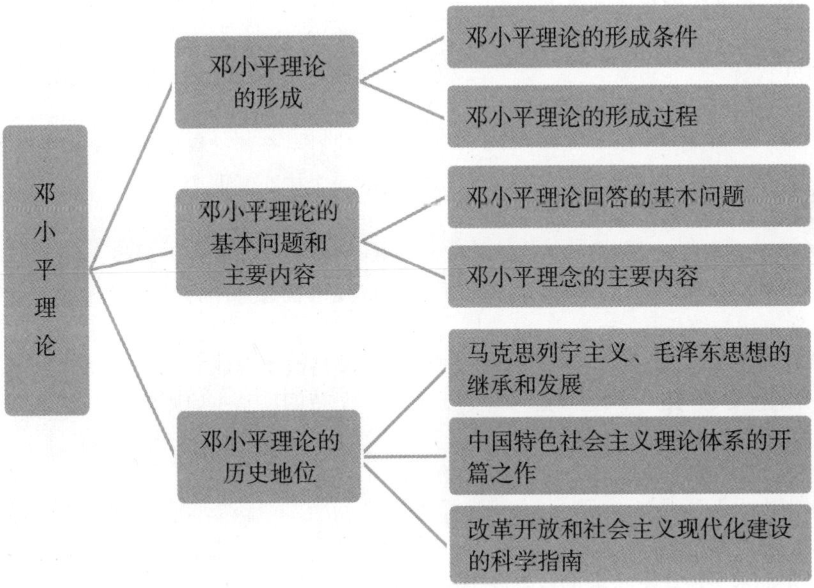

图 5－1　思维导图

二、学习重点

1. 邓小平理论的形成条件。
2. 邓小平理论的主要内容。

三、学习难点

1. 社会主义的本质。
2. 社会主义初级阶段理论。
3. 改革开放理论。
4. 社会主义市场经济理论。

四、重点难点测试

（一）单项选择题

1. 社会主义社会发展的直接动力是（　　）。
A. 阶级斗争　B. 改革开放　C. 发展生产力　D. 市场经济
2. 在全面改革中，（　　）改革是重点。
A. 经济体制　B. 政治体制　C. 文化体制　D. 教育体制
3. 判断改革和一切工作是非得失的标准是（　　）。
A. 大家是否赞成　B. “三个有利于”　C. 生活富裕　D. 人民幸福
4. 我国改革的性质是（　　）。
A. 用市场调节代替计划调节　B. 一个阶级推翻另一个阶级统治的政治斗争
C. 从根本上改变社会主义基本制度　D. 社会主义制度的自我完善和发展
5. 对外开放是我国一项长期的基本国策，实行这一国策的前提和基础是（　　）。
A. 合理、互惠互利　B. 独立自主、自力更生
C. 发展对外贸易　D. 实行全方位、多层次、宽领域的开放
6. 邓小平理论回答的基本理论问题是（　　）。
A. 解放思想，实事求是　B. 建设一个什么样的党，怎么建设党
C. 什么是社会主义，怎样建设社会主义　D. 一个中心，两个基本点
7. 社会主义的根本任务是（　　）。
A. 完善公有制　B. 消灭私有制、消灭剥削
C. 发展社会主义市场经济　D. 发展社会生产力
8. 党的基本路线的核心是（　　）。
A. 以经济建设为中心　B. 坚持改革开放
C. 坚持走社会主义道路　D. 坚持四项基本原则
9. 现阶段我国的基本国情是（　　）。
A. 我国处于社会主义初级阶段
B. 社会生产力水平低
C. 人口多，底子薄
D. 小康还是低水平的、不全面的、发展很不平衡的小康
10. 决定把工作重心转移到经济建设上来，实行改革开放的重大决策是党的（　　）确立的。
A. 十一届三中全会　B. 十二届三中全会　C. 十七届三中全会　D. 十八届三中全会

（二）多项选择题

1. 判断改革和一切工作是非得失的标准是（　　）。
A. 是否有利于发展社会主义生产力　B. 是否有利于增强社会主义国家的综合国力
C. 是否有利于提高人民的生活水平　D. 是否有利于一部分人先富起来
2. 社会主义本质的内容是（　　）。

A. 解放生产力，发展生产力
B. 坚持公有制
C. 消灭剥削，消除两极分化
D. 最终达到共同富裕

3. 社会主义初级阶段的科学含义包括（　　）。
A. 我国已进入社会主义社会
B. 我们必须坚持而不能离开社会主义
C. 社会主义初级阶段是我国的基本国情
D. 我国的社会主义还处在不发达的阶段

4. 毫不动摇地坚持党的基本路线（　　）。
A. 必须紧紧围绕经济建设这一中心
B. 必须坚持中国共产党的领导
C. 建设中国色社会主义的实践中把坚持四项基本原则和改革开放统一起来
D. 必须旗帜鲜明地反对资产阶级自由化

5. “我国处在社会主义初级阶段”是中国共产党和邓小平（　　）。
A. 对当代中国国情的科学判断
B. 对马克思主义的进一步的发展
C. 制定党的路线和政策的根本依据
D. 反映了我国目前最大的“实际”

6. “和平统一、一国两制”构想的基本内容（　　）。
A. 坚持一个中国　B. 两制并存　C. 高度自治　D. 武力解决台湾问题

7. 社会主义市场经济的要点（　　）。
A. 计划和市场不是划分社会制度的方式
B. 计划和市场各有优势
C. 把社会主义制度和市场经济相结合，是社会主义特色、优势所在
D. 社会主义市场经济体制是我们党的一个伟大创举

8. 坚持自力更生与发展对外经济关系的相互关系是（　　）。
A. 自力更生是发展对外经济关系的基础
B. 发展对外经济关系是自力更生的基础
C. 发展对外经济关系可以增强自力更生的能力
D. 发展对外经济关系会削弱自力更生的能力

9. 邓小平指出，改革开放是一场伟大的革命，是中国的第二次革命，主要是指改革（　　）。
A. 不是指一个阶级推翻另一个阶级的政治革命，是社会主义的自我完善与发展
B. 不是细枝末节的修修补补，而是对传统计划经济的根本性变革
C. 不是某一方面的改革，而是必然涉及和引起政治、经济、文化、教育、科技等社会生活各个领域的深刻变化，并将引起相应的思想观念变革
D. 改革也是为了解放和发展生产力

10. 在计划与市场的问题上，邓小平认为（　　）。
A. 市场经济不等于资本主义，社会主义也有市场
B. 计划和市场都是经济手段
C. 社会主义也可以搞市场经济
D. 计划经济不等于社会主义，资本主义也有计划

（三）问答题

1. 有些同学可能感到疑惑：“在社会主义市场经济的发展中，有的人刚解决温饱，生活艰辛，而有的人却腰缠万贯，挥金如土，这难道不是两极分化吗？在私有制企业里难道就没有剥削么？”对这样的问题我们怎么来看待呢？

2. 怎样全面、深刻理解邓小平提出的社会主义本质是“解放生产力，发展生产力，消灭剥削，消除两极分化，最终达到共同富裕。”

3. 为什么说“什么是社会主义、怎么建设社会主义”是邓小平在领导改革开放和现代化建设这一新的革命过程中，不断提出和反复思考的首要的基本的理论问题？

4. 邓小平指出，“我们搞社会主义才几十年，还处在初级阶段，巩固和发展社会主义制度，还需要

一个很长久历史阶段，需要我们几代人、十几代人，甚至几十代人坚持不懈的努力奋斗，绝不能掉以轻心”。为什么邓小平如此强调社会主义初级阶段的长期性？社会主义初级阶段尚且需要几十代人的努力奋斗，实现共产主义有希望么？

5. 为什么邓小平说改革是第二次革命？

五、案例品评

【精选案例 1】

跑马乡的故事

老一辈无产阶级革命家薄一波在他的回忆录《若干重大决策与事件的回顾》中，讲述了 1958 年 10 月中旬发生在湖北省当阳县跑马乡的一件事。这个乡党委书记在大会上宣布：11 月 7 日是社会主义结束之日，11 月 8 日是共产主义开始之日。会议开完，大家就上街去拿商店的东西。商店的东西拿完后就去拿别人家的：你的鸡，我可以抓来吃；这个队种的菜，别的队可以随便跑来摘；小孩子也不分你的我的了。只保留一条：老婆还是自己的。这位乡党委书记说：不过这一条还得请示上级。这件事足可见当时急于向共产主义过渡所引起的思想混乱和社会后果。

资料来源：《新时期的旗帜》

【思考题】

1. 为什么当时会出现这种荒唐的事情？
2. 这件事给我们的教训和启示是什么？

【精选案例 2】

从大逃港到改革开放

这是一部跨度达 30 年的惊心动魄的逃亡史。在当时的深圳，曾经流传着这样一首民谣：“宝安只有三件宝，苍蝇、蚊子、沙井蚝。十屋九空逃香港，家里只剩老和小。”

在民谣背后，则是一组惊人的数字。根据陈秉安掌握的资料，在目前可以查阅到的文件里，从 1955 年开始出现逃港现象起，深圳历史上总共出现过四次大规模的逃港潮，分别是 1957 年、1962 年、1972 年和 1979 年，共计 56 万人（次）；参与者来自广东、湖南、湖北、江西、广西等全国 12 个省、62 个市（县）。逃港的方式，可分走路、泅渡、坐船三种。按路线，则有东线、中线、西线之别。泅渡通常是首选。偷渡者往往会选择西线，即从蛇口、红树林一带出发，游过深圳湾，顺利的话，大约一个多小时就能游到香港新界西北部的元朗。

广东人把这种水路偷渡称为“督卒”，借用象棋术语，取其“有去无回”之义。在许多当地人的记忆中，一到夏天，水库和河里便人满为患。不少孩童从小就被家人灌输，“好好练游泳，日后去香港”。

偷渡者通常都带有汽车轮胎或者救生圈、泡沫塑料等救生工具，还有人将多个避孕套吹起来挂在脖子上。有些偷渡者下水后，还一边游一边背诵毛主席语录给自己打气：“下定决心，不怕牺牲，排除万难，去争取胜利!”

当时，上述物件都属于严格控制使用的物品。到后来，就连乒乓球都成了其中之一。因为边防部队发现，甚至有人将数百个乒乓球串在一起，作为救生工具。

这种风险极大的逃港风潮，还催生了一个新职业——“拉尸行”。在鼎盛时期，深圳活跃着 200 多个“拉尸佬”。20 世纪 70 年代末，深圳蛇口海上派出所曾经规定，“拉尸佬”每埋好一具偷渡客尸体，就可以凭证明到蛇口公社领取劳务费 15 元。

在某些地方，甚至出现了强行冲关的情况。

据宝安县委《关于制止群众流港工作的情况汇报》等文件记录，1962 年，广东出现严重饥荒，大量居民逃往香港。在宝安县由东至西百余里长的公路上，外流群众成群结队，扶老携幼，如“大军南下，来势汹汹”。这些偷渡者成群结队，每人持一根 4 尺多长的木棒。带头的偷渡者公开说：“谁阻挠我们，我们就用木棍和他们搏斗，冲过去，就算开枪也不后退！”

由于大量外逃，深圳许多村庄都“十室九空”。1971 年，宝安县公安局给上级的《年终汇报提纲》里写道，大望前、马料河、恩上、牛颈窝、鹿嘴、大水坑等许多村庄都变成了“无人村”，有个村子逃得只剩下一个瘸子。

1977 年 11 月，复出后的邓小平将视察的第一站定在广东，中共中央副主席叶剑英与他同行。当广东省主要领导向邓小平汇报情况时，“逃港”作为一个重大的恶性政治事件被捅了出来。正当广东的同志忐忑不安地等着指示之时，邓小平却出奇的沉默。他连吸了几根烟，缓缓地转过身来，平静地对大家说：“这是我们的政策有问题，此事不是部队管得了的。”

邓小平强调要恢复过去行之有效的政策，发展经济，“生产生活搞好了，才可以解决逃港问题。逃港，主要是生活不好，差距太大”。当时，宝安一个农民劳动日的收入为 0.70 元到 1.20 元，而香港农民劳动一日收入 60 至 70 港币，两者差距悬殊近 100 倍。在一些地区，普遍流传着“辛辛苦苦干一年，不如人家 8 分钱”（指寄信到香港叫亲属汇款回来），“内地劳动一个月，不如香港干一天”的说法。这也诱使许多人“前赴后继”般逃亡香港。

长期的反偷渡斗争，使中央及广东的领导人认识到，光靠严防死守是不可能有效地遏制偷渡，必须另辟蹊径。1980 年 8 月 26 日，经济特区在“逃港”最严重的深圳市率先建立，由此拉开了旨在让中国人民富起来的改革开放的序幕。

深圳特区的诞生，使广大民众看到了希望，也使“逃港风”骤然停止。在特区条例公布后的几天，最困扰着深圳——其实也是最困扰着社会主义中国的偷渡外逃现象，突然消失了！确确实实，那成千上万藏在梧桐山的大石后、树林中准备外逃的人群完全消失了！”

随着内地全面改革开放波澜壮阔般展开，困扰多年的“逃港”问题终于釜底抽薪。1997 年香港的回归，“个人游”的政策为内地人赴港提供的方便，加上香港边境反偷渡系统的不断完善，偷渡情况已经基本上得到控制。在 2006 年，被捕的内地非法偷渡客已经大幅降低到 3173 人。

资料来源：《学者记录深圳 30 年大逃港　百万内地人曾越境香港》，中国青年报。

【思考题】

1. 你认为导致大逃港事件的根本原因是什么？
2. 大逃港事件对我们今天的改革发展有什么样的启示作用？

【精选案例 3】

年广久和“傻子瓜子”

“傻子瓜子”因邓小平多次在高层提及年广久并收入《邓小平文选》而闻名全国，号称“中国第一商贩”。年广久曾三次入狱，其罪名分别为“投机倒把罪”、“牛鬼蛇神”、“流氓罪”；三次被邓小平点名（《邓小平文选》收录了其中两次），分别为 1980 年、1984 年、1992 年，这刚好是改革开放的三个重要转折点。年广久命运的起承转合被认为暗合着我国个私经济的发展进程。

年广九，1937 年生于安徽，9 岁开始跟着父亲摆摊，从卖水果到卖瓜子。改革开放后，这个只认识自己名字的人创办了“傻子瓜子”公司，注册了“傻子瓜子”商标，闻名全国。他被称作“中国第一商贩”。

1978 年底，党的十一届三中全会在北京召开。距离北京近一千公里的安徽芜湖，卖炒瓜子的个体户年广九也召集家人开了个会，他主张拿一笔钱出来扩大生产，但家里不同意。

家人的担心不是没有道理，在那个特殊的年代里，因为做小买卖，年广九已经被抓过两次。他先后贩卖过水果和冰棍儿，也跟人学着炒瓜子，在电影院门口叫卖。年广九卖瓜子经常多送一把，被人戏称为“傻子”。可是那时做小买卖并不是正经营生，被叫作“投机倒把”。

顶着家人的担心，年广九去南京、上海、武汉、郑州等地走访，研究改进炒瓜子的技术和口味配方。1981 年，他和儿子在芜湖郊区租地建起厂房，傻子瓜子厂成为芜湖第一家私营企业，生意红火，一天很容易卖出两万斤瓜子。

精明的年广久还不断推出各种在当时非常别样的促销策略：独生子女买两斤瓜子可以不排队、外地人到芜湖用车票来买两斤瓜子不排队、结婚的买10斤瓜子不用排队、军人不排队……

他的炒瓜子小作坊也很快从10个人发展成上百人的工厂，每天炒出的瓜子从1万斤到10万斤，从10万斤到20万斤，总利润也高达每天2万多元。1982年，年广久就赚到了人生第一个100万，成为名副其实的百万富翁，风头一时无两！

——可是没多久就摊上了大事。

1983年底，有人把年广久雇工的问题反映到上面，因为当时认为雇工8人以上就不是个人经济，而是资本主义经济，于是，“年广久是资本家复辟，是剥削”的说法开始传播起来，安徽省委派专人到芜湖调查年广久，并写了一个报告上报中央，惊动了邓小平。

1984年10月22日，邓小平指出：“我的意思是放两年再看，让傻子瓜子经营一段，怕什么？伤害了社会主义了吗?”

1986年春节前后，傻子瓜子公司在全国率先搞起有奖销售，并以一辆上海牌轿车作为头等奖，3个月实现利润100万元，但是好景不长，中央下文停止一切有奖销售活动，让年广久的销售计划大乱，公司血本无归。

1989年，中国的私营经济进入一个困难时期。年广久也不例外。9月25日，年广久被逮捕。随后，年广久被羁押了30多个月。并且芜湖市人民检察院以投机倒把和贪污受贿罪起诉了年广久，理由是年广久在与芜湖郊区政府联营期间曾贪污挪用大量公款。后经法庭调查，年广久在联营期间虽然账目不清，但不构成贪污。

1992年，邓小平视察南方，并发表了著名的南方谈话，第三次提及了年广久和他的傻子瓜子，他说：“农村改革初期，安徽出了个‘傻子瓜子’问题。当时许多人不舒服，说他赚了100万，主张动他。我说不能动，一动人们就会说政策变了，得不偿失。”这篇讲话为中国的改革开放开辟了新路，也为私营经济再次开了绿灯。

因为这次点名，仍在狱中服刑的年广久获得了新的生机，他的命运也出现了转折。

1992年3月15日，在邓小平南方谈话后，被羁押三年多的年广久因经济罪不成立而获释。

资料来源：中国经济网，http：//www. ce. cn/

【思考题】

1. 年广久为什么多次被打压?
2. 分析说明邓小平多次点名并“拯救”年广久的原因。

【精选案例4】

邓小平“南方谈话”

“一九九二年又是一个春天，有一位老人，在中国的南海边写下诗篇，天地间荡起滚滚春潮，征途上扬起浩浩风帆……”

每当听到这着熟悉的旋律，我们就会情不自禁地想起一座城市、一位老人、一段故事。1992年1月18日—2月21日，当时已正式告别中央领导岗位的党的第二代领导核心、改革开放的总设计师邓小平，以普通党员的身份，凭着对党和人民伟大事业的深切期待，先后赴武昌、深圳、珠海和上海视察，沿途发表了重要谈话，史称“南方谈话”。

88岁高龄的邓小平再度南方谈话，与20世纪80年代末、90年代初期的国际国内背景息息相关。当时，中国的经济体制改革在理论与实践上遭遇诸多难题的困扰，国内刚刚经历政治风波，国际又出现苏联解体。内困外忧下，国人都在焦虑社会主义命运将会如何？中国今后怎么办？在这关键时刻，邓小平作为中国改革开放的总设计师，勇敢地站出来，力排众议，拨正船头，引导建设有中国特色社会主义的航船驶向光明的彼岸。

1992年3月26日，《深圳特区报》头版头条刊发了“东方风来满眼春——邓小平同志在深圳纪实”的长篇通讯，集中阐述了邓小平南方谈话的要点内容。邓小平南方谈话内容近万字，共分为6个部分、18个方面。6个部分的主要内容是：第一，坚持党的“一个中心、两个基本点”的基本路线，一百年不动摇。第二，加快改革开放的步伐，大胆地试，大胆地闯。第三，抓住有利时机，集中精力把经济建设搞上去。第四，坚持两手抓，两手都要硬。第五，正确的政治路线要靠正确的组织路线来保证。第六，坚定社会主义信念。

南方谈话在国内外产生了巨大的影响。中共中央连续发出文件，就全党学习邓小平南方谈话和在经济建设、思想文化建设和党的建设等领域贯彻南方谈话精神，作出了一系列的决策和部署。数字显示，1989 年到 1991 年，中国 GDP 每年的增幅只有 5% 左右，而在 1992 年当年，这个数字就增加到 12.8% 。事实上，中国各地随处都可以看到“发展才是硬道理”这样醒目的标语牌，表达了政府和人民对发展经济和改善生活的强烈渴求。

邓小平南方谈话的学习、贯彻成了召开十四大最重要的思想、理论准备和推进改革开放步入新阶段、跨上新台阶的强大动力。江泽民总书记在党的十五大报告中，对南方谈话作了一个很深刻很准确的历史评价：“一九九二年邓小平南方谈话，是在国际国内政治风波严峻考验的重大历史关头，坚持十一届三中全会以来的理论和路线，深刻回答长期束缚人们思想的许多重大认识问题，把改革开放和现代化建设推进到新阶段的又一个解放思想、实事求是的宣言书。”

从“发展是硬道理”“发展是党执政兴国的第一要务”到“科学发展观”，再到“五大发展理念”“四个全面”战略布局，这一脉相承的发展理念正实实在在地改变着中国的面貌，中国人民正在中国特色社会主义道路上实现中华民族的伟大复兴。

资料来源：师霞，中共北京市委党校研究生部

【思考题】

邓小平南方讲话的意义是什么？

【精选案例 5】

“广西‘平果铝’要搞！”

在百色，提起邓小平，除了“百色起义”外，最为人们津津乐道的就是“平果铝”（中国铝业广西分公司）了。

8 月 7 日一大早，本报特派采访组驱车前往“平果铝”。刚进大门，一尊目光慈祥、身姿矫健的邓小平塑像便映入记者眼帘，基座上醒目地写着“广西平果铝要搞”。“是小平这句话一锤定音，推动了“平果铝”这座现代化铝工业基地在百色崛起，公司已发展成为全国铝业系统的标杆。”“平果铝”纪委副书记赵林告诉记者，从此，百色在“壮乡红城”的名号之外，又多了一项“中国铝都”的骄傲。

时光倒转到 1986 年。这年的元月 26 日，邓小平到桂林视察。时任广西壮族自治区党委书记陈辉光、人民政府主席韦纯束在漓江的游船上，就开发平果铝土矿问题向邓小平作了专题汇报，请中央尽快立项建设。

“当时，小平很认真地听了汇报，但没有表态，只是笑了笑。”赵林告诉记者，小平虽然没有当场表态，但他把平果铝这件事挂在了心上。同年 9 月 13 日上午，国务院领导请邓小平听取有关国家重点建设项目定盘子汇报会，当得知平果铝项目启动资金尚无着落时，小平斩钉截铁地说：“广西平果铝要搞！”

随后，“平果铝”被纳入国务院钢铝领导小组工作范围，定为国家“七五”计划重点工程之一。

1991 年 5 月 7 日，总投资 44.38 亿元的“平果铝”一期工程正式开工建设，成为新中国成立后一次性投资最大和利用外资最多的有色金属建设项目。经过 4 年时间，1995 年 9 月全面建成投产。从此，一座达到世界先进水平的现代化铝冶炼联合企业傲然挺立在右江河畔。

“投产至今，‘平果铝’创造了中国和广西铝工业史上的许多第一。”赵林自豪地说。平果铝是全国生产全砂状氧化铝最早的一家企业；全国铝行业铝锭荣获“全国用户满意产品”称号的第一家企业；全国有色系统和广西矿山对采空区进行大面积复垦试验最经典的企业；广西通过验收的第一家无泄漏工厂、第一家安全标准化企业、第一批清洁生产企业、第一批四星级绿色环保企业、最大的一家花园式工厂……

“平果铝”的建成投产，使桂西北铝土矿资源优势转化为经济优势。2012 年，“平果铝”氧化铝年产量达到 252 万吨，首次突破年产 250 万吨大关，实现利润 13.1 亿元，成为广西千亿元铝产业的龙头。

“虽然小平生前从没来过‘平果铝’，但他老人家一直非常关心平果铝的建设发展。”赵林告诉记

者，1996 年 11 月 19 日，专程到百色考察的邓小平长子、时任全国残联主席的邓朴方，指名要到“平果铝”考察。邓朴方对公司领导透露：几年前，邓小平就对他说过，百色地区建了一个“平果铝”基地，这是革命老区的希望，如果有机会去广西，你一定要代我到那里去看看。生产现场参观结束后，邓朴方又深情地说：“父亲对‘平果铝’一直是非常关心的，在定盘子会召开前，他曾问秘书有没有‘平果铝’这个项目，如果有，就参加；如果没有，他就要去开别的会啦。”

2011 年，为纪念小平发出“广西平果铝要搞”重要指示 25 周年，“平果铝”铸造了全国唯一一尊铝制邓小平塑像。“该塑像本身高 5.7 米，加上底座总高 9.13 米，全部采用该公司生产的铝合金进行铸造。”赵林告诉记者，这寄托着“平果铝”人对小平的崇敬和怀念。在“平果铝”的辐射带动下，平果县由一个国家级贫困县跃升为广西财政收入“首富县”，2001 年至 2012 年连续 12 年入围“中国西部百强县”。

资料来源：《人民网》

【思考题】

1. “广西平果铝要搞”这句话体现了伟人邓小平什么样的精神？
2. “平果铝”对地方的发展带来了哪些推动效应？

六、名人名言名句

1. 我是中国人民的儿子，我深情地爱着我的祖国和人民。

——邓小平经典语录

2. 不管白猫黑猫，会捉老鼠就是好猫。

——邓小平经典语录

3. “我坚信，世界上赞成马克思主义的人会多起来的，因为马克思主义是科学。它运用历史唯物主义揭示了人类社会发展的规律。

——邓小平经典语录

4. 我认为，最重要的是人的团结，要团结就要有共同的理想和坚定的信念。我们过去几十年艰苦奋斗，就是靠用坚定的信念把人民团结起来，为人民自己的利益而奋斗。

——邓小平经典语录

5. 群众是我们力量的源泉，群众路线和群众观点是我们的传家宝。党的组织、党员和党的干部，必须同群众打成一片，绝对不能同群众相对立。如果哪个党组织严重脱离群众而不能坚决改正，那就丧失了力量的源泉，就一定要失败，就会被人民抛弃。

——邓小平经典语录

6. 贫穷不是社会主义，社会主义要消灭贫穷。不发展生产力，不提高人民的生活水平，不能说是符合社会主义要求的。

——邓小平经典语录

7. 改革开放中许许多多的东西，都是群众在实践中提出来的，绝不是一个人脑筋就可以钻出什么新东西来，这是群众的智慧，集体的智慧。

——邓小平经典语录

8. 世界形势日新月异，特别是现代科学技术发展很快。现在的一年抵得上过去古老社会几十年、上百年甚至更长的时间。不以新的思想、观点去继承、发展马克思主义，不是真正的马克思主义者。

——邓小平经典语录

9. 改革开放胆子要大一些，敢于试验，不能像小脚女人一样。看准了的，就大胆地试，大胆地闯。

——邓小平经典语录

10. 中国的事情要按照中国的情况来办，要依靠中国人自己的力量来办。独立自主，自力更生，无论过去、现在和将来，都是我们的立足点。

——邓小平经典语录

11. 我出来工作，可以有两种态度，一个是做官，一个是做点工作。我想，谁叫你当共产党人呢，既然当了，就不能够做官，不能够有私心杂念，不能够有别的选择。

——邓小平经典语录

12. 永远不要过分突出我个人。我所做的事，无非反映了中国人民和中国共产党人的愿望。

——邓小平经典语录

13. 我们搞社会主义才几十年，还处在初级阶段。巩固和发展社会主义制度，还需要一个很长的历史阶段，需要我们几代人、十几代人，甚至几十代人坚持不懈地努力奋斗。

——邓小平经典语录

14. 中国的问题，压倒一切的是需要稳定。没有稳定的环境，什么都搞不成，已经取得的成果也会失掉。……民主是我们的目标，但国家必须保持稳定。

——邓小平经典语录

15. 我们坚持谋求用和平的方式解决台湾问题，但是始终没有放弃非和平方式的可能性，我们不能作这样的承诺。……不能排除使用武力，我们要记住这一点，我们的下一代要记住这一点。

——邓小平经典语录

16. 冷静的观察，镇定自若地面对困难，捍卫我们的立场。韬光养晦，争取时间，永不称霸。

——邓小平经典语录

17. 在整个改革开放过程中都要反对腐败。

——邓小平经典语录

18. 有些国际上的领土争端，可以先不谈主权，先进行共同开发。这样的问题，要从尊重现实出发，找条新的路子来解决。

——邓小平经典语录

七、实践项目

实践项目一

变化中国——发生在身边的变化

【目标要求】

改革开放使中国发生巨大变化，书写世界奇迹。每一位中国人都不会，也不应该忘记，1978 年，从“文化大革命”走出来的中国，是怎样的满目疮痍、百废待兴。十年浩劫给中华民族带来了深重的灾难，让整个国家的发展进程都经历了重大的曲折。那一年，邓小平同志大声疾呼：如果现在再不实行改革，我们的现代化事业和社会主义事业就会被葬送。今天，习近平同志果断指出：“改革开放是决定当代中国命运的关键一招，也是决定实现‘两个一百年’奋斗目标、实现中华民族伟大复兴的关键一招”。事实证明，中国的面貌发生了翻天覆地的变化，中国在国际社会赢得了举足轻重的地位，赢得了全世界的尊重和掌声。改革开放理论是邓小平理论的重要内容，要了解改革开放及其重要意义，首先就要了解它给中国带来的重大变化，从方方面面发生的变化中，理解中国如何通过改革以濒临崩溃之身，实现破茧重生。

【活动方案】

1. 活动形式

制作 PPT 向同学介绍发生在我们身边的变化及其原因。

2. 活动内容

改革开放给中国带来的变化是翻天覆地的，存在于我们身边每个领域之中，存在于我们身边的点点滴滴。请认真思考，选择身边某一领域发生的变化（如饮食的变化、交通工具的变化，自己生活的农村或城市面貌的变化、大学毕业照的变化、大学生新生入学三大件的变化等）围绕这一变化，寻找能够反映改革开放前后鲜明变化的图片、数字、视频等资料，制作成 PPT，向同学介绍这一变化并分析变化发生的原因，讲述时间 3 分钟。使“零零后”的我们能够感受到自己身边发生的这种深刻变化，及其变化背后的原因。

3. 活动要求

（1）发生在我们身边的变化很多，只需要选择一个领域的变化，进行深度发掘即可。

（2）PPT 制作的图片鼓励原创，自己拍摄，PPT 制作不做技术要求，以简单清晰为主。

4. 活动目标

与“80 后”、“90 后”相比，“零零后”生活在条件比较优越的环境下，大都感受不到中国社会从贫瘠到富裕、从禁锢到自由的变化过程。通过这一实践活动使同学们可以近距离感受改革开放给中国带来的变化，从内心真正认同和理解为什么说改革开放是决定中国命运的关键一招。

【活动评价】

（1）此次实践项目活动由老师根据学生在课堂上的展示进行评分。

（2）实践活动展示要求主题突出、表达清晰、层次分明。

实践项目二

寻找邓小平

【目标要求】

制作 PPT 向同学介绍关于邓小平的故事。

【活动方案】

1. 活动内容

邓小平是一个什么样的人，他一生有什么重要经历，发生过哪些为人们所津津乐道的故事，请围绕这些问题深入寻找关于邓小平的资料，把重要的图片资料制作成 PPT，向同学介绍你心目中的邓小平，讲述时间为 3 分钟。

2. 活动要求

邓小平一生的经历非常丰富，发生在他身上的故事也很多，同学们只需要选择一个方面（邓小平和“平果铝”、邓小平在百色、邓小平三落三起等），深入挖掘相关资料，把一个故事讲好，突出邓小平某一方面的精神品质即可。

3. 活动目标

邓小平离“零零后”的我们渐行渐远，对于大多数同学来说，邓小平仅仅躺在一些教科书中，成了一种象征意义符号。通过追寻邓小平的历史足迹，了解他的故事，同学们可以认识一个血肉丰满的邓小平，从而理解邓小平何以提出邓小平理论，学习邓小平高尚的精神品质。

【活动评价】

（1）此次实践项目活动由老师根据学生在课堂上的展示进行评分。

（2）实践活动的展示应做到主题突出，表达清晰、层次分明，能够加深大家对邓小平的认识和了解。

八、学习延伸

1. 推荐的相关书籍、文章。《关于建国以来党的若干历史问题的决议》《邓小平理论发展史》《我的父亲邓小平》《百年小平——邓小平的故事》《青年邓小平》《中共中央第三研究部：中国改革开放 30 年》《邓小平的历史足迹》。

2. 推荐的相关影视资料。纪录片《小平十章》、纪录片《激荡 30 年》、电影《旋风九日》、电视剧《历史转折中的邓小平》、电影《邓小平》、电影《高考 1977》。

九、相关链接

1. 社会主义市场经济体制是在国家宏观调控下使市场在社会资源配置中起基础性作用的经济体制。它和社会主义基本制度结合在一起。社会主义市场经济体制的基本特征有：（1）在所有制结构上，以公有制为主体，多种所有制经济共同发展。（2）在分配制度上，以按劳分配为主体，多种分配方式并存。（3）在宏观调控上，发挥计划和市场两种手段的长处，把市场调节和宏观调控结合起来。

2. 经济体制是社会生产关系借以实现的具体形式，表现为具体经济制度和经济运行方式。它包括生产关系的一系列环节和方面，涉及生产、分配、交换、消费等各个领域。经济体制选择得是否正确，对经济制度的巩固和经济发展，具有十分重要的直接影响。

3. 资源配置是指对相对稀缺的资源在各种可能性的生产用途之间进行选择、安排和搭配，以获得最佳效率的过程。也就是指社会如何将有限的人力、物力、财力等各种资源，合理地配置到社会所需要的生产和服务部门中去，以取得最佳的效益，最大限度地满足社会需求。

4. 计划经济是通过中央计划直接配置资源，在政府或社会管理中心高度集中的行政性管理下运行的经济组织形式。

5. 市场经济以市场机制为基础，调节资源配置的经济组织形式。

6. 科学技术是第一生产力："科学技术是生产力"的论断是马克思、恩格斯论述科学技术社会作用的一个核心观点，是马克思、恩格斯的独特贡献。他们对科学技术给生产力发展和社会变革带来的变化予以高度的重视，曾经提出科学技术是生产力的一部分、生产力中包含科学的论断，强调科学技术是生产力和社会发展的强大动力，认为科学技术作为变革历史的"伟大的杠杆"，是"最高意义上的革命力量"。中国共产党历来重视科学技术在国家经济社会发展中的地位和作用，并在科学技术和社会发展实践中丰富和发展了科学技术是生产力的理论。1953 年，毛泽东提出要学习先进的科学技术来建设我们的国家。十一届三中全会以后，邓小平提出"科学技术是第一生产力"，江泽民、胡锦涛继承和发展了邓小平关于"科学技术是第一生产力"的思想，面对科技进步与社会发展的新形势，进一步提出"科学技术是先进生产力的集中体现和主要标志"、科学技术"是推动人类文明进步的革命力量"等重要论断，成为中国特色社会主义理论的重要内容。

7. 苏联模式指的是苏联在其社会主义实践过程中于 20 世纪 30 年代形成的制度形式。其主要特点是国家政治权力集中在主要领导人身上，个人迷信、个人崇拜盛行，人民群众缺乏应有的民主权利；在经济方面采取高度集中的管理方式，一切经济发展的主动权都由中央政府掌握，整个社会经济缺乏生机与活力；在思想方面实行文化专制主义。苏联模式是社会主义实践进程中的一种具体制度模式，不能把它与社会主义做等号。苏联模式在一定时期曾起过重要作用，但有明显的历史局限性。

8. 科教兴国战略是指全面落实科学技术是第一生产力的思想，坚持教育为本，把科技和教育摆在经济、社会发展的重要位置，增强国家的科技实力及向现实生产力转化的能力，提高全民族的科技文化素质，把经济建设转移到依靠科技进步和提高劳动者素质的轨道上来，加速实现国家的繁荣富强。

9. 解放生产力是指把生产力从旧的制度或体制的束缚下解放出来，使生产力在新的制度或体制下获得发展。解放生产力包括两层意思：一是通过革命推翻和消灭旧的社会制度，把生产力从旧制度的束缚下解放出来；二是在社会主义基本制度建立以后要不断改革已经建立的、被实践证明还在束缚生产力发展的、存在弊端的各种具体体制，促进生产力发展。

10. 国内生产总值，简称 GDP。是指在一定时期内（一个季度或一年），一个国家或地区的经济中所生产出的全部最终产品和劳务的价值，常被公认为衡量国家经济状况的最佳指标。它不但可以反映一个国家的经济表现，更可以反映一国的国力与财富。国内生产总值有三种表现形态，即价值形态、收入形态和产品形态。从价值形态看，它是所有常住单位在一定时期内所生产的全部货物和服务价值减去同期投入的全部非固定资产货物和服务价值的差额，即所有常住单位的增加值之和；从收入形态看，它是所有常住单位在一定时期内所创造并分配给常住单位和非常住单位的初次分配收入之和；从产品形态看，它是最终使用的货物和服务减去进口货物和服务。

11. 经济发展战略是指一个国家或地区依据对制约经济发展各种因素的分析，从全局出发，对较长时期内国民经济发展所要达到的基本目标、步骤、重点、指导原则和根本措施等所做的总体谋划和部署。正确的经济发展战略是国家组织和管理经济建设的基本依据，实施正确的战略是关系到社会主义建设成败的关键。

12. 世界贸易组织，简称 WTO。1995 年由关税及贸易总协定演变而成。关税及贸易总协定于 1947 年由 23 个国家在日内瓦签订，1948 年 1 月 1 日起生效。其宗旨是在世界各国的经济贸易事务关系上，通过相互削减关税和其他各种非关税壁垒，取消国际贸易中的歧视待遇，以达到提高生活水平，保证充分就业，保证实际收入和有效需求的巨大持续增长，扩大世界资源的充分利用以及发展商品生产和交换。总协定演变为世界贸易组织后，被认为是多边贸易体制的代表，其核心是世贸组织的各项协定。这些协定包含了国际贸易通行的法律规则，一方面保证各成员的重要贸易权利；另一方面对各成员政府起到约束作用，使它们的贸易政策保持在各方议定且符合各方利益的限度之内，这样做是为了向产品制造者和服务提供者提供帮助，并便利进出口业务的开展。

参考答案

一、重点难点测试

（一）单项选择题

1. B 2. A 3. B 4. D 5. B 6. C 7. D 8. A 9. A 10. A

（二）多项选择题

1. ABC 2. ACD 3. ABD 4. ABCD 5. ABCD 6. ABC 7. ABC 8. AC 9. ABCD 10. ABCD

（三）问答题

1. 答案要点：（1）消灭剥削，消除两极分化不是凭人们的主观愿望可以实现的，它需要社会生产力的大发展为其提供物质基础。（2）我国现在仍处于社会主义初级阶段，我们不能把作为社会主义本质的“消灭剥削，消除两极分化”高标准来要求我国在社会主义初级阶段就完全做到。

2. 答案要点：（1）十一届三中全会以后，邓小平总结多年来离开生产力抽象地谈论社会主义，把许多束缚生产力发展的、并不具有社会主义本质属性的东西当作“社会主义原则”加以固守，把许多在社会主义条件下有利于生产力发展的东西当作“资本主义复辟”加以反对的历史教训，经过深邃的思考，创造性地对社会主义本质进行了新的概括，深化了对社会主义的认识。（2）认真领会社会主义本质的科学内涵。邓小平对社会主义本质的新概括，既坚持了马克思主义的科学社会主义，同时又赋予社会主义新的含义和时代内容。它的基本内涵包括：第一，把解放和发展生产力纳入社会主义的本质，突出强调“解放生产力”和“发展生产力”，揭示了社会主义与生产力的内在联系。这是社会主义本质理论的一个十分明显和突出的特点。第二，明确指出社会主义必须“消灭剥削，消除两极分化”，揭示了社会主义在经济关系上与资本主义的本质区别。第三，强调社会主义的最终目标是共同富裕，揭示了社会主义向共产主义发展的必然趋势。第四，表明社会主义本质的实现是一个动态的发展过程。（3）邓小平关于社会主义本质的概括，把对社会主义的认识提高到了新的科学水平，是探索建设中国特色社会主义道路的最重大理论成果之一。为我们真正搞清楚什么是社会主义、怎样建设和发展社会主义，并在实践中创造出充满活力的社会主义奠定了科学的思想基础。

3. 答案要点：为什么我们党在过去没有完全搞清楚“什么是社会主义、怎样建设社会主义”这一基本问题，其原因有两点：一是在我们的社会主义观念中存在着把马克思主义教条化的倾向；二是我们曾经把苏联经验神圣化，照搬苏联模式，没有结合中国实际。因而，邓小平在领导我国改革开放和现代化建设进程中不断地思考，要搞清楚“什么是社会主义、怎样建设社会主义”，并把它作为建设中国特色社会主义首要的基本问题。原因有如下几点：

（1）建设中国特色社会主义是邓小平理论的核心和主题。它内在地包含了“什么是社会主义、怎样建设社会主义”这一问题。“什么是”说的是概念和定义，即本质问题；“怎样建”说的是方法和操作，即制度安排和具体道路问题。前者侧重理论，后者侧重实践，二者紧密联系。

（2）对社会主义进行再认识这一任务，是邓小平在对社会主义发展的历史经验教训进行深刻总结的基础上提出来的。“什么是社会主义、怎样建设社会主义”是一个困扰了几代共产党人的科学社会主义重大理论课题。我国改革开放以前所经历的曲折和失误、在理论上的误区，对马克思主义的很多教条主义的理解，以至于产生的很多错误观念，都是由于没有把这个问题彻底搞清楚。对这个问题，我们党“虽然有所发现，但没有解决好”。邓小平反复对这一问题进行思索，正是在对这一重大课题的回答和解决中，才诞生了邓小平理论。

（3）“什么是社会主义、怎样建设社会主义”问题不仅是邓小平理论的一个重要组成部分，而且是其全部理论观点的基石，在邓小平理论体系中居于核心地位、支柱地位，是邓小平理论体系中属于第一层次的科学命题。邓小平正是紧紧围绕这一根本问题，在社会主义发展道路、发展阶段、根本任务、发展动力、外部条件、政治保证、战略步骤、领导力量和依靠力量、祖国统一等重大问题上，形成了一系列相互联系的观点，创立了建设中国特色社会主义理论的科学体系。

4. 问题一答案要点：

（1）这是由我国社会主义的历史前提和现实国情思想决定的。第一，我国是在半殖民地半封建社会的基础上搞社会主义的，因此必须经历一个很长的初级阶段，去实现别的国家在资本主义条件下已经实现的社会化、现代化；第二，我国的现实国情是我国的生产力还很落后，经济基础和上层建筑还很不完善，要解决这些问题，需要很长的历史时期；第三，社会主义所需要的物质技术基础，是随着生产力的迅速发展、经济和社会现代化水平的提高而不断提高的，现代化作为一个历史概念，它的标准不断提高，这就需要我们付出更多的时间，做出更多的努力。

（2）这一论断可以使我们对社会主义建设的长期性、复杂性、艰巨性有更加清醒的认识，有助于我们从根本上克服急躁情绪、克服各种超越阶段的错误观点；有助于理解和坚持党在现阶段的基本路线、基本纲领和各项方针、政策；能够促使我们埋头苦干，脚踏实地地完成初级阶段的各项任务，不断推进社会主义现代化建设。

问题二答案要点：

（1）正确认识中国特色社会主义的历史地位。中国特色社会主义是社会主义的初级阶段，而社会主义又是共产主义的初级阶段。因而，为建设中国特色社会主义而奋斗，就是在为实现共产主义的目标努力。

（2）共产主义最终一定会实现，是社会发展的必然规律。我们也必须看到，共产主义理想社会的实现，是千百万一代又一代共产党人自觉奋斗的结果。如果没有大批的、一代又一代真诚的共产党人自觉的、有计划、有目的的努力奋斗，就不会有未来的共产主义理想的实现。因为共产主义不仅是一种理论，而且是一种运动。它追求的理想社会的实现需要一个长期的奋斗过程，而我们目前所从事的建设中国特色社会主义的事业，就是推动它逐步实现的奋斗过程。虽然我国是初级阶段的社会主义国家，但它是孕育共产主义生命的胚胎，最终将长成共产主义的大树。可以说，共产主义就在建设中国特色社会主义宏伟事业中，就在每个人各自的工作岗位上。

5. 答案要点：社会主义改革作为第二次革命，是相对第一次革命——新民主主义革命而言的。

（1）说改革是中国的第二次革命，是从解放生产力，扫除发展生产力的障碍这个意义而言，革命是解放生产力，改革也是解放生产力。邓小平说：“改革的性质同过去的革命一样，也是为扫除发展社会生产力的障碍，使中国摆脱贫穷落后的状态。”从这个意义上说，改革是革命性的变革。

（2）从改革的深度和广度来看，改革也是一场革命。我国经济体制改革是以社会主义市场经济替代传统的计划经济，而计划经济与市场经济是两种完全不同的资源配置方式和经济体制，我国市场取向的体制改革既是渐进的又是根本性的变革，如此深刻的变革，当然是一场革命。改革是一项宏大的社会系统工程，会引起社会全面的、广泛的变革。体制改革具有广泛性和全方位性，经济体制改革就涉及生产、分配、交换、消费等社会再生产和各个环节；建立市场经济体制包括企业制度、市场体系、宏观调控体系、社会保障制度等各个方面；社会结构是多层次的，改革的内容除了经济体制改革，还有政治体制、教育体制、文化体制、科技体制的改革等；改革会引起生活方式、思想道德观念等的重大变化，促使体制转轨。从改革的全面性和广泛性看，改革是一场革命。

（3）改革开放这场革命，不同于以夺取政权为目标的一个阶级推翻另一个阶级的革命，它是对已经建立的社会主义制度的巩固、发展和完善，而不是对社会主义基本制度的否定。

二、案例品评

【精选案例1】

1. 答案要点：对我国的国情认识不清，对社会主义发展阶段和社会主义建设的长期性缺乏充分认识，急于求成。

2. 答案要点：跑马乡故事说明正确认识国情的重要性。毛泽东曾讲过：“认清中国的国情乃是认清一切革命问题的基本的根据”。如果不能正确认识国情，党就不能制定出正确的路线、方针和政策，就会犯下各种“左”或“右”的错误。

【精选案例2】

1. 答案要点：表面原因是贫穷和饥荒，深层次原因则是国家“左”倾错误路线所导致的国民经济凋敝，人民生活水平极低，与香港相比差距巨大。

2. 答案要点：（1）我国社会主义建设必须要坚持以经济建设为中心，坚持改革开放。（2）我们要把是否有利于生产力发展、是否有利于人民生活水平提高作为党和国家工作的出发点和检验标准。

【精选案例3】

1. 答案要点：（1）中国很长一段时间没有搞清楚社会主义的本质是什么，把计划经济和市场经济作为资本主义和社会主义的本质区别。（2）年广久经营的"傻子瓜子"公司属于个体经济，受上述思想束缚，在社会主义市场经济建立初期，地方政府对其快速发展产生疑虑和担忧，从而压制它的发展。年广久的经历代表了人们对非公有制经济、对社会主义市场经济的认识经过了一个曲折而长久的过程。

2. 答案要点：（1）计划和市场都是经济手段，不是社会主义和资本主义的本质区别，中国也可以发展个体经济、发展非公有制经济。（2）年广久是"个体经济"的代表，受到人们的关注，如果动了他，人们会认为发展社会主义市场经济的政策有变，人心会乱。

【精选案例4】

答案要点：20世纪80年代末至90年初，中国的社会主义事业面临着严峻的考验，能否汲取东欧剧变、苏联解体的深刻教训，避免来自"左"与"右"两个方面的消极影响，使改革开放顺利进行，是迫切需要解决的问题。1992年1月18日至2月21日，中国改革开放的总设计师邓小平视察南方并发表谈话。谈话的主要精神在同年召开的党的十四大政治报告中又得到了进一步的阐释。邓小平的南方谈话是在国际国内政治风波严峻考验的重大历史关头，坚持十一届三中全会以来的理论和路线，深刻回答长期束缚人们思想的许多重大认识问题，把改革开放和现代化建设推进到新阶段的又一解放思想、实事求是的宣言书。

【精选案例5】

1. 答案要点：体现邓小平始终把百色的经济发展和人民生活水平的提高放在心上，体现一位伟人对百色革命老区及老区人民的关心和满腔热爱。

2. 答案要点：（1）"平果铝"发展不忘当地，成为开发利用当地资源为发展民族经济、解决民生、建设和谐社会奔小康的扶贫典范。获益于"平果铝"的强劲带动，平果县从国家级贫困县一跃成为广西经济发展十佳县、中国西部经济百强县。（2）"平果铝"的发展还为广西打造全国最大铝工业基地奠定了良好基础。（3）发展"平果铝"过程中形成的不畏艰辛，攻坚克难，扎实工作，开拓进取的宝贵精神财富，成为推动当地发展，全面建设小康社会的精神支持。

第六章　“三个代表”重要思想

一、学习目的和要求

通过本章的学习，使学生了解和掌握“三个代表”重要思想形成的社会历史条件和形成过程、“三个代表”重要思想的核心观点和主要内容、“三个代表”重要思想的历史地位等基本知识和基本理论；领会和体会“三个代表”重要思想是在怎样特定的历史条件下，面临怎样的亟待需要解决的时代问题。

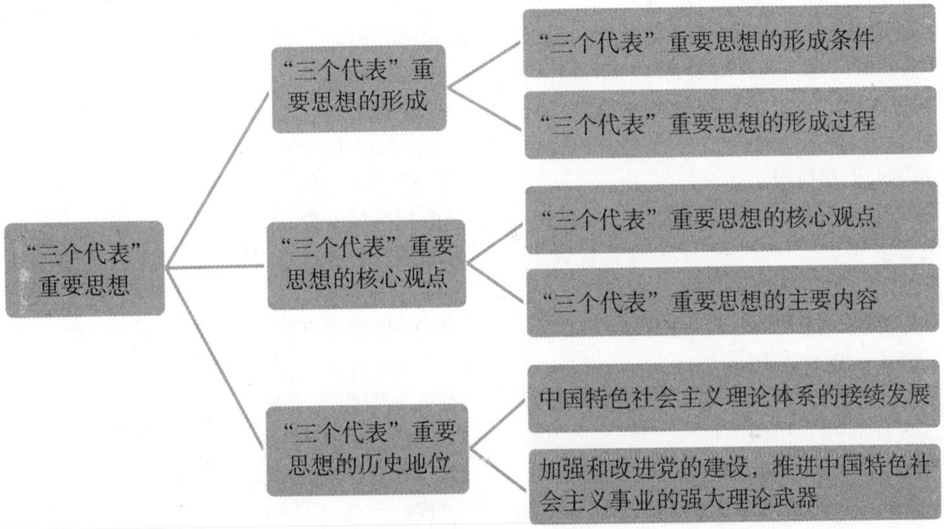

图 6－1　思维导图

二、学习重点

1. “三个代表”重要思想形成的历史条件。
2. “三个代表”重要思想的核心观点和主要内容。

三、学习难点

“三个代表”重要思想形成的历史条件。

四、重点难点测试

（一）单项选择题

1. 关于“三个代表”重要思想形成的历史条件，下列说法中错误的是（　　）。

A. 20 世纪 80 年代末至 90 年代初，东欧剧变、苏联解体
B. 世界社会主义出现严重曲折
C. 国际共产主义运动遭受重大挫折
D. 我国社会主义事业发展一帆风顺

2. 关于“三个代表”重要思想形成的特定国际环境，下列说法中错误的是（　　）。
A. 我国社会主义事业发展面临空前巨大的困难和压力
B. 20 世纪 80 年代末至 90 年代初，东欧剧变、苏联解体
C. 国际共产主义运动遭受重大挫折
D. 世界社会主义出现严重曲折

3. 20 世纪 80 年代末至 90 年代初，我们党面临一系列新情况、新问题。下列说法中错误的是（　　）。
A. 党所处的地位和环境发生了新的重大变化
B. 党所肩负的历史任务发生了新的重大变化
C. 党的自身状况发生了新的重大变化
D. 党的干部队伍整体都是好的

4. 20 世纪 80 年代末至 90 年代初，党的干部队伍总体是好的，但在一些党员和干部中，还存在着不同程度的一些问题。关于存在的这些问题，下列说法中错误的是（　　）。
A. 思想激进　　B. 信念动摇　　C. 道德滑坡　　D. 腐败现象

5. 20 世纪 80 年代末至 90 年代初，我们党必须解决好的历史性课题不包括（　　）。
A. 领导水平和执政水平　　B. 思想僵化信念动摇
C. 拒腐防变能力　　D. 抵御风险能力

6. 关于中国共产党在中国革命、建设和改革历史进程中的形象描述，以下表述中错误的是（　　）。
A. 全国人民的主心骨　　B. 坚强的领导核心
C. 始终走在时代前列　　D. 始终代表所有人的根本利益

7. 在我们党的奋斗和历程中，团结和带领全国各族人民取得的成就，不包括（　　）。
A. 实现民族独立和人民解放，建立新中国　　B. 建立了社会主义制度
C. 开创了中国特色社会主义事业　　D. 实现了中华民族伟大复兴梦

8. “三个代表”重要思想面临的亟待需要解决的时代问题是（　　）。
A. 发展为了谁、如何发展　　B. 建设什么样的党、如何建设党
C. 什么是社会主义、如何建设社会主义　　D. 其他

9. 面对国内外形势的变化，我们党要紧跟世界进步的潮流，团结和带领全国人民抓住机遇，迎接挑战，必须坚定不移地贯彻落实“三个代表”重要思想。始终坚持中国共产党的领导，其原因是（　　）。
①中国共产党是我国社会主义事业的领导核心　　②为人民服务是中国共产党的根本宗旨
③国家政权由政党领导　　④中国共产党是工人阶级的先锋队组织
A. ①②③　　B. ①③④　　C. ②③④　　D. ①②④

（二）多项选择题

1. “三个代表”重要思想形成的历史条件是（　　）。
A. 20 世纪 80 年代末至 90 年代初，东欧剧变、苏联解体
B. 世界社会主义出现严重曲折
C. 国际共产主义运动遭受重大挫折
D. 我国社会主义事业发展面临空前巨大的困难和压力

2. “三个代表”重要思想形成的特定国际环境是（　　）。
A. 我国社会主义事业发展面临空前巨大的困难和压力

B. 20世纪80年代末至90年代初，东欧剧变、苏联解体

C. 国际共产主义运动遭受重大挫折

D. 世界社会主义出现严重曲折

3. 20世纪80年代末至90年代初，我们党面临一系列新情况、新问题，主要有（　　）。

A. 党所处的地位和环境发生了新的重大变化

B. 党所肩负的历史任务发生了新的重大变化

C. 党的自身状况发生了新的重大变化

D. 党的干部队伍整体都是好的

4. 20世纪80年代末至90年代初，党的干部队伍总体是好的，但在一些党员和干部中，还存在着不同程度的一些问题，主要表现在（　　）。

A. 思想僵化　B. 信念动摇　C. 道德滑坡　D. 腐败现象

5. 中国共产党历经革命、建设和改革历史进程，始终是（　　）。

A. 全国人民的主心骨　B. 坚强的领导核心

C. 始终走在时代前列　D. 始终肩负中华民族伟大复兴历史使命

6. 在我们党的奋斗和历程中，团结和带领全国各族人民取得的成就，不包括（　　）。

A. 实现民族独立和人民解放，建立新中国　B. 建立了社会主义制度

C. 开创了中国特色社会主义事业　D. 实现了中华民族伟大复兴梦

7. 中国共产党诞生以来，在中国革命、建设和改革的各个历史时期，之所以深得人民的拥护，是因为（　　）。

A. 总是代表中国先进生产力的发展要求

B. 代表中国先进文化的前进方向

C. 代表中国最广大人民的根本利益

D. 总是通过制定正确的路线方针政策，为实现国家和人民的根本利益而不懈奋斗

8. 中国作为世界上最大的社会主义国家，中国共产党面临长期的国际压力，这些压力包括（　　）。

A. 渗透与反渗透　B. 遏制与反遏制

C. 分裂与反分裂　D. 颠覆与反颠覆

9. 20世纪80年代末至90年代初，伴随改革开放和发展社会主义市场经济的进程，我国社会生活发生了广泛而深刻的变化，这些变化包括（　　）。

A. 社会经济成分的多样化进一步发展　B. 组织形式的多样化进一步发展

C. 利益分配的多样化进一步发展　D. 就业方式的多样化进一步发展

10. “三个代表”重要思想的核心观点包括（　　）。

A. 中国共产党始终代表中国先进生产力的发展要求

B. 中国共产党始终代表中国先进文化的发展方向

C. 中国共产党始终代表全体中国人的根本利益

D. 中国共产党始终代表中国最广大人民的根本利益

（三）问答题

1. 如何把握“三个代表”重要思想形成的社会历史条件？

2. 怎样准确把握“三个代表”重要思想的核心观点？

3. 如何理解“三个代表”重要思想的历史地位？

4. 为什么说始终做到“三个代表”是我们党的立党之本、执政之基、力量之源？

五、案例品评

【精选案例 1】

加强党的作风建设，保持共产党员先进性纯洁性

当前我党的某些干部：思想上不思进取，因循守旧，不认真学习理论，不用心汲取新知识，不深入思考新问题，思想僵化、吃老本，跟不上形势，甚至蜕化变质；工作上敷衍了事，马马虎虎，暮气沉沉，甚至碌碌无为；作风上官僚习气重，当官做老爷，办事讲排场，到处“作秀”；有的贪图享乐，奢侈浪费，品位不高，格调低下。面对很不安宁的世界，面对艰巨繁重的任务，全党同志一定要增强忧患意识，居安思危，清醒地看到日趋激烈的国际竞争带来的严峻挑战，清醒地看到前进道路上的困难和风险。

资料来源：《中国共产党第十六次全国代表大会关于十五届中央委员会报告的决议》

【思考题】

1. 中国共产党新时期必须解决好的两大历史性课题是什么？
2. 请结合材料说明这一历史性课题的成因。

【精选案例 2】

宁夏一位农民讲述切身体会：“三个代表”好

2002 年 8 月 14 日上午 11 时，宁夏回族自治区灵武市新华镇一位穿着朴素的农民走进本报驻宁夏记者站递上了一封信。在他关注的目光下，记者读完了他写的信。“现在不是都在讲实践‘三个代表’吗，我就是用切身体会来向你们并通过你们向社会说，‘三个代表’好。”看过了他写的信，听了这位农民的话，记者深感“三个代表”在基层、在普通干部群众中的震撼力。

送信人名叫朱荣，是家住宁夏回族自治区灵武市新华镇的普通农民。2002 年初，他 8 岁的孩子被诊断患了心脏病、肺动脉高压等病，数万元的手术治疗费对这个困难家庭来讲无疑是个天文数字。偏偏此时祸不单行，6 月 7 日的一场暴雨冲塌了他家的住房，4 亩农田中的小麦仅收回了种子。朱荣在信中写道：“天灾人祸难免，党和政府有情。6 月 8 日，暴雨还在下，新华镇镇长杜岐水就带着镇干部挨村查看灾情，一边查排隐患，一边将受灾情况上报。第二天，灵武市委书记纪峥和市长刘继国到我临时居住处看望我一家人，送来了 800 元慰问金，鼓励我全家树立起对生活的信心。接着，市民政部门从紧张的资金中挤出 16 000 元给我，用来为我 8 岁的儿子做心脏手术。恩比天高啊！我这个做父亲的眼巴巴看着孩子有病没钱治，是共产党的干部想到了为我的孩子治病。如今，我儿子已在宁夏最好的医院接受了手术治疗，很快就要出院，我该如何感激党、感激这些为咱百姓做事的好干部啊？”朱荣向记者再三表示，“有这样的干部是新华镇百姓的福分，党的干部都像他们这样把‘三个代表’落实在行动上，百姓们的日子就会一天更比一天好”。

资料来源：《人民日报》，2002 年 8 月 18 日，第一版

【思考题】

1. 这位农民为什么说“三个代表”好？
2. 通过以上材料总结我们党的历史，可以得出一个重要的结论，你认为这个结论是什么？
3. 在日常的学习和生活中应当怎样以实际行动践行“三个代表”重要思想？

六、名人名言名句

领导我们事业的核心力量是中国共产党，指导我们思想的理论基础是马克思列宁主义。

——毛泽东

我们共产党人好比种子，人民好比土地，我们到了一个地方，就要同那里的人民结合起来，在人民

中间生根、开花、结果。

——毛泽东

我们的共产党和共产党所领导的八路军、新四军，是革命的队伍。我们这个队伍完全是为着解放人民的，是彻底地为人民的利益工作的。

——毛泽东

党指挥枪而不是枪指挥党。

——毛泽东

我死以后，把我的骨灰送到家乡……把它埋了，上头种一棵苹果，让我最后报答家乡的土地，报答父老乡亲。

——彭德怀

人民不仅有权爱国，而且爱国是义务，是一种光荣。

——徐特立，《怎样实施爱国主义教育》

锦绣河山收拾好，万民尽作主人翁。

——朱德，《寄南征诸将》

革命理想，不是可有可无的点缀品，而是一个人生命的动力，有了理想，就等于有了灵魂。

——吴运铎

忠诚印寸心，浩然充两间。

——蔡和森

英雄非本类，不洒敌人前，男儿七尺躯，愿为祖国捐。

——陈　辉

真理气壮，永远不怕真理，勇敢的拥护真理，把真理告诉别人，为真理而战斗。

——刘少奇

没有调查就没有发言权。

——毛泽东

历史的发展是不以人的意志为转移的。

——毛泽东

人生三原则：一，自己不贪；二，别人不送；三，敢把厚脸皮的上司熟人挡回去。

——彭德怀

人生应该如蜡烛一样，从顶燃到底，一直都是光明的。

——萧楚女

愿与人民同患难，誓拼热血固神州。

——朱　德

我是中国人民的儿子，我深情地爱着我的祖国和人民。

——邓小平

常怀忧党之心，恪尽兴党之责。

——胡锦涛

人民对美好生活的向往，就是我们的奋斗目标。

——习近平

七、实践项目

实践项目一

采访你身边的一位老党员

【目标要求】

采访身边的一位老党员，了解他（她）何时入党、为了什么入党，工作生活中如何不忘初心，体现党性和坚守党性。通过自己身边真实朴素的人物呈现，理解“三个代表”重要思想的时代价值和意义。

【活动方案】

寻访对象确定、采访问题准备、采访方式（电话连线或现场直接采访）选择、采访时间地点商定、采访所需工具准备。

【活动评价】

采访记录（录音、录像）、撰写心得体会。

实践项目二

辩论比赛——传统文化的传承与创新哪个更重要？

【目标要求】

通过开展辩论比赛活动，一是让同学们学会搜集资料，提高信息处理能力；二是锻炼学生的胆量；三是通过此次活动，达到大力弘扬中华民族优秀传统文化的目的。

【活动方案】

1. 准备工作

（1）利用课外时间以班级为单位组织 4 人辩论队并确定活动主持人。（2）对辩论队员及主持人进行培训。（3）公布辩题并抽签决定正方、反方。（4）辩论队搜集相关资料并准备辩论材料。（5）主持人完成主持词并熟悉活动程序。

2. 辩论比赛活动

（1）时间：上课时间 2 课时 。（2）地点：多媒体教室。（3）辩论赛比赛（由主持人根据比赛程序组织）。（4）点评：抽取同学点评，最后由任课老师点评及总结。

【活动评价】

通过同学们参与程度、团队合作、现场表现、时间把握四个方面给学生综合评价。

八、学习延伸

1. 学习《在庆祝中国共产党成立八十周年大会上的讲话》（《江泽民文选》第三卷，人民出版社，2006 年版）。

2. 学习《“三个代表”重要思想学习纲要》（中共中央宣传部，学习出版社，2003 年版）。

九、相关链接

1. “三个代表”重要思想，即中国共产党始终代表中国先进生产力的发展要求、中国先进文化的前进方向、中国最广大人民的根本利益，是我们党的立党之本、执政之基、力量之源。

2. 代表中国先进生产力的发展要求，就是党的理论、路线、纲领、方针、政策和各项工作，必须努力符合生产力发展的规律，体现不断推动社会生产力的解放和发展的要求，尤其要体现推动先进生产力发展的要求，通过发展生产力不断提高人民群众的生活水平。

3. 代表中国先进文化的前进方向，就是党的理论、路线、纲领、方针、政策和各项工作，必须努力体现发展面向现代化、面向世界、面向未来的，民族的、科学的、大众的、社会主义文化的要求，促进全民族思想道德素质和科学文化素质的不断提高，为中国经济发展和社会进步提供精神动力和智力支持。

4. 代表中国最广大人民的根本利益，就是党的理论、路线、纲领、方针、政策和各项工作，必须坚持把人民的根本利益作为出发点和归宿，充分发挥人民群众的积极性主动性创造性，在社会不断发展进步的基础上，使人民群众不断获得切实的经济、政治、文化利益。

参考答案

一、重点难点测试

（一）单项选择题

1. D 2. A 3. D 4. A 5. B 6. D 7. D 8. B 9. D

（二）多项选择题

1. ABCD 2. BCD 3. ABC 4. ABCD 5. ABCD 6. ABC 7. ABCD 8. ABCD 9. ABCD 10. ABD

（三）问答题

1. 答案要点：第一，就国际形势来分析，一方面，20 世纪 80 年代末 90 年代初，东欧剧变、苏联解体，世界社会主义事业出现严重曲折，国际共产主义运动遭受重大挫折，使得世界范围内社会主义信仰出现严重危机！另一方面，霸权主义和强权政治通过西方价值观渗透影响和改变青年人，妄图达到遏制、分裂和颠覆我社会主义制度的目的。中国作为当今世界上最大的社会主义国家，我党面临长期严峻的国际压力。第二，就国内形势来看：我国社会主义事业的发展也面临空前巨大的困难和压力。随着改革开放和社会主义市场经济的发展，社会经济成分、组织形式、就业方式、利益关系和分配方式日益多样化，利益关系更加复杂。相对计划经济时代，社会矛盾变得多样化、复杂化。如何协调解决好复杂多样的社会矛盾，保证社会平稳发展，考验着执政党的能力和水平。第三，就当时执政党自身情况而言，党所处的地位和环境、党所肩负的历史任务、党的自身状况都发生了新的重大变化。尽管党的干部队伍总体是好的，但一些党员和干部中还存在不同程度的思想僵化、信念动摇、道德滑坡、组织涣散和腐败现象，严重损害执政党立党为公、执政为民的形象，严重影响了执政党的号召力、凝聚力。

总之，我们党和国家又一次处在了决定其前途命运的重大历史关头！

2. 答案要点：第一，“三个代表”重要思想的核心观点是“中国共产党必须始终代表中国先进生产力的发展要求，代表中国先进文化的前进方向，代表中国最广大人民的根本利益。”第二，中国共产党始终代表中国先进生产力的发展要求。广大工人、农民、知识分子是中国先进生产力发展的根本力量，满足中国先进生产力的发展要求就要制定和实施正确的路线方针政策；满足中国先进生产力的发展要求就要不断完善生产关系和上层建筑，满足中国先进生产力发展要求就要不断为生产力发展打开更广阔的通道。第三，中国共产党始终代表中国先进文化的前进方向。中国先进文化的前进方向是面向现代化、面向世界、面向未来的、民族的、科学的、大众的社会主义文化，中国共产党始终代表中国先进文化的前进方向，就要弘扬民族精神；中国共产党始终代表中国先进文化前进方向，就要加强社会主义思想道德建设；中国共产党始终代表中国先进文化前进方向，就要引领和践行社会主义核心价值观。第四，中国共产党始终代表中国最广大人民的根本利益。中国共产党的全部任务和责任就是为实现最广大人民群众的根本利益而奋斗，中国共产党始终坚持人民的利益高于一切，中国最广大人民的根本利益是幼有所育、学有所教、劳有所得、病有所医、老有所养、住有所居。

3. 答案要点：第一，中国特色社会主义理论体系的接续发展。第二，加强和改进党的建设，推进中国特色社会主义事业的强大理论武器。

4. 答案要点：“三个代表”重要思想揭示了我们的立党之本，进一步回答了建设一个什么样的党，怎样建设党的问题；“三个代表”重要思想揭示了我们的执政之基，进一步回答了党应该怎样执政的问题；“三个代表”重要思想揭示了我们的力量之源，进一步回答了怎样保持先进性和生命力，始终走在时代前列的问题。

二、案例品评

【精选案例 1】

1. 答案要点：新时期中共必须解决好的两大历史性课题是，进一步提高党的领导水平和执政能力、提高拒腐防变和抵御风险的能力。

2. 答案要点：新时期，党所处的地位和环境、党所肩负的历史任务、党的自身状况，都发生了新的重大变化。这一时期，正值我们党的队伍进入整体性交接的关键时刻，大批年轻干部走上了各级领导岗位。尽管党的干部队伍总体是好的，但在一些党员干部中，还存在不同程度的思想僵化、信念动摇、道德滑坡、组织涣散、腐败现象。党员领导干部中违法乱纪、腐化堕落案件时有发生。

【精选案例2】

1. 答案要点：这位农民之所以说“三个代表”好，是因为他切身体会到党对自己的关怀。

2. 答案要点：我们党之所以赢得人民的衷心拥护，是因为我们党始终代表中国最广大人民群众的根本利益。

3. 答案要点：一是要认真学习、深刻领会毛泽东思想和中国特色社会主义理论体系，认真学习江泽民总书记“七一”讲话中关于青年的专门论述，增强“中国特色社会主义建设者和接班人”责任感和使命感，牢记党和人民的重托，树立远大的共产主义理想，坚定走有中国特色社会主义道路的信念。二是要以“三个代表”重要思想为指导，不断加强自身建设。青年大学生应认清自己肩负的历史重任，增强紧迫感和使命感，努力学习、积极工作，有所作为，成为中国先进生产力的开拓者、先进文化的弘扬者和人民利益的维护者。

第七章　科学发展观

一、学习目的和要求

通过本章的学习，使学生了解和掌握科学发展观的形成、科学内涵和主要内容及其历史地位等基本知识和基本理论；领会和体会科学发展观是在怎样特定的历史条件下，面临怎样的亟待需要解决的时代问题；正确运用这些基本观点分析社会现象或实际问题。

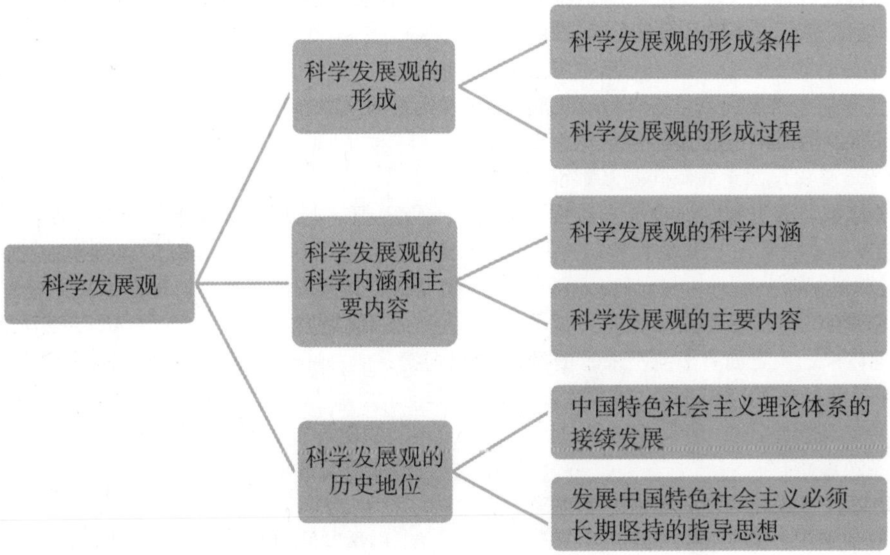

图 7－1　思维导图

二、学习重点

1. 科学发展观的形成条件。
2. 科学发展观的科学内涵和主要内容。

三、学习难点

科学发展观的科学内涵和主要内容。

四、重点难点测试

（一）单项选择题

1. 进入新世纪新阶段，中国特色社会主义事业进入了发展的特殊时期，下面说法不正确的是（　　）。

A. 关键期　　B. 改革攻坚期
C. 改革平稳期　　D. 矛盾凸显期

2. 中国特色社会主义事业进入新世纪新阶段，经济社会发展呈现一系列新的阶段性特征。关于这些特征，下面描述不正确的是（　　）。
A. 自主创新能力不强，粗放型增长方式尚未根本改变
B. 收入分配差距拉大趋势还未根本扭转
C. 城乡、区域发展差距问题基本解决
D. 改革攻坚面临深层次矛盾和问题

3. 中国特色社会主义事业进入新世纪新阶段，经济社会发展呈现一系列新的阶段性特征。关于这些特征，下面描述不正确的是（　　）。
A. 自主创新能力较强，粗放型增长方式得到根本改变
B. 收入分配差距拉大趋势还未根本扭转
C. 城乡贫困人口、低收入人口相当数量
D. 农业基础薄弱、农村发展滞后的局面尚未改变

4. 中国特色社会主义事业进入新世纪新阶段，经济社会发展呈现一系列新的阶段性特征。关于这些特征，下面描述不正确的是（　　）。
A. 自主创新能力不强，粗放型增长方式尚未根本改变
B. 收入分配差距拉大趋势还未根本扭转
C. 农业基础薄弱、农村发展滞后局面尚未改变
D. 改革攻坚深层次矛盾和问题基本得到解决

5. 长期以来，人类创造了前所未有的经济增长成就，但一些国家发展遇到了这样那样的问题，这些问题不包括（　　）。
A. 经济结构失衡　　B. 人口膨胀
C. 能源资源紧张　　D. 生态环境恶化

6. 长期以来，人类创造了前所未有的经济增长成就，但一些国家发展遇到了这样那样的问题，这些问题不包括（　　）。
A. 资源能源缓解　　B. 两极分化
C. 生态环境恶化　　D. 社会腐败

7. 对科学发展观的科学内涵描述不正确的是（　　）。
A. 科学发展观，第一要义是发展　　B. 科学发展观，核心立场是以人为本
C. 科学发展观，基本要求是高速增长　　D. 科学发展观，根本方法是统筹兼顾

8. 科学发展观第一要义是发展。关于实现经济社会科学发展问题，下面说法中错误的是（　　）。
A. 正确处理好发展“好”与“快”的辩证关系
B. 加快经济发展速度
C. 把资源节约型、环境友好型社会作为重要着力点
D. 把保障和改善民生作为根本出发点和落脚点

9. 科学发展观，在特定的历史条件下，面临的亟待需要解决的时代问题是（　　）。
A. 什么是社会主义、如何建设社会主义　　B. 建设什么样的党、如何建设党
C. 发展为了谁、如何发展　　D. 其他

（二）多项选择题

1. 进入新世纪新阶段，中国特色社会主义事业进入了发展的（　　）。
A. 关键期　　B. 改革攻坚期
C. 改革平稳期　　D. 矛盾凸显期

2. 中国特色社会主义事业进入新世纪新阶段，经济社会发展呈现一系列新的阶段性特征，主要是（　　）。

A. 自主创新能力不强，粗放型增长方式尚未根本改变
B. 收入分配差距拉大趋势还未根本扭转
C. 城乡、区域发展差距问题基本得到解决
D. 改革攻坚面临深层次矛盾和问题

3. 中国特色社会主义事业进入新世纪新阶段，经济社会发展呈现一系列新的阶段性特征，主要是（　　）。
A. 自主创新能力较强，粗放型增长方式得到根本改变
B. 收入分配差距拉大趋势还未根本扭转
C. 城乡贫困人口、低收入人口还有相当数量
D. 农业基础薄弱、农村发展滞后局面尚未改变

4. 中国特色社会主义事业进入新世纪新阶段，经济社会发展呈现一系列新的阶段性特征，主要是（　　）。
A. 自主创新能力不强，粗放型增长方式尚未根本改变
B. 收入分配差距拉大趋势还未根本扭转
C. 农业基础薄弱、农村发展滞后局面尚未改变
D. 改革攻坚深层次矛盾和问题基本得到解决

5. 长期以来，人类创造了前所未有的经济增长成就，但一些国家发展遇到了这样那样的问题，主要是（　　）。
A. 经济结构失衡　　B. 社会发展滞后
C. 能源资源紧张　　D. 生态环境恶化

6. 进入新世纪，推动经济社会（　　）成为世界各国共同关注的重大问题。
A. 强劲　　B. 可持续
C. 平衡增长　　D. 快速增长

7. 科学发展观的科学内涵包括（　　）。
A. 科学发展观，第一要义是发展　　B. 科学发展观，核心立场是以人为本
C. 科学发展观，基本要求是全面协调可持续　　D. 科学发展观，根本方法是统筹兼顾

8. 中国特色社会主义理论体系包括（　　）。
A. 邓小平理论　　B. “三个代表”重要思想
C. 科学发展观　　D. 习近平新时代中国特色社会主义思想

（三）问答题

1. 如何理解科学发展观形成发展的社会历史条件？
2. 如何把握科学发展观的科学内涵和精神实质？
3. 如何理解科学发展观的历史地位和指导意义？

五、案例品评

【精选案例 1】

材料 1：我国资源总量很大，但是人均资源占有量相对不足，使资源、能源成为我国经济持续增长的严重制约。

材料 2：2005 年我国经济总量占世界 4.4%，但原油消耗占世界 7.3%，原煤 31%，钢材 27%，水泥 40%，表明我国资源利用水平低，浪费严重；单位产值的资源、能源消耗量远远高于世界平均水平；使我国资源、能源和环境问题更加严重。

材料 3：由于资源利用水平低，浪费严重，所以造成了严重的环境污染和生态破坏，使我国经济增长付出了过高的、难以承受的资源成本和环境代价。

材料 4：1980 年至 2000 年中国的经济总量翻了两番，但是资源、能源消耗只翻了一番，特别是 20

世纪 90 年代，我国能源自给率始终在 90% 以上，表明我国既是世界性的能源、资源消费大国，又是生产大国，为人类可持续发展做出了重大贡献，所谓的“中国资源威胁论”是没有根据的。

材料 5：前几年我国能源性企业、行业发展过快、过热，近两年片面追求投资，追求外贷、追求出口，甚至追求房地产经济扩张又重新抬头，表明粗放型增长问题依然很严重，使我国的资源、能源、环境问题更为严重，雪上加霜，难以为继。

材料 6：2004 年的绿色指标考核报告表明当年主要的环境损失占 GDP 的 3. 05% 。

材料 7：20 世纪 90 年代以来，我国经济增长中的科技贡献率不断提高；机电产品出口的比例不断增加；研发经费迅速增长，2006 年达到 1360 亿美元，已经成为世界第二；在校大学生多年保持在 1400 万左右，每年毕业的工程技术人员 100 万左右；世界各国科技贡献率平均为 45% 左右，创新型国家的主要标志是科技贡献率 70% 以上，研发经费占 GDP 的 2% 以上，科技依赖率 30% 以下。从而表明，近年来我国按照科学发展观要求，落实科教兴国战略，转变发展观念，创新发展模式，提高发展质量初见成效，经济增长开始转到依靠科技进步和提高劳动者素质上来。但是，总体上科技贡献率低于世界平均水平，与创新型国家存在很大差距。

【思考题】

1. 资源节约型社会的内涵及增长方式转变要处理好的三大关系是什么?
2. 分析新型工业化与科学发展观的内在联系。
3. 分析增长方式转变与科学发展观的内在联系。
4. 分析建设资源节约型、环境友好型社会与科学发展观的内在联系。
5. 分析建设资源节约型、环境友好型社会与构建和谐社会的内在联系。

【精选案例 2】

材料 1：西部欠发达地区幅员辽阔、资源丰富，具有后发优势，但西部欠发达地区经济社会发展长期滞后，表现在产业结构的比较效益差；基础设施建设滞后；城市化进程缓慢，新农村建设遇到瓶颈问题；区域内的经济社会发展不平衡。总之，资源环境保护与经济社会发展的矛盾是西部发展的主要矛盾。

材料 2：恩格斯 1876 年在《劳动在从猿到人的转变中的作用》一文中，写下了生态危机观和科学发展观萌芽思想的哲学名言：“我们不要过分陶醉于我们对自然界的胜利。对于每一次这样的胜利，自然界都对我们进行报复。因此，我们必须在每一步都记住：我们统治自然界，决不能像征服者统治异民族那样，决不同于站在自然界以外的某一个人，相反，我们连同肉、血和脑都是属于自然界并存在于其中的，我们对自然界的全部支配力量就是我们比其他一切生物强，能够认识和正确运用自然规律。”

材料 3：科学发展观继承和发展了马克思主义关于人民群众是历史发展的主体和“人的自由全面发展”的思想，强调以人为本，将实现好、维护好、发展好最广大人民的根本利益作为工作的出发点和落脚点，进一步回答了“为谁发展?”和“靠谁发展?”的根本问题。明确要求把人民群众作为经济社会发展的价值主体，牢固树立人民群众在发展中的主体地位，始终坚持尊重人、关心人、理解人、爱护人、解放人、发展人；使全体人民共享改革发展成果，营造全体人民充分发挥聪明才智的社会环境，把满足人民群众日益增长的物质文化需要和促进人的全面发展作为经济社会发展的目的和归宿。

【思考题】

1. 请概括科学发展观的基本含义。
2. 根据材料 3，谈谈为什么科学发展必须坚持以人为本?
3. 根据材料 1 和材料 2，分析科学发展观的基本要求。

六、名人名言名句

中国一切政党的政策及其实践在中国人民中所表现的作用的好坏、大小，归根到底，看它对于中国人民的生产力的发展是否有帮助及其帮助之大小，看它是束缚生产力的，还是解放生产力的。

——毛泽东《论联合政府》，《毛泽东选集》第 2 版，第 3 卷第 1079 页我们不能走世界各国技术发展的老路，跟在别人后面一步一步地爬行。我们必须打破常规，尽量采用先进技术，在一个不太长的历史时期内，把我国建设成为一个社会主义的现代化的强国。

——毛泽东《把我国建设成为社会主义的现代化强国》，《毛泽东文集》，第 8 卷第 341 页

现代化建设的任务是多方面的，各个方面需要综合平衡，不能单打一。但是说到最后，还是要把经济建设当作中心。离开了经济建设这个中心，就有丧失物质基础的危险。

——邓小平《目前的形势和任务》，《邓小平文选》，第 2 卷第 250 页

七、实践项目

实践项目一

在科学发展观的指导下，青年大学生树立正确的学习观、就业观、恋爱观调查（任选一个方向）

【目标要求】

了解周围大学生对学习、就业、恋爱的认识、看法及态度，并提出正确的学习观、就业观、恋爱观，通过这些具体现实的题材体验，理解和落实科学发展观。

【活动方案】

1. 时间：利用课余时间开展调查问卷工作（大约两周时间）
2. 地点：校园内
3. 对象：本校一年级学生
4. 组织：每 5—8 名同学组成一个调研小组，协调分工合作
5. 流程：（1）设计调查问卷：问卷设计 10 道题目；问卷编写须有针对性；采用单项选择题，每道题的选项为 2—4 个选项。（2）发放调查问卷：准备 100 份问卷，无记名填写。（3）统计问卷结果。（4）问卷分析讨论。（5）撰写调研报告。

【活动评价】

活动结果：撰写调研报告

实践项目二

在科学发展观的指导下，我的家乡在建设中贯彻和落实科学发展观的情况调查

【目标要求】

对自己的家乡在环境保护、乡村治理、文化建设、经济建设等方面展开一次全方位的调查。通过调查，了解家乡是如何贯彻和落实科学发展观的。这是当代大学生“践行科学发展观，聚焦国情民生”有意义的社会实践活动。

【活动方案】

1. 调查对象：家乡的父老乡亲
2. 调查时间：假期
3. 调查地点：家乡
4. 调查方案：抽样调查和个案调查（问卷和访谈）相结合
5. 调查资料的收集与分析

【活动评价】

活动结果：撰写调研报告

八、学习延伸

1. 阅读《准确把握科学发展观的深刻内涵和基本要求》（《胡锦涛文选》，人民出版社，2016 年版）
2. 阅读《把科学发展观贯穿于发展的整个过程和各个方面》（《胡锦涛文选》，人民出版社，2016

年版）

九、相关链接

1. 科学发展观的第一要义是发展，核心是以人为本，基本要求是全面协调可持续，根本方法是统筹兼顾。

2. 第一要义是发展，是指我们党要牢牢扭住经济建设这个中心，坚持聚精会神搞建设、一心一意谋发展，不断解放和发展社会生产力；更好实施科教兴国战略、人才强国战略、可持续发展战略；对内实现和谐发展，对外维护世界和平与和平发展。

3. 以人为本就是全心全意为人民服务，是我们党的根本宗旨。党的一切奋斗和工作都是为了造福人民。要始终把实现好、维护好、发展好最广大人民的根本利益作为党和国家一切工作的出发点和落脚点，尊重人民主体地位，发挥人民首创精神，保障人民各项权益，走共同富裕道路，促进人的全面发展，做到发展为了人民、发展依靠人民、发展成果由人民共享。

4. 全面协调可持续发展是指经济建设、政治建设、文化建设、社会建设，各个环节、各个方面相协调；生产关系与生产力、上层建筑与经济基础相协调；实现速度和结构质量效益相统一；经济发展与人口资源环境相协调；使人民在良好生态环境中生产生活，实现经济社会永续发展。

5. 统筹兼顾是指统筹城乡发展、区域发展、经济社会发展、人与自然和谐发展、国内发展和对外开放。要树立世界眼光，加强战略思维，善于从国际形势发展变化中把握发展机遇、应对风险挑战，营造良好的国际环境。

参考答案

一、重点难点测试

（一）单项选择题

1. C　2. C　3. A　4. D　5. C　6. A　7. C　8. A　9. B

（二）多项选择题

1. ABD　2. ABD　3. BCD　4. ABC　5. ABCD　6. ABC　7. ABCD　8. ABCD

（三）问答题

1. 答案要点：（1）科学发展观是在深刻把握我国基本国情和新的阶段性特征的基础上形成和发展的。进入新世纪新阶段，我国进入发展关键期、改革攻坚期和矛盾凸显期，经济社会发展呈现一系列新的阶段性特征，一是经济实力显著增强，同时生产力水平总体上还不高，自主创新能力还不强，长期形成的结构性矛盾和粗放型增长方式尚未根本改变；二是影响发展的体制机制障碍依然存在，改革攻坚面临深层次矛盾和问题；三是收入分配差距拉大趋势还未根本扭转；四是农业农村发展滞后局面尚未改变；五是民主法治建设与经济社会发展的要求还不完全适应；六是人民日益增长的文化需求对社会主义文化建设提出更高要求；七是社会治理面临诸多新课题；八是国际竞争日趋激烈，对对外开放提出更高要求。

（2）科学发展观是在深入总结改革开放以来特别是党的十六大以来实践经验基础上形成和发展的。十六大以来，我们党领导人民紧紧抓住机遇，成功应对国际金融危机严重冲击，在全球率先实现经济企稳回升，妥善处置一系列重大突发事件，奋力把中国特色社会主义事业推进新的发展阶段。

（3）科学发展观是在深刻分析国际形势、顺应世界发展趋势、借鉴国外发展经验基础上形成和发展的。一方面，进入新世纪，世界处在大发展大变革大调整之中。和平和发展依然是时代主题，世界多极化不可逆转，经济全球化深入发展，科技革命加速推进，各国依存度逐步加深，大国关系深刻变动，国际力量对比朝有利于和平方向发展。但是，我国发展的外部环境复杂多变，我们要善于从国家国内因素的发展变化中把握发展全局。另一方面，长期以来人类创造了前所未有的经济增长成就，但由于单纯追求经济增长或者照搬别国发展模式，一些国家发展遇到了这样那样的问题，比如经济结构失衡、能源资源紧张、生态环境恶化、两极分化、社会腐败、政治动荡等。推动强劲、可持续、平衡增长成为世界各国共同关注的重大问题。

2. 答案要点：科学发展观的第一要义是发展，核心立场是以人为本，基本要求是全面协调可持续，根本方法是统筹兼顾。发展是党执政兴国的第一要务。发展，对于全面建设小康社会、加快推进社会主义现代化建设具有决定性意义。要牢牢扭住经济建设这个中心，坚持聚精会神搞建设、一心一意谋发展，不断解放和发展社会生产力。更好地实施科教兴国战略、人才强国战略、可持续发展战略，着力把握发展规律，创新发展理念，转变发展方式，破解发展难题，提高发展质量和效益，促进国民经济又好又快发展，为发展中国特色社会主义打下坚实的基础。以人为本是核心。全心全意为人民服务是党的根本宗旨，党的一切奋斗和工作都是为了造福人民。要始终把实现好、维护好、发展好最广大人民的根本利益作为党和国家一切工作的出发点和落脚点，尊重人民主体地位，发挥人民首创精神，保障人民各项权益，走共同富裕道路，促进人的全面发展，做到发展为了人民、发展依靠人民、发展成果由人民共享。全面协调可持续发展是基本要求。要按照中国特色社会主义事业总体布局，全面推进经济建设、政治建设、文化建设、社会建设，促进现代化建设各个环节、各个方面相协调，促进生产关系与生产力、上层建筑与经济基础相协调。坚持生产发展、生活富裕、生态良好的文明发展道路，建设资源节约型、环境友好型社会，实现速度、结构、质量和效益相统一，经济发展与人口资源环境相协调，使人民在良好的生态环境中生产生活，实现经济社会永续发展。统筹兼顾是根本方法。要正确认识和妥善处理中国特色社会主义事业中的重大关系，统筹城乡发展、区域发展、经济社会发展、人与自然和谐发展、国内发展和对外开放，统筹中央和地方关系，统筹个人利益和集体利益、局部利益和整体利益、当前利益和长远利益，充分调动各方面积极性。统筹国内国际两个大局，树立世界眼光，加强战略思维，善于从国际形势发展变化中把握发展机遇、应对风险挑战，营造良好国际环境。既要总揽全局、统筹规划，又要抓住牵动全局的主要工作、事关群众利益的突出问题，着力推进，重点突破。

3. 答案要点：科学发展观是中国特色社会主义理论体系的接续发展。这一重大战略思想坚持马克思主义立场观点方法，用一系列相互联系、相互贯通的新思想、新观点、新论断，进一步系统地回答了什么是发展、为什么发展和怎样发展的重大问题，深化了对中国特色社会主义发展目的、发展理念、发展方式、发展动力以及发展布局、发展战略、发展道路的认识，赋予马克思主义关于发展的理论以新的时代内涵，为中国特色社会主义理论体系增添了新的内容，表明我们党在推进马克思主义中国化方面达到了一个新的高度。科学发展观是中国特色社会主义必须长期坚持的指导思想。科学发展观是我国经济社会发展的重要指导方针和发展中国特色社会主义必须坚持和贯彻的重大战略思想。在科学发展观的指导下，我们党提出了构建社会主义和谐社会的重大战略任务，进一步形成了中国特色社会主义经济建设、政治建设、文化建设、社会建设“四位一体”的总体布局，丰富和完善了中国特色社会主义发展道路、发展模式、发展战略。在新的发展阶段，深入贯彻落实科学发展观，是对邓小平理论和“三个代表”重要思想的最好坚持，也是对中国特色社会主义理论体系的最好实践。

二、案例品评

【精选案例 1】

1. 答案要点：资源节约型社会是指在生产、流通、消费等领域，通过采取法律、经济和行政等综合性措施，提高资源利用效率，以最少的资源消耗获得最大的经济和社会收益，保障经济社会可持续发展。建设资源节约型社会，其目的在于追求更少资源消耗、更低环境污染、更大经济和社会效益，实现可持续发展。增长方式转变要处理好的三大关系：第一，数量和质量；第二，速度和效率；第三，依靠资源、能源消耗和依靠科技进步，提高劳动者素质的关系。核心是速度和效率的关系。

2. 答案要点：第一，科学发展观是指导思想，以人为本的、全面的、协调的、可持续的发展观，本身就包含着新型工业化“科技含量高、经济效益好”等方面的主要内容和基本要求。第二，新型工业化是落实科学发展观的具体实践，科技含量高、经济效益好、资源消耗低、环境污染少等，与全面、协调、可持续的发展观是完全一致的；新型工业化强调“人力资源优势充分发挥”，直接体现了以人为本的发展观。

3. 答案要点：第一，科学发展观是指导思想，以人为本的，全面的、协调的、可持续的发展观，本身就包含了增长方式转变的主要内容和基本要求，就是要从数量型经济转向质量型经济，实现又好又快的经济增长。第二，增长方式转变是落实科学发展观的具体实践，从追求投入、追求数量扩张转到以效益和质量为中心的轨道上来，转到依靠科技进步和提高劳动者素质上来，也就是从“高投入、高消耗、高污染、低效益”转向“低投入、低消耗、低污染、高效益”，是落实科学发展观的具体实践，与又好又快的科学发展的基本要求是完全一致的。

4. 答案要点：第一，科学发展观是指导思想，以人为本，全面的、协调的、可持续的发展观，本身就包含了建设资源节约型、环境友好型社会的主要内容和基本要求。第二，建设资源节约型、环境友好型社会是落实科学发展观的具体实践，建设资源节约型、环境友好型社会以节约资源，提高资源利用率为核心，建设环境友好型社会以人与自然和谐相处为根本目标，与全面、协调、可持续的发展观是完全一致的。

5. 答案要点：第一，和谐社会建设是行动纲领，和谐社会最根本的是两大和谐，一个是人与人的和谐，一个是人与自然的和谐，人与自然的和谐本身就包含了资源节约型、环境友好型社会的主要内容和基本要求。第二，建设资源节约型、环境友好型社会是落实和谐社会行动纲领的具体实践，节约资源，提高资源利用率，建设生态、保护环境，目的就是为了达到人与自然和谐相处，为构建和谐社会创造环境和生态条件，使人们在优美的环境中工作、学习和生活。

【精选案例2】

1. 答案要点：科学发展观第一要义是发展，核心立场是以人为本，基本要求是全面协调可持续，根本方法是统筹兼顾。

2. 答案要点：科学发展观必须坚持以人为本，一是符合马克思主义的历史唯物主义观点；二是解决了发展的目的和实质问题；三是发展必须以最广大人民的根本利益为本；四是发展为了人民，发展依靠人民，发展成果由人民共享。

3. 答案要点：科学发展观的基本要求是全面协调可持续。

下篇　习近平新时代中国特色社会主义思想

第八章　习近平新时代中国特色社会主义思想及其历史地位

一、学习目的和要求

通过本章的学习，使学生理解习近平新时代中国特色社会主义思想孕育的背景，使学生切实领会这一思想的主要开创性内容及其开辟马克思主义理论新境界的贡献、当代意义。

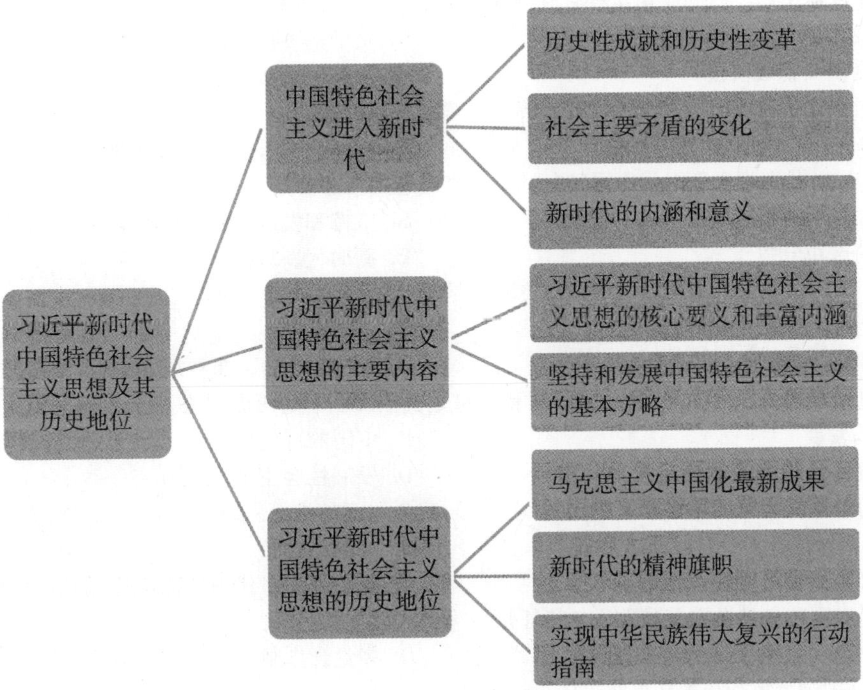

图 8－1　思维导图

二、学习重点

1. 我国进入新时代，社会主要矛盾的变化。
2. 新时代的内涵和意义。
3. 习近平新时代中国特色社会主义思想的历史地位。

三、学习难点

1. 社会主要矛盾的变化。
2. 习近平新时代中国特色社会主义思想的主要内容。

四、重点难点测试

（一）单项选择题

1. 党的（　　）以来，以习近平为核心的党中央以巨大的政治勇气和强烈的责任担当，提出一系列新理念新思想新战略。

A. 十五大　　B. 十八大　　C. 十九大　　D. 十七大

2. 党的十九大明确指出，我国社会主要矛盾已经转化为（　　）。

A. 人民对于建立先进的工业国的要求同落后的农业国的现实之间的矛盾
B. 人民日益增长的物质文化需要同落后的社会生产之间的矛盾
C. 人民日益增长的美好生活需要和不平衡不充分的发展之间的矛盾
D. 人民日益增长的物质文化和不平衡不充分的发展之间的矛盾

3. 我国社会主要矛盾的变化，没有改变我国的基本国情，依然是（　　）。

A. 落后的社会生产力　　B. 贫穷的发展中国家
C. 社会主义初级阶段　　D. 世界上最大的发达国家

4. 我国积极建设取得重大成就，对世界经济增长贡献率超过（　　）。

A. 50%　　B. 10%　　C. 40%　　D. 30%

5. （　　）是习近平新时代中国特色社会主义思想的核心要义。

A. 走中国自己的道路　　B. 坚持和发展中国特色社会主义
C. 坚持改革开放　　D. 新时代新思想

6. （　　）是马克思主义中国化的新飞跃，是 21 世纪的马克思主义。

A. 习近平新时代中国特色社会主义　　B. 毛泽东思想
C. 邓小平理论　　D. “三个代表”重要思想

7. 经过长期努力，（　　）进入了新时代，这是我国发展新的历史方位。

A. 中国发展　　B. 中国的现代化
C. 中国特色社会主义　　D. 发展社会主义生产力

8. 党的十九大通过的党章修正案，把（　　）确立为党的指导思想。

A. 邓小平理论　　B. 马克思主义
C. 毛泽东思想　　D. 习近平新时代中国特色社会主义思想

9. 明确中国特色社会主义最本质的特征是（　　）领导。

A. 中国人民　　B. 中国共产党　　C. 多党合作制　　D. 中国军队

10. 明确中国特色社会主义事业总体布局是（　　）。

A. “四个全面”　　B. “五位一体”　　C. “八个明确”　　D. “十四个坚持”

（二）多项选择题

1. （　　）坐标，（　　）是灵魂，（　　）是底色。

A. 新时代　　B. 新中国　　C. 新思想　　D. 强起来

2. 中国特色社会主义，是统揽（　　）的社会主义。

A. 伟大斗争　　B. 伟大工程　　C. 伟大事业　　D. 伟大梦想

3. 中国特色社会主义理论体系的组成部分不包括（　　）。

A. 毛泽东思想　　B. “三个代表”重要思想
C. 马克思主义　　D. 习近平新时代中国特色社会主义思想

4. 坚持新发展理念，必须坚定不移贯彻（　　）的发展理念。
A. 创新　　B. 协调　　C. 绿色　　D. 开放
E. 共享

5. “四个自信”是指（　　）。
A. 道路自信　　B. 理论自信　　C. 制度自信　　D. 文化自信

6. 习近平新时代中国特色社会主义思想，最重要最核心的内容可以概括为（　　），新时代中国特色社会主义可以概括为（　　）。
A. “一国两制”　　B. “八个明确”　　C. “十四个坚持”　　D. “八项规定”

7.（　　），东西南北中，党是领导一切的。
A. 党　　B. 政　　C. 军　　D. 民
E. 学

8. 建设中国特色社会主义法治体系，坚持（　　）共同推进。
A. 依法治国　　B. 依法执政　　C. 依法行政　　D. 依法办事

9. 习近平新时代中国特色社会主义思想洞察时代风云，提出了（　　）等思想。
A. “一带一路”建设　　B. 世界经济复苏方案
C. “人类命运共同体”理念　　D. 共商共建共享

10. 党的十九大明确指出，我国社会主要矛盾已经转化为（　　）和（　　）之间的矛盾。
A. 人民日益增长的物质文化需要　　B. 人民日益增长的美好生活需要
C. 落后的社会生产　　D. 不平衡不充分的发展

（三）问答题

1. 如何理解我国社会主要矛盾发生的转化？
2. 如何认识中国特色社会主义进入新时代？
3. 如何把握习近平新时代中国特色社会主义思想的主要内容和历史地位？

五、案例品评

【精选案例1】

新时代之社会主要矛盾变化

党的十九大明确提出中国特色社会主义进入了新时代，我国社会的主要矛盾发生了新变化。这个时代的主要矛盾是人民日益增长的美好生活需要和不平衡不充分的发展之间的矛盾。这个矛盾将贯穿于新时代中国特色社会主义改革开放和现代化建设全过程和社会生活的方方面面。

充分认识“人民日益增长的美好生活需要”的科学内涵。人民对美好生活的需要不仅仅是物质文化的需要，美好生活的内涵比物质文化的内涵更深厚，美好生活的外延比物质文化的外延更宽广。具体讲，美好生活的需要除了物质文化的需要之外，还包括社会政治民主的发展、社会法治体系的完善、社会的安全稳定、社会的公平正义以及人与自然的和谐发展等需要。

充分认识“不平衡不充分的发展”的科学内涵。改革开放以来社会生产有了很快的发展，无论是物质生产还是精神生产都发生了很大变化，社会生产落后的局面已经大为改变，不再成为社会主要矛盾的构成因素，当前社会发展突出的问题是不平衡不充分的发展问题，这个问题与人民日益增长的美好生活需要构成一对矛盾，并成为社会的主要矛盾。

资料来源：《人民日报》，2017 年 11 月 14 日

【思考题】

1. 近五年来，你和你的家庭生活发生了怎样的变化？

2. 你认为的理想生活状态是怎样的？哪些方面得到了实现？哪些方面还未实现？

【精选案例 2】

新时代为青年提供前所未有的机遇

近日，首届“一带一路”青年领袖论坛在南宁举办。在共建“一带一路”大浪潮下，青年领袖应该如何承担自己的使命和担当？论坛上，众多在各自领域颇有建树的杰出青年以自己的亲身经历，表达了青年一代要发出正能量，引领新征程，为“一带一路”建设和产业高质量发展提供创新动力的信心。

“在第四次工业革命的背景下，亚洲青年要创造新一代的工作机会，我们的国家也需要改变过去的一些思维来创建与新经济相符合的思维方式。我们要建立平台，帮助年轻人更好地建设社会。”缅甸工商会联合会联合秘书长党德瓦说，“一带一路”倡议为青年人提供了更多的就业创业机会，缅甸中小企业协会也努力为年轻人提供创业方面的帮助，通过网络帮助青年创业者实施相关的创业项目，从而改变他们的人生。

“2018 年正值‘一带一路’倡议提出五周年，也是中央提出‘精准扶贫’战略实施五周年。中国作为世界脱贫事业的倡导者与实践者，向世界讲好扶贫、脱贫的‘中国故事’，为构建‘没有贫困、共同发展’的人类命运共同体贡献‘中国智慧’，是我们每一位中国人义不容辞的责任，更是时代赋予我们企业家的历史担当。”广西万寿谷投资集团公司董事长姚学良以自己的扶贫故事，积极呼吁“青年企业家更应该成为产业精准扶贫的中坚力量”。

“大时代孕育小时代，小时代推动大时代。所以我们个人的梦想应该和时代的梦想融合在一起。我相信新时代能为我们青年提供前所未有的机遇。”北京大学中美人文交流研究（教育部）基地执行副主任王栋的话，为首届“一带一路”青年领袖论坛主旨做了一个很好的总结。

资料来源：《广西日报》，2018 年 10 月 8 日

【思考题】

1. 新时代为青年提供了哪些前所未有的机遇？
2. 大学期间，青年学生应该在哪些方面提高本领，更好地抓住发展机遇？

六、名人名言名句

这个新时代是中国特色社会主义新时代，而不是别的什么新时代。党要在新的历史方位上实现新时代党的历史使命，最根本的就是要高举中国特色社会主义伟大旗帜。坚持和发展中国特色社会主义要一以贯之，推进党的建设新的伟大工程要一以贯之，增强忧患意识、防范风险挑战要一以贯之。只有回看走过的路、比较别人的路、远眺前行的路，弄清楚我们从哪儿来、往哪儿去，很多问题才能看得深、把得准。中国特色社会主义不是从天上掉下来的，而是在改革开放 40 年的伟大实践中得来的，是在中华人民共和国成立近 70 年的持续探索中得来的，是在我们党领导人民进行伟大社会革命 97 年的实践中得来的，是在近代以来中华民族由衰到盛 170 多年的历史进程中得来的，是对中华文明 5000 多年的传承发展中得来的，是党和人民历经千辛万苦、付出各种代价取得的宝贵成果，得到这个成果极不容易。时代是出卷人，我们是答卷人，人民是阅卷人。

——《习近平总书记 1 月 5 日在学习贯彻党的十九大精神研讨班开班式上重要讲话》

我们党已经走过了 95 年的历程，但我们要永远保持建党时中国共产党人的奋斗精神，永远保持对人民的赤子之心。一切向前走，都不能忘记走过的路；走得再远、走到再光辉的未来，也不能忘记走过的过去，不能忘记为什么出发。

——2016 年 7 月 1 日，习近平在庆祝中国共产党成立 95 周年大会上的讲话

中国共产党人的初心和使命，就是为中国人民谋幸福，为中华民族谋复兴。这个初心和使命是激励中国共产党人不断前进的根本动力。

——2017 年 10 月 31 日，习近平在浙江嘉兴南湖革命纪念馆参观时强调

党要更加自觉地增强道路自信、理论自信、制度自信、文化自信，既不走封闭僵化的老路，也不走

改旗易帜的邪路，保持政治定力，坚持实干兴邦，始终坚持和发展中国特色社会主义。

——《习近平在中国共产党第十九次全国代表大会上的报告》

举什么旗、走什么路、朝着什么方向前进，决定前途命运，关乎事业成败。中华民族迎来了从站起来、富起来到强起来的伟大飞跃；党的十八大以来，我们取得了全方位、开创性的成就，实现了深层次、根本性的变革，关键在于始终不渝地高举中国特色社会主义伟大旗帜。高举旗帜，意味着必须坚定不移地走中国特色社会主义道路，这是实现社会主义现代化、创造人民美好生活的必由之路。

——《习近平在中国共产党第十九次全国代表大会上的报告》

七、实践项目

实践项目一

迈入新时代——实践走访

【目标要求】

通过实地考察走访，了解所在地区经济、政治、文化、社会等方面的发展变化，体会新时代的现实表现。

【活动方案】

学生以 5－8 人组成团队，实地走访广西区内各地或者自己的家乡，活动持续时间大约 2 个月。团队通过调查、采访、考察等方式，了解所到地区的发展变化或者特色产业，最终形成 ppt、小视频、实践调查报告等成果。

【活动评价】

项目	评价标准	评价占比	总分
团队合作	团队成果分工明确、合理，时间分配科学，能较好地体现团队合作的优势	20%	100 分
作品内容	采用的数据真实、原创，内容紧贴目标要求	50%	
效果展示	展示的效果能让观看者有较好的感受，对于团队的目标有清晰的了解	30%	

实践项目二

演讲——走进新时代

【目标要求】

通过演讲，让学生从中感受到改革开放以来特别是十八大以来我国取得的伟大成就，更加坚定“四个自信”即道路自信、理论自信、制度自信、文化自信。

【活动方案】

1. 时间：1 课时
2. 地点：多媒体教室
3. 要求：（1）要求每个同学课外准备；（2）以“走进新时代”为主题，自选角度演讲；（3）内容要求健康、积极、向上；（4）时间不超过 5 分钟；（5）演讲名单利用学习通抽取。

【活动评价】

通过演讲者的仪表仪容、演讲内容、语言艺术三个方面进行综合评价。

八、学习延伸

1. 阅读《习近平新时代中国特色社会主义思想三十讲》
2. 阅读《习近平治国理政丛书》
3. 阅读《习近平的七年知青岁月》，中央党校采访实录编辑室著

4. 阅读《强国时代》,《习近平新时代中国特色社会主义思想三十讲》学习辅导读本，韩庆祥著
5. 观看《厉害了，我们的新时代》系列纪录片
6. 观看《百年潮，中国梦》系列纪录片
7. 观看《厉害了，我的国》纪录片

九、相关链接

1. 十九大报告全文：http：//cpc. people. com. cn/n1/2017/1028/c64094 – 29613660. html
2. 教育部关于高校思想政治理论课贯彻落实党的十九大精神教学建议：http：//www. moe. edu. cn/s78/A13/A13_ gggs/s8474/201712/t20171214_ 321377. html？from = timeline&isappinstalled = 0
3. 纪念马克思诞辰200周年大会：http：//www. xinhuanet. com/politics/zbmks200/index. htm

参考答案

一、重点难点测试

（一）单项选择题

1. B　2. C　3. C　4. D　5. B　6. A　7. C　8. D　9. B　10. B

（二）多项选择题

1. ACD　2. ABCD　3. AC　4. ABCDE　5. ABCD　6. BC　7. ABCDE　8. ABC　9. ABCD　10. BD

（三）问答题

1. 答案要点：党的十九大报告明确指出，我国社会主要矛盾已经转化为人民日益增长的美好生活需要和不平衡不充分的发展之间的矛盾。主要依据有以下三个方面：一是经过改革开放40年的发展，我国社会生产力水平总体上显著提高，我国进入社会主义初级阶段以来的“落后的社会生产”已经发生了新的阶段性变化。二是人民生活水平显著提高，对美好生活的向往更加强烈，不仅对物质文化生活提出了更高要求，而且在民主、法治、公平、正义、安全、环境等方面的要求日益增长，出现了阶段性的新特征。三是影响满足人们美好生活需要的因素很多，但主要是发展的不平衡不充分问题，是当前和今后一个时期制约我国发展和满足人民日益增长的美好生活需要的主要根源。

2. 答案要点：第一，这个新时代是承前启后、继往开来，在新的历史条件下继续夺取中国特色社会主义伟大胜利的时代。第二，这个新时代是决胜全面建成小康社会、进而全面建设社会主义现代化强国的时代。第三，这个新时代是全国各族人民团结奋斗、不断创造美好生活、逐步实现全体人民共同富裕的时代。第四，这个新时代是全体中华儿女勠力同心、奋力实现中华民族伟大复兴中国梦的时代。第五，这个新时代是我国日益走近世界舞台中央、不断为人类做出更大贡献的时代。

3. 答案要点：习近平新时代中国特色社会主义思想内容十分丰富，涵盖改革发展稳定、内政外交国防、治党治国治军等各个领域、各个方面，构成了一个系统完整、逻辑严密、相互贯通的思想理论体系。“八个明确”是指导思想层面的表述，重点讲的是怎么看，回答的是新时代坚持和发展什么样的中国特色社会主义的问题；“十四个坚持”是行动纲领层面的表述，重点讲的是怎么办，回答的是新时代怎样坚持和发展中国特色社会主义的问题。“八个明确”和“十四个坚持”体现了习近平新时代中国特色社会主义思想理论与实践的统一。习近平新时代中国特色社会主义思想开辟了马克思主义新境界。习近平新时代中国特色社会主义思想开辟了中国特色社会主义新境界。中国特色社会主义是改革开放以来党的全部理论和实践的主题。习近平新时代中国特色社会主义思想对人类文明进步具有重要意义。

二、案例品评

【精选案例1】

1. 答案要点：学生结合自己生活的实际，从衣食住行、学习、公共环境、精神生活等方面，描述五年来生活的变化。

2. 答案要点：理想生活状态不仅对物质文化生活提出了更高要求，而且在民主、法治、公平、正义、安全、环境等方面的要求日益增长。自改革开放以来，我国人民生活水平不断迈上了新台阶，已经

达到了中等偏上收入国家水平；城镇居民人均可支配收入和农村居民人均可支配收入大幅提高；居民受教育程度不断提高，九年义务教育全面普及，高等教育毛入学率高出世界平均水平；城乡居民健康状况显著改善，居民平均预期寿命高于世界平均水平；覆盖城乡的社会保障体系基本建立，其他很多方面的民生保障也有显著改善。随着人民生活水平不断提高，人民群众的需要呈现多样化多层次多方面的特点，期盼有更好的教育、更稳定的工作、更满意的收入、更可靠的生活保障、更高水平的医疗卫生服务、更舒适的居住条件、更优美的环境、更丰富的精神文化生活，人民群众的民主意识、公平意识、法治意识、参与意识、监督意识、维权意识在不断增强。

学生也可以结合自己的真实感受和实际情况，畅想对于理想生活的追求。同时描绘有哪些生活追求已经实现，有哪些可能会在未来实现。

【精选案例2】

1. 答题要点：新时代是承前启后、继往开来，在新的历史条件下继续夺取中国特色社会主义伟大胜利的时代。这个新时代是决胜全面建成小康社会、进而全面建设社会主义现代化强国的时代。这个新时代是全国各族人民团结奋斗、不断创造美好生活、逐步实现全体人民共同富裕的时代。这个新时代是全体中华儿女勠力同心、奋力实现中华民族伟大复兴中国梦的时代。这个新时代是我国日益走近世界舞台中央、不断为人类做出更大贡献的时代。“一带一路”拓宽了我们与其他国家合作的途径，新的产业诞生，人才的需求量也增大，给我们青年大学生提供了更多的就业机会和展示自己的舞台。同时，国家提出建设创新型国家，给大学生提供了更多的创新创业的政策支持。

2. 答案要点：要成为社会主义事业的建设者和接班人，必须全面提高自己的综合素质，特别是创新能力。同时，要时时关注国家的政策导向，了解国内国际发展的环境，这样才能更加及时地抓住契机，更好地展示自己。

第九章　坚持和发展中国特色社会主义的总任务

一、学习目的和要求

通过本章的学习，使学生了解和掌握近代以来中国人民寻梦、追梦、圆梦的历史进程、中国梦的科学内涵、实现中国梦的路径以及建成社会主义现代化强国的战略安排，自觉投身到实现中华民族伟大复兴中国梦的准备和实践中去。

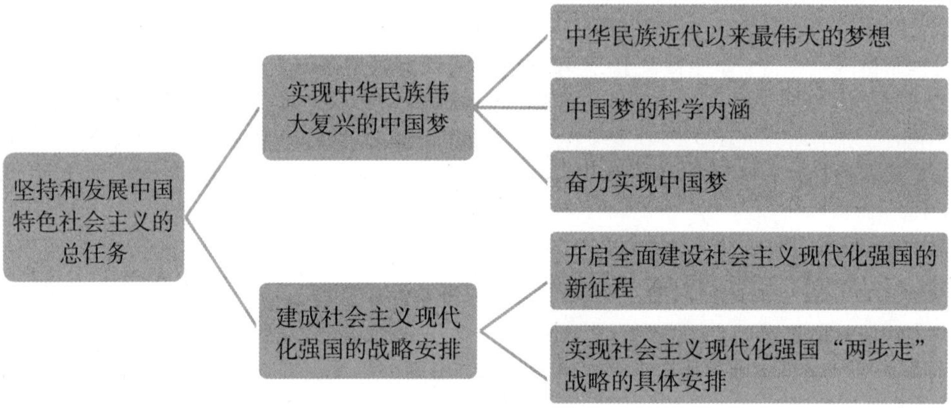

图 9－1　思维导图

二、学习重点

1. 近代以来中国人民寻梦、追梦、圆梦的历史进程。
2. 中国梦的科学内涵。
3. 实现中国梦的路径。
4. 建成社会主义现代化强国的战略安排。

三、学习难点

1. 在实现中国梦的过程中如何激扬青春梦想。
2. 建成社会主义现代化强国的战略安排。

四、重点难点测试

（一）单项选择题

1. 坚持和发展中国特色社会主义的总任务，是（　　）。

A. 实现共产主义　B. 大力发展生产力
C. 实现社会主义现代化和中华民族伟大复兴　D. 和谐发展
2. （　　），就是中华民族近代以来最伟大的梦想。
A. 实现中华民族伟大复兴　B. 打倒列强
C. 实现共产主义　D. 建设社会主义
3. 习近平指出："中国梦的本质是国家富强、（　　）、人民幸福"。
A. 民族兴旺　B. 民族振兴　C. 人民富裕　D. 民族强大
4. （　　）是中国梦的主体，是中国梦的创造者和享有者。
A. 人民　B. 国家　C. 主席　D. 军队
5. "雄关漫道真如铁""人间正道是沧桑""长风破浪会有时"是（　　）的诗句。
A. 习近平　B. 邓小平　C. 李白　D. 毛泽东
6. 习近平指出："实现中国梦必须走中国道路、弘扬中国精神、（　　）"。
A. 发挥中国才智　B. 坚持社会主义　C. 凝聚中国力量　D. 走自己的路
7. 党的十七大、十八大对全面建成小康社会做出了新的部署，就是（　　）的奋斗目标。
A. "三步走"战略　B. 两个发展阶段　C. "两个一百年"　D. 最终实现共产主义
8. 全面建设社会主义现代化强国进程分为两个阶段：第一阶段，从2020年到（　　），基本实现社会主义现代化。
A. 2025年　B. 2050年　C. 2030年　D. 2035年
9. 从2035年到本世纪中叶，把我国建成富强民主文明（　　）美丽的社会主义现代化强国。
A. 和平　B. 共享　C. 和谐　D. 发达
10. 2020年到2035年，在生态文明建设方面，（　　）目标基本实现。
A. 和谐社会　B. 宜居城市　C. 美丽中国　D. 生态文明

（二）多项选择题

1. 中国梦的本质是（　　）。
A. 国家富强　B. 民族振兴　C. 民族复兴　D. 人民幸福
2. 人民幸福，就是人人（　　）。
A. 共同享有人生出彩的机会　B. 共同享有人人富裕的机会
C. 共同享有梦想成真的机会　D. 共同享有同祖国和时代一起成长与进步的机会
3. 坚持和发展中国特色社会主义的总任务，就是实现（　　）。
A. 共产主义　B. 社会主义现代化
C. 和祖国强大　D. 和中华民族伟大复兴
4. 习近平指出："实现中国梦必须（　　）"。
A. 走中国道路　B. 弘扬中国精神　C. 坚持不懈　D. 凝聚中国力量
5. 实现中国梦需要（　　）坚持优势互补、共同发展。
A. 香港　B. 澳门　C. 全世界人民　D. 祖国内地
6. 从2035年到本世纪中叶，要把我国建成富强民主（　　）的社会主义现代化强国。
A. 文明　B. 和谐　C. 发展　D. 美丽
7. 从2020—2035年，我国在政治建设方面，人民民主更加充分发展，（　　）、民主监督得到有效落实。
A. 民主选举　B. 民主协商　C. 民主决策　D. 民主管理
8. 2035年到本世纪中叶，全面提升我国社会主义物质文明、政治文明、（　　）。
A. 人类文明　B. 精神文明　C. 社会文明　D. 生态文明
9. 中国梦是（　　）相统一的梦。
A. 国家情怀　B. 民族情怀　C. 世界梦想　D. 人民情怀
10. 中国梦是（　　）的梦，与世界各国人民的美好梦想息息相通。

A. 和平　　B. 发展　　C. 合作　　D. 共赢

（三）问答题

1. 如何认识新时代建设中国特色社会主义的总任务？
2. 中国梦的科学内涵是什么？
3. 如何把握新时代中国特色社会主义发展的战略安排？

五、案例品评

【精选案例1】

以“科技梦”助推“中国梦”
——中国科技创新实现历史性跨越

材料1：2018年5月21日凌晨，鹊桥号中继星发射升空，我国计划实施的人类首次月球背面软着陆探测迈出关键一步。

“我相信，下一个甲子，中国航天的触角能够伸向更远，只要我们坚持更科学、务实、协调的发展。”运载火箭与卫星技术专家、中国科学院院士孙家栋说。

面向世界科技前沿，中国创新“顶天”。从一曲星梦“东方红”，到嫦娥探月“鹊桥会”，在探索太空的星辰大海征途中从无到有，一往无前。载人航天、探月工程、移动通信、量子通讯、北斗导航……太空之路，前景广阔。

面向国家战略需求，中国创新“立地”。C919大飞机飞上蓝天、国产航母下水试航、歼20、运20正式列装……“不盲目跟跑，不人云亦云，中国式自主创新让我们更加坚定自信。”歼20总设计师、中国科学院院士杨伟说。

面对人民对美好生活的向往，中国创新“惠民”。快速查明300种突发传染病原，初步建立传染病应急防控技术体系；肺癌、白血病等领域打破国外专利药物垄断，国产小分子靶向抗癌药上市促使国外专利药物在中国降价超过50%……科技创新与社会发展加速融合，织就保障亿万群众生活的幸福网。

复兴号飞驰、港珠澳大桥贯通……一个个重大工程技术成果，将我国从有世界影响的大国向强国稳步推进，让更多老百姓享受到科技创新红利。

材料2：科学技术是人类的伟大创造性活动，一切科技创新活动都是人做出来的。

“功以才成，业由才广。”培育科技人才，是培育中国创新的“力量源泉”。中国拥有8100万科技工作者，1.7亿多受过高等教育或拥有专业技能的人才。“十二五”期间，科技人才队伍迅速壮大，R&D人员总量535万，回国人才超过110万，是前30年回国人数的3倍。

从钱学森、邓稼先、罗健夫、蒋筑英，到黄大年、钟扬……从无到有、从弱到强，中华民族走向伟大复兴的时空中，闪耀着一代代科学家奋力前行的夺目光芒。每一件大国重器、每一项重大的创新突破背后，都离不开科技工作者的默默奉献。从青藏高原生态恢复到新疆地区棉花生产，在人迹罕至的高原，在棉花种植的田间，科研工作者用坚守和创新，铸就了属于人民和土地的科技创新成果。这些硕果，不由白纸黑字写就，而是借用信仰铸就的如椽巨笔，撰写在祖国大地上，撰写给全体人民。

资料来源：新华社新闻，2018年5月27日

【思考题】

1. 从古到今，中国人有哪些梦想如今变为了现实？
2. 在实现中国梦的征程中，哪些因素发挥了至关重要的作用？
3. 大学生应该如何实现自己的梦想？

【精选案例2】

一心只为老百姓过上好日子

姜仕坤同志是贵州省晴隆县委原书记，中共党员。作为贵州大山里成长起来的干部，他深知贫困山

区群众的疾苦，带领群众脱贫致富是他人生的夙愿。在晴隆县工作6年多时间里，他始终以对党的赤诚之心、对人民的公仆情怀，投入脱贫攻坚的主战场，任劳任怨、恪尽职守，赢得贫困地区群众的信任与爱戴。他经常白天进村入户，在农村访贫问计，到企业调研座谈，足迹遍布所有乡镇、村居，晚上赶回城里开会到深夜，以近乎痴迷的状态，探索晴隆精准脱贫的道路。他说："脱贫攻坚，开局就是决战，起步就是冲刺，我们等不起、慢不得。"在他主导下，晴隆大力发展山地旅游业，点亮史迪威公路"二十四道拐"这张名片，做活"羊、茶、果、蔬、烟、薏"六大特色产业文章，实现经济、生态、扶贫"三效"同步。面对破旧的县城环境，他带领干部群众攻坚克难，在县城扩容改建中让群众得实惠。在他任职的2010年至2015年，晴隆全县生产总值从20.89亿元增加到55.13亿元，财政总收入从3.4亿元增加到7.63亿元，贫困人口从16.5万人下降到7.91万人。他工作多年来，始终保持艰苦朴素的本色，帆布公文包，用了四五年不舍得换，运动鞋穿到褪色泛白不舍得扔。他一心扑在工作上，社会交往简单，严格要求家属子女，从不干涉建设工程招投标等经济活动。他在贫瘠的土地上破局开路、耕耘坚守，把自己的一切都献给了晴隆脱贫攻坚事业。

资料来源：《光明日报》，2018年6月29日

【思考题】

1. 中国共产党人的初心和使命是什么？
2. 姜仕坤同志的事迹给了你什么样的启示？

六、名人名言名句

1. 雄关漫道真如铁，而今迈步从头越。 ——毛泽东，《忆秦娥·娄山关》
2. 世上最快乐的事，莫过于为理想而奋斗。 ——苏格拉底
3. 你们的理想与热情，是你航行的灵魂的舵和帆。 ——罗曼·罗兰
4. 台阶是一层一层筑起的，目前的现实是未来理想的基础。只想将来，不从近处现实着手，就没有基础，就会流于幻想。 ——徐特立
5. 生活的理想，就是为了理想的生活。 ——张闻天
6. 理想是需要的，是我们前进的方向。现实有理想的指导才有前途；反过来，也必须从现实的努力奋斗中才能实现理想。 —— 周恩来

七、实践项目

实践项目一

微电影：中国梦 · 我的梦

【目标要求】中国梦是国家的梦、民族的梦，个人的梦，青春的梦想与中国梦的铸就紧密相连。通过视频的拍摄，展示个人或者特定群体的筑梦逐梦过程，从而激发学生在中国梦中激扬青春梦的激情。

【活动方案】组成团队的方式拍摄视频，分工合作设计脚本、拍摄、后期制作。用时大约需要1—2个月，最终作品时长为8—15分钟。

【活动评价】通过微电影的题材、拍摄效果、最终成品的技术含量等进行评价。

实践项目二

"在青春中激扬中国梦"主题演讲

【目标要求】

让学生了解近代以来中国人民寻梦、追梦、圆梦的历史进程，了解中国目前取得的成就是几代中国人共同努力的结果，青年学生是见证者更是传承者。通过演讲的方式激发学生的爱国热情，以及为自己

的人生规划目标。

【活动方案】

个人选取素材，撰写演讲文稿，演讲时间不超过15分钟。

【活动评价】

通过演讲比赛来展示学生风采。

八、学习延伸

1. 阅读《中国梦：38个践行者的故事》，从2008年开始，《南方周末》杂志社用5年时间评选出38位在改革开放30年中，用自己的非凡努力“践行中国梦”的各领域的杰出中国人。

2. 阅读《习近平在北京大学师生座谈会上的讲话》，2018年5月2日。

3. 阅读习近平：《实现中华民族伟大复兴是中华民族近代以来最伟大的梦想》，《习近平谈治国理政》第一卷，外文出版社，2018年版。

4. 阅读习近平：《实现中国梦不仅造福于中国人民，而且造福世界人民》，《习近平谈治国理政》第一卷，外文出版社，2018年版。

5. 阅读习近平：《决胜全面建成小康社会　夺取新时代中国特色社会主义伟大胜利——在中国共产党第十九次全国代表大会上的报告》，人民出版社，2017年版。

6. 观看《东方》《五星红旗迎风飘扬》《换了人间》《圆梦工程》《情系梁家河：习近平的知青岁月》纪录片。

九、相关链接

1. 关于中国梦的介绍和解读：http：//news. sohu. com/s2013/chinesedream/

2. 新华网习近平报道专集：http：//www. xinhuanet. com/politics/2018 –05/03/c_ 1122774230. html

参考答案

一、重点难点测试

（一）单项选择题

1. C　2. A　3. B　4. A　5. D　6. C　7. C　8. D　9. C　10. C

（二）多项选择题

1. ABD　2. ACD　3. BD　4. ABD　5. ACD　6. ABD　7. ABCD　8. BCD　9. ABD　10. ABCD

（三）问答题

1. 答案要点：十九大报告指出，坚持和发展中国特色社会主义的总任务是实现社会主义现代化和中华民族伟大复兴，在全面建成小康社会的基础上，分两步走在本世纪中叶建成富强民主文明和谐美丽的社会主义现代化强国。

2. 答案要点：中国梦的科学内涵是国家富强、民族振兴、人民幸福。国家富强、民族振兴是人民幸福的基础和保障，人民幸福是国家富强、民族振兴的题中之意和必然要求，是国家富强、民族振兴的根本出发点和落脚点。

3. 答案要点：从2020年到2035年，基本实现社会主义现代化，从2035年到2050年，建成富强民主文明和谐美丽社会主义现代化强国。从全面建成小康社会到基本实现现代化，再到全面建成社会主义现代化强国，是新时代中国特色社会主义发展的战略安排。

二、案例品评

【精选案例1】

1. 答案要点：中国人曾幻想过“可上九天揽月、可入五洋捉鳖”，如今航空航天深海探寻技术蓬勃发展，中国已发射“神舟”系列载人飞船、“嫦娥”探月工程、“天宫号”空间站等航天重器，同时

"蛟龙号"深海探测器也是我国首台自主设计研制的专业深潜器，代表着我国科技发展的实力。学生还可以根据自己的了解，列举其他的例子。

2. 答案要点：在实现中国梦的征程中，必须紧紧把握三个重要因素，即"道路是决定因素，发展是根本因素，实干是关键因素"。国家重视科技的发展，重视科研人员的培养，奠定了梦想实现的人才基础；国家大力发展经济，改善政治环境，为梦想的实现提供了制度保障和政策支持。

3. 答案要点：大学生作为中国梦的筑梦人、追梦人，应该树立崇高的理想信念，在学校期间努力学习知识和本领，在实践中把理想转化为现实。

【精选案例2】

1. 答案要点：习近平同志在作十九大报告时说，中国共产党人的初心和使命，就是为中国人民谋幸福，为中华民族谋复兴。

2. 答案要点：学习姜仕坤同志不忘初心，牢记使命的意志品质；学习他勇于担当，无私奉献的精神。

第十章 “五位一体”总体布局

一、学习目的和要求

通过本章的学习，使学生认识和理解中国特色社会主义经济、政治、文化、社会和生态文明建设“五位一体”的总体布局：了解新发展理念的形成背景，明确建设现代化经济体系的主要任务；认识社会主义民主政治，坚持中国特色社会主义政治发展道路；帮助学生牢固树立社会主义核心价值观和坚定文化自信；明确国家在发展中保障和改善民生的具体措施；树立尊重自然、顺应自然、保护自然的生态文明理念，建设美丽中国。通过以上对“五位一体”总体布局的学习，理解党和国家的发展，树立跟党走和为中国特色社会主义奋斗不懈的思想精神。

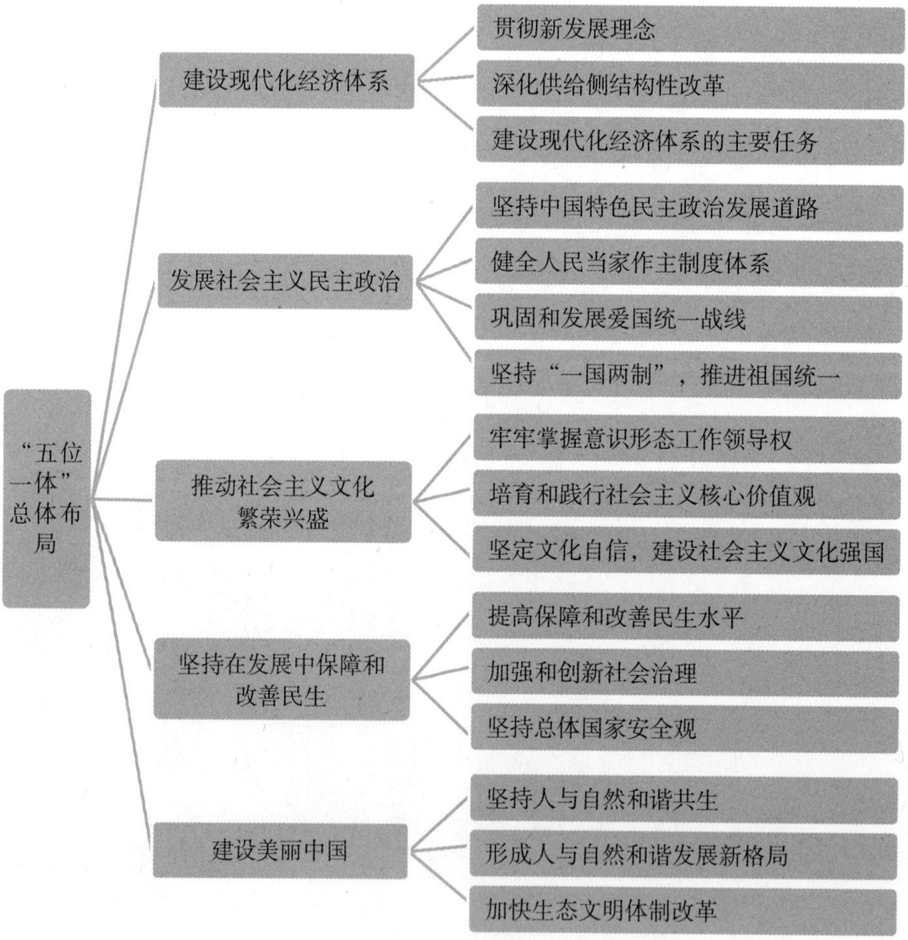

图 10－1 思维导图

二、学习重点

1. 贯彻新发展理念。
2. 坚持中国特色社会主义政治发展道路。
3. 牢牢掌握意识形态工作领导权。
4. 坚持总体国家安全观。
5. 坚持人与自然和谐共生。

三、学习难点

1. 建设现代化经济体系的主要任务。
2. 牢牢掌握意识形态工作领导权。
3. 培育和践行社会主义核心价值观。

四、重点难点测试

（一）单项选择题

1. 引领发展的第一动力是（　　）。
A. 创新　B. 协调　C. 绿色　D. 共享
2. （　　）是持续健康发展的内在要求。
A. 创新　B. 共享　C. 协调　D. 绿色
3. （　　）是永续发展的必要条件。
A. 创新　B. 协调　C. 开放　D. 绿色
4. （　　）是国家繁荣发展的必由之路。
A. 创新　B. 协调　C. 开放　D. 绿色
5. （　　）是中国特色社会主义的本质要求。
A. 共享　B. 协调　C. 绿色　D. 开放
6. 贯彻新发展理念，建设现代化经济体系必须坚持以（　　）为主线。
A. 供给侧结构性改革　B. 转变经济发展方式
C. 建设“两型社会”　D. 保障和改善民生
7. 人民幸福之基、社会和谐之本是（　　）。
A. 民生　B. 教育　C. 医疗　D. 就业
8. （　　）是一个国家、一个民族的灵魂，是人民的精神家园，也是政党的精神旗帜。
A. 历史　B. 文化　C. 政党　D. 领导干部
9. （　　）关乎旗帜、关乎道路、关乎国家政治安全，决定文化前进方向和道路。
A. 马克思主义　B. 实事求是　C. 与时俱进　D. 意识形态
10. 一个民族赖以维系的精神纽带，一个国家共同的思想道德基础是（　　）。
A. 政治制度　B. 指导思想　C. 政党制度　D. 核心价值观

（二）多项选择题

1. 新发展理念是（　　）。
A. 创新　B. 协调　C. 绿色　D. 开放　E. 共享
2. 建立现代化经济体系，当前要突出抓好以下的工作（　　）。
A. 大力发展实体经济

B. 加快实施创新驱动发展战略

C. 激发各类市场主体活力，积极推动城乡协调发展

D. 着力发展开放型经济，加快完善社会主义市场经济体制

3. 走中国特色社会主义政治发展道路，必须（　　）。

A. 坚持党的领导　　B. 人民当家做主

C. 依法治国有机统一　　D. 坚持正确的政治方向

4. 关于提高保障和改善民生水平的论述，正确的有（　　）。

A. 实现共同富裕

B. 实施健康中国战略

C. 优先发展教育事业；提高就业质量和人民收入水平

D. 加强社会保障体系建设；坚决打赢脱贫攻坚战

5. 坚定文体自信，建设社会主义文化强国，必须（　　）。

A. 认识文化重要性　　B. 培养高度的文化自信

C. 大力发展文化事业和文化产业　　D. 提高国家文化软实力

（三）问答题

1. 新时代如何推进现代化经济体系建设？

2. 如何正确理解坚持党的领导、人民当家做主和依法治国的有机统一？

3. 如何建设社会主义文化强国？

4. 如何在发展中加强和改善民生？

5. 如何坚持人与自然和谐共生？

五、案例品评

【精选案例 1】

着力推进实施供给侧结构性改革

党的十八大以来，以习近平同志为核心的党中央做出了着力推进实施供给侧结构性改革的重大决定，并在“十三五”规划纲要中进一步明确作为整个“十三五”时期发展的主线。近年来，以去产能、去库存、去杠杆、降成本、补短板为重点，开展了各项工作，取得了积极的市场成效。

深化供给侧结构性改革，要以实体经济特别是制造业为重点，把提高供给体系质量作为主攻方向，提质升级存量供给，扩大优质增量供给，实现更高水平和更高质量的供需动态平衡。要以加快发展先进制造业为重点全面提升实体经济。要加快制造业改造升级，加快发展现代服务业，培育若干世界级先进制造业集群，促进我国产业迈向全球价值链中高端，在中高端消费、创新引领、绿色低碳、共享经济、现代供应链等领域培育新增长点、形成新动能。要支持传统产业优化升级，瞄准国际先进标准提升产品技术、工艺装备、能效环保水平，增强制造业基础工艺、基础材料和基础零部件制造能力，提高传统产业的产品品质和附加值。要推动互联网、大数据、人工智能和实体经济深度融合，更好地发挥大数据、云计算、人工智能与实体经济的跨界融合创新和提质增效效应。

企业家是推动供给侧结构性改革、振兴我国实体经济的主力军，要通过深化改革、完善制度，更好地激发和保护企业家精神，支持企业家创新创业，植根我国长期发展。振兴实体经济离不开高素质的劳动者队伍，要加大人力资本培育，建设知识型、技能型、创新型劳动者大军。

要继续坚持去产能、去库存、去杠杆、降成本、补短板，继续采取有效措施推进去产能和去库存，通过并购重组和依法破产等方式完善市场化优胜劣汰机制，优化存量资产，增加优质供给。完善房地产调控措施，因城因地去库存，优化房地产市场供给结构，大力发展住房租赁市场，既要保供给、降房价，也要控规模、降库存。要进一步采取措施降低整体债务杠杆率，特别是要有效控制国有企业债务和地方政府债务风险，大力提高股权融资比例。要继续综合施策降成本，在减税、降费、降低要素成本和

物流成本等方面加大力度，切实降低企业负担。在补短板方面，要围绕环境、脱贫等突出短板，强化重点地区重要污染物排放的防控和治理，着力解决突出环境问题，动员全党和全社会力量，坚持精准扶贫、精准脱贫，让贫困人口和贫困地区同全国一道进入全面小康社会。

资料来源：《党的十九大报告学习辅导百问》，党建读物出版社、学习出版社出版

【思考题】

结合材料，思考深化供给侧结构性改革应采取哪些措施？

【精选案例 2】

坚持中国特色社会主义政治发展道路

材料 1：成思危，著名经济学家，原民建中央主席，九届、十届全国人大常委会副委员长。谈到我国政党制度，他深有体会地说：西方的政党制度是“打橄榄球”，一定要把对方压倒。我们的政党制度是“唱大合唱”，民主党派和中国共产党的合作共事是为了一个共同的目标，为了保持社会的和谐。要大合唱，就要有指挥，这个指挥无论从历史还是现实来看，都只有中国共产党才能胜任。海外有评论说中国的民主党派人士在政府任职多是“坐虚位”“无实权”，成思危说，这不符合实际情况，中国的民主党派不是“政治花瓶”。“在担任化工部副部长的时候，我对自己负责范围内的工作是完全有权做出决策的。作为全国人大常委会副委员长，我负责证券法、农村金融的执法检查。我和中共党籍的副委员长一样，也是独当一面的。”

材料 2：第十一届全国人大一次会议以来，全国共有 18.7 万民主党派、无党派人士当选各级人大代表。其中，全国人民代表大会常务委员会副委员长 6 人，省级人大常委会副主任 35 人。2 人分别担任国务院科技部、卫生部部长。2007 年有 18 人担任最高人民法院、最高人民检察院和中央国家机关部委领导职务副职。

20 世纪 90 年代以来，中共中央加强同各民主党派的协商，内容不断充实，程序逐步规范。据统计，1990 年至 2009 年 6 月，中共中央、国务院直接召开或委托有关部门召开的协商会、座谈会、情况通报会就有 287 次，其中，中共中央总书记主持召开或出席的就有 85 次。各民主党派中央、无党派代表人士向中共中央、国务院及有关方面提出建议 260 多项，各民主党派地方组织提出各项建议 9 万多项。如关于三峡工程、耕地保护、两岸“三通”、西部大开发、中部崛起、东北地区等老工业基地振兴、建设社会主义新农村、青藏铁路沿线发展、国家级综合配套改革实验区、实施可持续发展战略、制定和实施“十一五”规划等方面提出的建议，得到了中共中央、国务院的高度重视和采纳。

资料来源：《光明日报》

【思考题】

1. 从“打橄榄球”和“唱大合唱”的形象比较中，说明我国政党制度的特点和优点。
2. 我国各民主党派在社会主义建设中如何发挥参政议政的作用？

【精选案例 3】

培育和践行社会主义核心价值观

材料 1：把培育和弘扬社会主义核心价值观作为凝魂聚气、强基固本的基础工程，继承和发扬中华优秀传统文化和传统美德，广泛开展社会主义核心价值观宣传教育，积极引导人们讲道德、尊道德、守道德，追求高尚的道德理想，不断夯实中国特色社会主义的思想道德基础。核心价值观是文化软实力的灵魂、文化软实力建设的重点。这是决定文化性质和方向的最深层次要素。一个国家的文化软实力，从根本上说，取决于其核心价值观的生命力、凝聚力、感召力。培育和弘扬核心价值观，有效整合社会意识，是社会系统得以正常运转、社会秩序得以有效维护的重要途径，也是国家治理体系和治理能力的重要方面。历史和现实都表明，构建具有强大感召力的核心价值观，关系社会和谐稳定，关系国家长治久安。

资料来源：2014 年 2 月 24 日，习近平在中央政治局第十三次集体学习时的讲话

材料2：人类社会发展的历史表明，对一个民族、一个国家来说，最持久、最深层的力量是全社会共同认可的核心价值观。核心价值观，承载着一个民族、一个国家的精神追求，体现着一个社会评判是非曲直的价值标准。古人说："大学之道，在明明德，在亲民，在止于至善。"核心价值观，其实就是一种德，既是个人的德，也是一种大德，就是国家的德、社会的德。国无德不兴，人无德不立。如果一个民族、一个国家没有共同的核心价值观，莫衷一是，行无依归，那这个民族、这个国家就无法前进。这样的情形，在我国历史上，在当今世界上，都屡见不鲜。我国是一个有着13亿多人口、56个民族的大国，确立反映全国各族人民共同认同的价值观"最大公约数"，使全体人民同心同德、团结奋进，关乎国家前途命运，关乎人民幸福安康。每个时代都有每个时代的精神，每个时代都有每个时代的价值观念。国有四维，礼义廉耻，"四维不张，国乃灭亡。"这是中国先人对当时核心价值观的认识。在当代中国，我们的民族、我们的国家应该坚守什么样的核心价值观？这个问题，是一个理论问题，也是一个实践问题。经过反复征求意见，综合各方面认识，我们提出要倡导富强、民主、文明、和谐，倡导自由、平等、公正、法治，倡导爱国、敬业、诚信、友善，积极培育和践行社会主义核心价值观。富强、民主、文明、和谐是国家层面的价值要求，自由、平等、公正、法治是社会层面的价值要求，爱国、敬业、诚信、友善是公民层面的价值要求。这个概括，实际上回答了我们要建设什么样的国家、建设什么样的社会、培育什么样的公民的重大问题。

我们提出的社会主义核心价值观，把涉及国家、社会、公民的价值要求融为一体，既体现了社会主义本质要求，继承了中华优秀传统文化，也吸收了世界文明有益成果，体现了时代精神。富强、民主、文明、和谐，自由、平等、公正、法治，爱国、敬业、诚信、友善，传承着中国优秀传统文化的基因，寄托着近代以来中国人民上下求索、历经千辛万苦确立的理想和信念，也承载着我们每个人的美好愿景。

价值观是人类在认识、改造自然和社会的过程中产生与发挥作用的。不同民族、不同国家由于其自然条件和发展历程不同，产生和形成的核心价值观也各有特点。一个民族、一个国家的核心价值观必须同这个民族、这个国家的历史文化相契合，同这个民族、这个国家的人民正在进行的奋斗相结合，同这个民族、这个国家需要解决的时代问题相适应。世界上没有两片完全相同的树叶。一个民族、一个国家，必须知道自己是谁，是从哪里来的，要到哪里去，想明白了、想对了，就要坚定不移朝着目标前进。

实现我们的发展目标，实现中国梦，必须增强道路自信、理论自信、制度自信，"千磨万击还坚劲，任尔东南西北风"。而这"三个自信"需要我们对核心价值观的认定作支撑。

我为什么要对青年讲社会主义核心价值观这个问题？是因为青年的价值取向决定了未来整个社会的价值取向，而青年又处在价值观形成和确立的时期，抓好这一时期的价值观养成十分重要。这就像穿衣服扣扣子一样，如果第一粒扣子扣错了，剩余的扣子都会扣错。人生的扣子从一开始就要扣好。"凿井者，起于三寸之坎，以就万仞之深。"青年要从现在做起、从自己做起，使社会主义核心价值观成为自己的基本遵循，并身体力行大力将其推广到全社会去。

现在在高校学习的大学生都是20岁左右，到2020年全面建成小康社会时，很多人还不到30岁；到本世纪中叶基本实现现代化时，很多人还不到60岁。也就是说，实现"两个一百年"奋斗目标，你们和千千万万青年将全过程参与。有信念、有梦想、有奋斗、有奉献的人生，才是有意义的人生。当代青年建功立业的舞台空前广阔、梦想成真的前景空前光明，希望大家努力在实现中国梦的伟大实践中创造自己的精彩人生。

资料来源：2014年5月4日，习近平《青年要自觉践行社会主义核心价值观——在北京大学师生座谈会上的讲话》

【思考题】

1. 请分别从国家、社会、公民三个层面谈谈我们要积极培育和践行的社会主义核心价值观。
2. 试述积极培育和践行社会主义核心价值观的重大意义。
3. 习近平为什么要特意针对青年讲社会主义核心价值观这个问题？
4. 青年大学生应该从哪几点（指方法和途径）上下功夫以树立和培育社会主义核心价值观？

【精选案例 4】

提高保障和改善民生水平

习近平同志在党的十九大报告中指出，必须始终把人民利益摆在至高无上的地位，让改革发展成果更多更公平惠及全体人民，朝着实现全体人民共同富裕不断迈进。民生是最大的政治。过去五年，我国人民生活不断改善，民生事业取得长足发展。但也要清醒地认识到，我国民生领域还有不少短板，脱贫攻坚任务依然艰巨，人民群众在医疗、养老、居住等方面还面临不少难题，社会治理能力和治理水平有待进一步提高。当前，中国特色社会主义进入新时代，人民群众对美好生活的需要呈现新特点，我们要牢牢坚持以人民为中心的发展思想，把增进人民福祉、促进人的全面发展作为一切工作的出发点和落脚点，从人民群众最关心最直接最现实的利益问题入手，统筹做好教育、就业、收入分配、社会保障、医疗卫生等各领域民生工作，不断提高人民生活水平，使人民获得感、幸福感、安全感更加充实、更有保障、更可持续。

资料来源：十九大报告

【思考题】

提高保障和改善民生水平应采取哪些有效措施?

【精选案例 5】

建设美丽中国

材料 1：2013 年 9 月 7 日，国家主席习近平在哈萨克斯坦纳扎尔巴耶夫大学发表演讲并回答学生提问时说：我们既要绿水青山、也要金山银山，宁要绿水青山、不要金山银山，而且绿水青山就是金山银山。

材料 2：近来，雾霾天气、地下水污染、土壤重金属污染等环境问题，牵动着公众的神经，也引发全国两会代表、委员的热议。中国经济持续高增长有目共睹，然而大量环境隐患也因此产生，如今隐患已进入爆发期。数据显示：我国四分之一国土持续雾霾，六成地下水污染严重，1.5 亿亩耕地受重金属污染……空气、水、土壤，我们赖以生存的三大要素，正在遭遇空前危机。

“环境污染让中国到了‘最危险的时刻’。”“当生活的基本条件受到威胁时，环境问题已经变成危机了。”“这样发展下去，挣来的钱最终全要为医药‘埋单’!”代表委员们的发言忧心忡忡，确实，如果连呼吸上新鲜空气、喝上干净的水、吃上放心的食物都成为一种奢望，如果连基本的生活条件都难以保障，那么高歌猛进的 GDP 又有何意义呢?

虽然我们早已提出不能走一些国家“先污染、后治理”的老路，然而现实中一些地方（政府）依然没有根除这种陈旧意识，不惜牺牲生态环境换取经济发展，甚至为污染企业保驾护航；虽然科学发展观已是（理应成为）各级政府执政理念，“GDP 至上”在理论上已站不住脚，然而“宁要毒死，不要穷死”的观点仍有市场，“带血的 GDP”“有毒的增长”仍大行其道。

对污染问题听之任之，暴露出一些地方、部门错误的发展观和扭曲的政绩观。正如环保部部长周生贤所说：有的地方领导当面说环保重要，背后还是 GDP 挂帅。而公众所不能接受的，恰恰是这种不作为、乱作为。纵观近几年发生的重大污染事故，许多涉事企业规模大，效益好，是当地的经济支柱、利税大户。出于 GDP 增长、增加税收考虑，一些地方政府对污染企业的偷排乱排行为“睁一只眼闭一只眼”；一些地方的环保部门监管、执法不力，甚至与污染企业串通一气，导致污染愈演愈烈。因此，要想根治污染问题，除了用重典、出重拳查处问题企业，使之无处遁形外，还须严厉追究相关监管者的责任。

更为重要的是，各级政府当真正树立科学发展观和正确的政绩观。须知，发展不只是单纯的 GDP，不只是单纯的经济挂帅，生态文明建设更应该贯穿经济社会发展的全过程，“五位一体”建设美丽中国，良好的环境是最基本的托底保障。为经济社会创造良好发展环境、为公共利益保驾护航是任何时候都不能弃守的底线。

资源环境的“瓶颈”正越收越窄，传统发展模式将难以为继，环境保护长期滞后于经济发展的状况必须改变，绿色转型步伐亟待加快。针对雾霾天气，有关部门已采取措施，PM2.5 监测治理正逐步铺开；对高环境风险行业推进环境污染强制责任保险试点工作也将开展；多省份跨区域联合治理雾霾、跨流域联合治理水污染行动也在酝酿中……人们期待，这些政策、举措能够真正落实到位，为解决污染问题发挥作用。

对公众日益觉醒的环保意识和不断增强的维权意识，更需加倍鼓励和呵护，充分保障公民对环境问题拥有知情权、表达权、监督权。春节期间，公益人士邓飞发起“家乡污染全民拍”活动，得到广大网民的热烈响应。“共同治理污染，还我青山绿水”既是政府的应有职责，也是每个公民的神圣使命。

“建设美丽中国”是中央的战略部署，“过上更美好的生活”是亿万国民的新期待，而兑现承诺、顺应期待，治理环境污染绝不能手软！

资料来源：治理污染绝不能手软，《半月谈》，2013 年第 5 期

【思考题】

1. 试述生态文明建设与经济建设之间的关系。
2. 作为当代中国大学生应该如何身体力行的坚守“敬畏自然、顺应自然、保护自然”的生态文明理念？

六、名人名言名句

掌握新技术，要善于领悟，更要善于创新。

——邓小平

创新是一个民族进步的灵魂，是一个国家兴旺发达的不竭动力。

——江泽民

创新是引领发展的第一动力。抓创新就是抓发展，谋创新就是谋未来。适应和引领我国经济发展新常态，关键是要依靠科技创新转换发展动力。

——习近平

将来，先进国家生产的产品价值只有很少一部分是从蓝领工人的劳动及从资本物中得来，而主要是从设想和创新中得到的。

——吉福德·平肖第三

假如没有独创精神，不去摸索更新的途径，只是随着别人的足迹走路，也总会落伍别人一步；要想赶过别人，非有独创精力不可。

——华罗庚

创新是企业的灵魂，是企业持续发展的保证！

——海尔集团

企业一旦站立到创新的浪尖上，维持的办法只有一个，就是要持续创新。

——张瑞敏

在民主的国家里，法律就是国王；在专制的国家里，国王就是法律。

—— 马克思

不实现民主，社会主义就不能实现。胜利了的社会主义如果不实行充分的民主，它就不能保持它所取得的胜利，引导人类走向国家的消亡。

——列宁

我国的人民民主专政是共产党领导下的人民民主统一战线的政权，应该更重视统一战线问题。

—— 周恩来

民主集中制是我们政治生活中的基本原则。

—— 周恩来

文化自信，是更基础、更广泛、更深厚的自信。

——习近平

舆论导向正确，是党和人民之福；舆论导向错误，是党和人民之祸。

——江泽民

各美其美，美人之美，美美与共，天下大同。

——费孝通

一个国家，一个民族，最可怕的是自己的根本文化亡掉了，如果文化亡掉了就会万劫不复，永远不会翻身。

——南怀瑾

世界上一切资源都可能枯竭，只有一种资源可以生生不息，那就是文化。

——任正非

民者，国之根也，诚宜重其食，爱其命。

——《三国志》

天下顺治在民富，天下和静在民乐，天下兴行在民趋于正。

——王廷相·《慎言·御民篇》

文国以民为本，社稷亦为民而立。

——孟子

乐民之乐者，民亦乐其乐；忧民之忧者，民亦忧其忧。为国者，以民为基。

——《三国志·魏书·华歆传》

不违农时，谷不可胜食也；数罟不入洿池，鱼鳖不可胜食也；斧斤以时入山林，材木不可胜用也。

——孟子·《寡人之于国也》

“竭泽而渔，岂不获得？而明年无鱼。”

——《吕氏春秋》

我们不要陶醉于我们对自然界的胜利，对于每一次这样的胜利，自然界都报复了我们。

——恩格斯

大自然是善良的慈母，同时也是冷酷的屠夫。

——雨果

没有一个清洁美好的环境，再优裕的生活条件也无意义。

——曲格平

我们既要绿水青山，也要金山银山。宁要绿水青山，不要金山银山，而且绿水青山就是金山银山。我们绝不能以牺牲生态环境为代价换取经济的一时发展。

——习近平

七、实践项目

实践项目一

《“五位一体”大家看》微视频创作

【目标要求】

通过《“五位一体”大家看》微视频创作实践项目，使学生了解社会、认识国情，加深对毛泽东思想和中国特色社会主义理论体系基本原理的理解，深化对党的路线方针政策的认识，坚定在中国共产党的领导下走中国特色社会主义道路的信念，为实现中华民族伟大复兴的共同理想，增强历史使命感和社会责任感。同时在参加实践的过程中，锻炼毅力、培养品格，增长才干、关注民情、服务基层、奉献社会，提高认识问题、分析问题和解决问题的能力，培育创新精神，使同学们成为中国特色社会主义伟大事业的合格建设者和可靠接班人。

【活动方案】

学生应利用课余时间进行，坚持理论联系实际的原则，注重时代性和实践性，在学习的基础上进行分析与思考，制作出有实际内容、有理论水平和宣传价值的微视频。具体要求如下：

1. 内容要求：把“五位一体”总体布局，即经济、政治、文化、社会、生态五个方面作为大的选题方向，自主发挥，不拘一格。可以关注经济建设，新发展理念、聚焦深化供给侧结构、人民生活变化、消费支付方式的转变等方面；关心政治建设，社会主义民主政治、依法行政、文明执法等热点；关注文化发展，聚焦社会主义核心价值观，坚定文化自信、建设社会主义文化强国，优秀传统文化等；关注和谐社会，在发展中保障和改善民生、医疗体制改革等；关注生态文明建设，建设美丽中国、绿水青山、人与自然和谐共生的话题。

微视频的内容要突出主题，要有过程、有材料、有观点、有分析、有结论。微视频限定在五分钟内。

2. 活动时间：教学第 13—14 周有计划的集中开展；活动地点为上课教室进行展示和讲解；要求全员分组参加。

3. 流程：提前布置，对班级学生进行合理分组，任课老师进行课内指导、课外辅导；预留时间做好视频审核和彩排工作；利用两节课的时间，由学生自主进行 5 分钟以内的微视频的展示和讲解。

4. 注意事项：任课教师要注意对微视频制作的指导和审核，引整个过程要正确引导学生思想，发挥主渠道作用，把握正能量，正思维，引领正确思想意识形态。同时要注重激发学生的学习主动性，思想觉悟性，思维独立性，培育首创精神，让学生有获得感。

【活动评价】

整个过程由学生以小组的形式自主选择内容，教师指导，最后根据学生的组织拍摄情况和形成的微视频的内容、理论水平、宣传价值以及拍摄技术等来评判学生的实践项目成绩。更为重要的是该实践项目的评价应以学生获得感为评价导向，鼓励学生的探索精神。本次实践项目成绩计入《毛泽东思想和中国特色社会主义理论体系概论》课程的平时成绩。

实践项目二

课堂辩论会——经济发展与环境保护能否并行？

【目的要求】

召开本次课堂辩论会的目的在于使学生深刻理解作为“五位一体”总体布局中两个重要的组成部分：经济建设与生态文明建设之间的相互关系，锻炼学生分析问题及解决问题的能力。

【活动方案】

1. 时间：1 课时
2. 地点：多媒体教室
3. 方式：以学习小组为单位，各组派代表阐述本组观点及回答其他组的质疑
4. 流程：

（1）准备工作。各学习小组利用课外时间确定本组的观点及搜集资料。

（2）上课时开始辩论比赛。

（3）任课教师点评及总结。

【活动评价】通过同学们的参与程度、团队合作及各组的现场表现三个方面进行综合评价。

八、学习延伸

1. 阅读《伟大事业的总体布局：五位一体学习读本》，红旗出版社，2017 年版。
2. 阅读《习近平关于社会主义经济建设论述摘编》，中央文献出版社，2017 年版。
3. 阅读《习近平关于社会主义政治建设论述摘编》，中央文献出版社，2017 年版。
4. 阅读《习近平关于社会主义文化建设论述摘编》，中央文献出版社，2017 年版。
5. 阅读《习近平关于社会主义社会建设论述摘编》，中央文献出版社，2017 年版。
6. 阅读《习近平关于社会主义生态文明建设论述摘编》，中央文献出版社，2017 年版。
7. 观看《创新中国》：http：//jishi. cctv. com/special/djsb/cxzgdjsb/index. shtml

这是一部讲述中国最新科技成就和创新精神的纪录片。全片共6集，每集50分钟，内容包括《信息》《能源》《制造》《生命》《空海》《潮起》。

8. 观看《创新之路》：http：//jishi. cctv. com/special/djsb/cxzl/index. shtml

《创新之路》由科学技术部、中央电视台联合制作，主创团队由完成了《大国崛起》《华尔街》《货币》等央视重大纪录片的核心成员组成，团队奔赴美国、英国、德国、瑞典、挪威、芬兰、以色列、日本、韩国等国家，为中国创新寻找他山之石。《创新之路》十集共450分钟的篇幅，逐一探讨科学、教育、政府、市场、法律、资本、人才等因素如何影响着创新，不是提供一种具体的创新方法，而是提供一种思考，一种方向，一种规律。

9. 观看《中华文明》：http：//tv. cctv. com/2012/12/15/VIDA1355559806848599. shtml

大型历史纪录片《中华文明》共十集，每集四十六分钟，各集分别体现出每个时代不同的人文主题，起始于五千年前的新石器时代，结束在鸦片战争之前，以考古依据、遗址和文物为有力佐证，真实清晰地展示中华民族文明演进的伟大历程，映射出炎黄子孙自强不息与厚德载物的民族精神。

10. 观看《美丽中国》：http：//tv. cctv. com/2012/12/10/VIDA1355117645556909. shtml

6集纪录片《美丽中国》由英国BBC电视台与中国中央电视台联手摄制，总长约6个小时，拍摄时间历经3年，摄制组行程跨越26个省、直辖市和自治区，拍摄了50多个国家级的野生动植物和风景保护区，86种中国珍奇野生动植物，还有30多个民族的生活故事，拍摄的高清影像素材总长超过500小时。

九、相关链接

1. 五位一体总体布局是十八大报告的“新提法”之一。经济建设、政治建设、文化建设、社会建设、生态文明建设——着眼于全面建成小康社会、实现社会主义现代化和中华民族伟大复兴，党的十八大报告对推进中国特色社会主义事业做出“五位一体”总体布局。

“五位一体”总体布局，是中国共产党对“实现什么样的发展、怎样发展”这一重大战略问题的科学回答，为用中国特色社会主义理论体系武装头脑、指导实践、推动工作，提供了强大思想武器。

2. 五大新发展理念：党的十八届五中全会坚持以人民为中心的发展思想，鲜明提出了创新、协调、绿色、开放、共享的新发展理念。其中创新注重的是解决发展动力问题，协调注重的是解决发展不平衡问题，绿色注重的是解决人与自然和谐问题，开放注重的是解决发展内外联动问题，共享注重的是解决社会公平正义问题。

3. 供给侧结构性改革：供给侧结构性改革旨在调整经济结构，使要素实现最优配置，提升经济增长的质量和数量。需求侧改革主要有投资、消费、出口三驾马车，供给侧则有劳动力、土地、资本、制度创造、创新等要素。

供给侧结构性改革，就是用增量改革促存量调整，在增加投资过程中优化投资结构、产业结构开源疏流，在经济可持续高速增长的基础上实现经济可持续发展与人民生活水平不断提高；就是优化产权结构，国进民进、政府宏观调控与民间活力相互促进；就是优化投融资结构，促进资源整合，实现资源优化配置与优化再生；就是优化产业结构、提高产业质量，优化产品结构、提升产品质量；就是优化分配结构，实现公平分配，使消费成为生产力；就是优化流通结构，节省交易成本，提高有效经济总量；就是优化消费结构，实现消费品不断升级，不断提高人民生活品质，实现创新—协调—绿色—开放—共享的发展。

4. 三去一降一补：“三去一降一补”是根据习近平总书记提出的供给侧结构性改革提出的。供给侧改革主要涉及产能过剩、楼市库存大、债务高企这三个方面，为解决好这一问题，就要推行“三去一降一补”的政策，即去产能、去库存、去杠杆、降成本、补短板五大任务。

5. 社会主义核心价值体系：由马克思主义指导思想、中国特色社会主义共同理想、以爱国主义为核心的民族精神和以改革创新为核心的时代精神、社会主义荣辱观四个方面内容构成。

6. 社会主义核心价值观：是社会主义核心价值体系的内核凝练和集中表达，体现着社会主义核心价值体系的根本性质和基本特征，反映着社会主义核心价值体系的丰富内涵和实践要求。党的十八大提出，倡导富强、民主、文明、和谐，倡导自由、平等、公正、法治，倡导爱国、敬业、诚信、友善，积极培育和践行社会主义核心价值观。富强、民主、文明、和谐是国家层面的价值目标，自由、平等、公正、法治是社会层面的价值取向，爱国、敬业、诚信、友善是公民个人层面的价值准则，这 24 个字是社会主义核心价值观的基本内容。

7. 总体国家安全观：以人民安全为宗旨，以政治安全为根本，以经济安全为基础，以军事、文化、社会安全为保障，以促进国际安全为依托，维护各领域国家安全，构建国家安全体系，走中国特色国家安全道路。

参考答案

一、重点难点测试

（一）单项选择题

1. A　2. C　3. D　4. C　5. A　6. A　7. A　8. B　9. D　10. D

（二）多项选择题

1. ABCDE　2. ABCD　3. ABCD　4. BCD　5. BCD

（三）问答题

1.（答案要点）：一是大力发展实体经济；二是加快实施创新驱动发展战略；三是激发各类市场主体活力；四是积极推动城乡区域协调发展；五是着力发展开放型经济；六是加快完善社会主义市场经济体制。

2.（答案要点）：党的领导是人民当家做主和依法治国的根本保证，人民当家做主是社会主义民主政治的本质特征，依法治国是党领导人民治理国家的基本方式，三者统一于我国社会主义民主政治伟大实践。

3.（答案要点）：一是培养高度的文化自信；二是大力发展文化事业和文化产业；三是提高国家文化软实力。

4.（答案要点）：一是优先发展教育事业；二是提高就业质量和人民收入水平；三是加强社会保障体系建设；四是坚决打赢脱贫攻坚战；五是实施健康中国战略。

5. 尊重自然是人与自然相处时应秉承的首要态度；顺应自然是人与自然相处时应遵循的基本原则；保护自然是人与自然相处时应承担的重要责任。

二、案例品评

【精选案例 1】

答案要点：一是推进增长动能转换，以加快发展先进制造业为重点全面提升实体经济；二是深化要素市场化配置改革，实现以价取胜向以质取胜的转变；三是加大人力资本培育力度，更加注重调动和保护人的积极性；四是持续推进“三去一降一补”，优化市场供求结构。

【精选案例 2】

1. 答案要点：中国共产党领导的多党合作和政治协商制度，是适合中国国情的社会主义政党制度，与多党竞争、轮流执政的“打橄榄球”式的西方政党制度有着本质区别。“唱大合唱”形象地反映了我国政党制度的鲜明特点：即共产党领导，多党派参政；中国共产党和各民主党派有着共同的根本利益和共同目标，这充分体现了中国共产党团结一致、合作共事的优点和特点。

2. 答案要点：各民主党派参加国家政权、参与国家事务管理、参与国家大政方针和国家领导人选的协商，参与国家方针、政策、法律、法规的制定执行。民主党派成员通过多渠道、多形式广泛开展重大问题的调查研究，对执政党的工作实行民主监督，积极参与改革开放和现代化事业建设，为推动祖国统一大业和社会全面进步不断建言献策。

【精选案例 3】

1. 答案要点：国家层面的社会主义核心价值观：富强、民主、文明、和谐；社会层面的社会主义核心价值观：自由、平等、公正、法制；公民层面的社会主义核心价值观：爱国、敬业、诚信、友善。

2. 答案要点：培育和弘扬核心价值观，有效整合社会意识，是社会系统得以正常运转、社会秩序得以有效维护的重要途径，也是国家治理体系和治理能力的重要方面。历史和现实都表明，构建具有强大感召力的核心价值观，关系社会和谐稳定，关系国家长治久安。

3. 答案要点：青年的价值取向决定了未来整个社会的价值取向，而青年又处在价值观形成和确立的时期，抓好这一时期的价值观养成十分重要，同时当代青年是实现“两个一百年”奋斗目标的见证者、参与者。

4. 答案要点：一是要把社会主义核心价值观融入社会生活各个方面；二是从个人做起，从小事做起，以社会主义核心价值观为行为准则；三是立足于中华传统文化和革命文化；发扬中国人民在长期奋斗中培育、继承、发展起来的伟大民族精神。

【精选案例4】

答案要点：一是优先发展教育事业；二是提高就业质量和人民收入水平；三是加强社会保障体系建设；四是坚决打赢脱贫攻坚战。

【精选案例5】

1. 答案要点：生态文明与经济发展是相辅相承的，二者是辩证统一的关系。离开生态文明单纯地去抓经济发展，不仅不会成功，反而会使经济发展远离既定的目标。同样，离开经济发展谈生态文明，也不会有真正的发展，经济的发展为生态文明建设提供物质保障。

2. 答案要点：一是把节约资源放在首位；二是坚持保护优先、自然恢复为主；三是着力推进绿色发展、循环发展、低碳发展；四是形成节约资源和保护环境的空间格局、产业结构、生产方式、生活方式。

第十一章 “四个全面”战略布局

一、学习目的和要求

通过本章的学习，让学生深刻理解“四个全面”战略布局确立了新的历史条件下党和国家各项工作的战略目标和战略举措，是我们党在新形势下治国理政的总方略，是事关党和国家长远发展的总战略，为实现“两个一百年”奋斗目标和中华民族伟大复兴提供了重要保障。

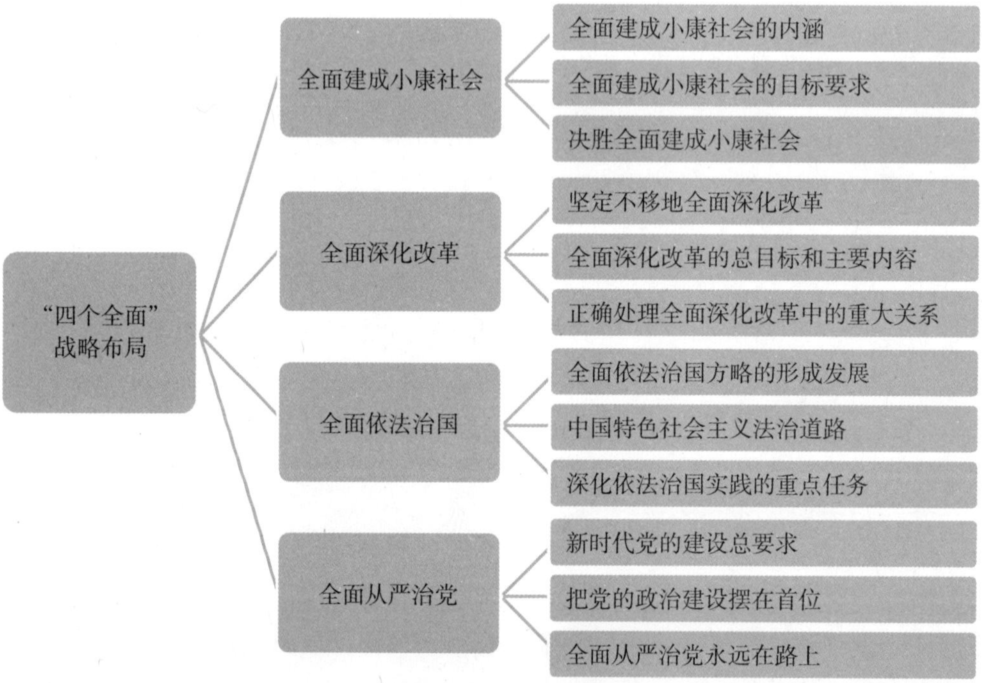

图 11－1 思维导图

二、学习重点

“四个全面”战略布局的基本内容、内涵及目标要求。

三、学习难点

全面从严治党。

四、重点难点测试

（一）单项选择题

1. 党的（　　）提出了到2020年全面建成小康社会的奋斗目标。

A. 十九大　B. 十八大　C. 十七大　D. 十一届三中全会

2. “小康不小康，关键看老乡”指的是小康社会是（　　）。

A. 老乡的小康　B. 没有城乡差异的小康

C. 惠及全体人民的小康　D. 缩小城乡区域差距的小康

3.（　　）战略布局，确立了新的历史条件下，党和国家各项工作的战略目标和战略举措，是我们党在新形势下治国理政的总方略。

A. 两学一做　B. 三严三实　C. 四个全面　D. 五位一体

4. 解决中国现实问题的根本途径是（　　）。

A. 全面建成小康社会　B. 全面深化改革

C. 全面依法治国　D. 全面从严治党

5. 我国改革开放之所以能取得巨大成功，关键是我们把（　　）作为党和国家的生命线。

A. 为人民服务　B. 实事求是　C. 党的基本路线　D. 马克思主义

6. 中国共产党的根本宗旨是（　　）。

A. 理论联系实际　B. 马克思主义　C. 共产主义　D. 全心全意为人民服务

7. 新时代党的建设要以（　　）为根基。

A. 建设社会主义法治国家　B. 坚定理想信念宗旨

C. 从严治党　D. 依法治国

8.（　　）是新时代党的建设的根本方针。

A. 依法治党　B. 坚持和加强党的全面领导

C. 坚持党要管党、全面从严治党　D. 党风廉政建设

9. 全面从严治党的要求中，党的（　　）是党的根本性建设。

A. 先进性建设　B. 作风建设　C. 思想建设　D. 政治建设

10. 严明党的纪律，首要是严明（　　）。

A. 作风纪律　B. 政治纪律　C. 党章　D. 反腐倡廉

（二）多项选择题

1. 全面建成小康社会，更重要、更难做到的是“全面”，“全面”讲的是发展的（　　）。

A. 平衡性　B. 协调性　C. 充分性　D. 可持续性

2. 党的十八届五中全会对全面建成小康社会提出的目标要求包括了（　　）。

A. 经济保持中高速增长　B. 创新驱动成效显著

C. 发展协调性明显增强　D. 人民生活水平和质量普遍提高

3. 新时代党的建设要以（　　）为主线。

A. 加强党的长期执政能力建设　B. 坚持和加强党的全面领导

C. 全面从严治党　D. 先进性和纯洁性建设

4. 新时代党的建设目标是把党建设成为（　　）朝气蓬勃的马克思主义执政党。

A. 始终走在时代前列　B. 人民衷心拥护

C. 勇于自我革命　D. 经得起各种风浪考验

5. 习近平强调：纠正“四风”不能止步，作风建设永远在路上。“四风”包括（　　）。

A. 享乐主义　B. 奢靡之风　C. 形式主义　D. 官僚主义

6.（　　）是新时代党的建设的根本方针。

A. 依法治党　B. 全面从严治党　C. 坚持党要管党　D. 党风廉政建设

7. 我国社会主义现代化建设中改革、发展、稳定的关系是（　　）。

A. 改革是经济社会发展的强大动力　B. 发展是解决一切经济社会问题的关键

C. 稳定是改革发展的必然结果　D. 稳定是改革发展的前提

8. 发展社会主义民主政治，最根本的是要把（　　）有机统一起来。

A. 马克思主义　B. 坚持党的领导　C. 人民当家做主　D. 依法治国

9. 全面依法治国必须坚持厉行法治，推进（　　）。

A. 科学立法　B. 严格执法　C. 公正司法　D. 全民守法

10. 按照（　　）的要求，加快建设执法、司法、守法等方面的体制机制。

A. 有法必依　B. 执法必严　C. 立法必稳　D. 违法必究

（三）问答题

1. 决胜全面建成小康社会提出了哪些新要求？
2. 如何理解全面深化改革的总目标？
3. 如何正确理解坚持党的领导、人民当家做主和依法治国的有机统一？
4. 如何理解新时代党的建设总要求？

五、案例品评

【精选案例 1】

啃最硬的“骨头”——精准发力扶持深度贫困地区

2018 年是贯彻党的十九大精神的开局之年，是改革开放 40 周年，是决胜全面建成小康社会、实施“十三五”规划承上启下的关键一年。

截至 2017 年末，全国农村贫困人口从 2012 年末的 9899 万人减少至 3046 万人，累计减少 6853 万人；贫困发生率从 2012 年末的 10.2% 下降至 3.1%，累计下降 7.1 个百分点。脱贫攻坚成效显著、举世瞩目，但这不是终点。

如果说脱贫攻坚是一场硬仗，那么深度贫困地区脱贫就是这场硬仗中的硬仗。当前，我国还有 3000 多万贫困人口，他们集中分布在贫困程度深、脱贫难度大的深度贫困地区。深度贫困地区脱贫，依然是脱贫攻坚路上的“拦路虎”、硬骨头。2017 年底，全国扶贫开发工作会议召开，明确将深度贫困地区脱贫攻坚作为 2018 年的工作重点。

春节前夕，习近平来到平均海拔 2500 多米的凉山彝族自治州昭觉县三岔河乡三河村。考察过程中，他与彝族同胞拉家常、聊产业、话脱贫。

“全面建成小康社会最艰巨最繁重的任务在贫困地区，特别是在深度贫困地区，无论这块硬骨头有多硬都必须啃下，无论这场攻坚战有多难打都必须打赢，全面小康路上不能忘记每一个民族、每一个家庭。”习近平掷地有声的承诺彰显了打赢深度贫困地区脱贫攻坚战的信心和决心。

资料来源：人民网，“2018 年中观察”系列报道

【思考题】

你对打赢深度贫困地区脱贫攻坚战有信心吗？如何理解全面建成小康社会决胜期？

【精选案例 2】

深化改革催生实干“新政风”

因改革开放而生，因改革开放而兴。

海南，博鳌，见证着改革开放的又一个重要历史时刻，向世界宣誓中国改革的决心。4 月 14 日，博鳌亚洲论坛年会刚刚结束，《中共中央国务院关于支持海南全面深化改革开放的指导意见》就正式对外

发布，赋予海南经济特区改革开放新使命。

河北，雄安，承载着深入推进京津冀协同发展的重大战略选择，新区建设如火如荼。

4 月 20 日，中共中央、国务院关于对《河北雄安新区规划纲要》的批复全文发布。雄安新区以更大的改革自主权，高起点规划、高标准建设。

一南一北，两座城市的变化，成为全面深改落地生根、多点开花的缩影。

尤为值得注意的是，浙江等地深化“最多跑一次”改革，不仅在地方实践上取得改革实效，并推动着中央层面的制度和政策设计改革。深改会议要求，对需要中央层面解决的事项，要列出清单，统筹考虑，分类处理，通过机构改革、投资审批改革、信息共享、法律修改等措施，抓紧研究解决有关问题。改革需要实干家、促进派。这半年来，全国各地陆续出台相关措施，对于改革发展“不作为”实行零容忍。

天津市委印发《关于深入开展不作为不担当问题专项治理三年行动方案（2018—2020 年）》，决定自 2018 年到 2020 年，在全市范围内持续深入开展不作为不担当问题专项治理行动。

山东省纪委通报 5 起不担当不作为典型问题，警示教育各级党组织和党员干部担当作为，持续营造干事创业的良好氛围。

实现新作为，惩治不作为，催生出真干实干、生机勃勃的“新政风”，全国上下，凝聚起改革的澎湃动力。

资料来源：人民网，“2018 年中观察”系列报道

【思考题】

改革开放四十年以来，社会发生了深刻的变革。谈谈近几年你身边又发生了哪些新变化？中国为什么还要继续全面深化改革？

【精选案例 3】

以永远在路上的执着把全面从严治党引向深入

习近平总书记强调，要全面贯彻党的十九大精神，重整行装再出发，以永远在路上的执着把全面从严治党引向深入，开创全面从严治党新局面。这个重要论断，既是我们党勇于自我革命的宣言书，也是推动全面从严治党向纵深发展的动员令。必须以持之以恒的韧劲、开拓创新的闯劲、勇于担当的干劲，把我们党建设得更加坚强有力。

用好用足全面从严治党好经验。坚持思想建党和制度治党相统一、坚持使命引领和问题导向相统一、坚持抓“关键少数”和管“绝大多数”相统一、坚持行使权力和担当责任相统一、坚持严格管理和关心信任相统一、坚持党内监督和群众监督相统一。这“六个相统一”，全面系统地总结了党的十八大以来全面从严治党的实践经验，进一步深化了我们党对管党治党规律的认识，为推进新时代党的建设新的伟大工程提供了重要遵循。推动全面从严治党再出发，应长期坚持、不断深化这“六个相统一”，做到既解决思想问题，也解决制度问题，二者同向发力、同时发力；既要立足当前、直面问题，又要着眼未来、登高望远，在解决人民群众最不满意的问题上下功夫，在加强统筹谋划、强化顶层设计上着力；既要用更高更严的标准、更严的管理和监督抓住“关键少数”，又要严格教育、严格管理、严格监督管好“绝大多数”；既要紧盯权从何来、权为谁用这个根本要害，又要咬住落实责任、敢于担当这个根本要求；既要把纪律挺在前面，真管真严、敢管敢严、长管长严，又要激励爱护，为坚持原则、脚踏实地的干部撑腰鼓劲；既要强化党内监督，坚持越往后越严，又要拓宽渠道，发挥群众监督、舆论监督作用。

坚持和加强党的全面领导。中国特色社会主义最本质的特征是中国共产党领导，全面从严治党核心是加强党的领导。党政军民学，东西南北中，党是领导一切的。坚持党的领导，最关键的是要切实增强“四个意识”，坚定“四个自信”，坚决执行党中央确定的路线方针政策，坚决维护以习近平同志为核心的党中央权威和集中统一领导，坚决维护习近平总书记在党中央和全党的核心地位，始终在思想上政治上行动上同以习近平同志为核心的党中央保持高度一致。这不是空洞的口号，不能只停留在表态上，要落实到行动上，自觉做到党中央提倡的坚决响应、党中央决定的坚决执行、党中央禁止的坚决不做。

坚持以党的政治建设为统领。党的政治建设是党的根本性建设，决定党的建设方向和效果。推动全面从严治党再出发，需要以党的政治建设为统领，全面推进党的政治建设、思想建设、组织建设、作风建设、纪律建设，把制度建设贯穿其中，深入推进反腐败斗争。党的政治建设要把坚决维护以习近平同志为核心的党中央权威和集中统一领导作为首要任务。思想建设要把用习近平新时代中国特色社会主义思想武装全党作为一项重大政治任务认真贯彻落实，筑牢共产党人的精神支柱和政治灵魂。组织建设要突出政治标准和政治功能这个硬杠杆，建设高素质专业化干部队伍，把全面从严治党延伸到基层。作风建设要坚持以人民为中心的政治要求，增强群众观念和群众感情，增强对不良习气的政治免疫力和抵抗力。纪律建设要重点强化政治纪律和组织纪律，运用监督执纪“四种形态”，让干部习惯在受监督和约束的环境中工作生活。反腐败斗争是一场输不起的斗争，应深化标本兼治，重点查处政治腐败和经济腐败相互交织的案件。

资料来源：《学习时报》，2018 年 6 月 1 日，第 A1 版

【思考题】

如何理解全面从严治党永远在路上？

【精选案例 4】

落实“两个责任”不力，青岛日报社原党委书记、原纪委书记双双被问责

山东省青岛日报社原党委书记蔡晓滨、原纪委书记官明亮或许没有想到，虽然已经离开工作岗位，但仍因原单位多人违纪问题被青岛市委、市纪委追究纪律责任。

2015 年 9 月以来，青岛日报社、青岛报业传媒集团多人因违纪违法问题被查处，青岛日报社党委原副书记、青岛报业传媒集团原总经理王海涛被开除党籍、开除公职，并移送司法机关依法处理；5 名班子成员、19 名中层干部和工作人员因违反廉洁自律规定等问题受到纪律处分或组织处理。

一个单位发生如此多严重违纪问题，暴露出的是日报社党委尤其是党委书记蔡晓滨抓党风廉政建设力度不够，对班子成员疏于教育、管理和监督。

调查中还发现，有关人员在向王海涛行贿的同时，也曾向时任党委书记的蔡晓滨行贿。虽然蔡晓滨拒收，但作为党委书记并未能引起重视，更未举一反三，严肃查纠。搞好人主义、一团和气，“独善其身”看似合法，却为腐败滋生蔓延埋下更大隐患。最终，蔡晓滨被给予党内严重警告处分。

日报社纪委未能协助党委抓好党风廉政建设工作，履行监督责任不力，面对不正之风和腐败行为不坚持原则，不敢斗争，尤其是任纪委书记官明亮对集团内部存在的请客送礼和公款宴请问题不管不问，一定程度上放任了违纪违规问题的滋生蔓延，官明亮被给予党内警告处分。

资料来源：中央纪委国家监委网站，http：//www. ccdi. gov. cn/

【思考题】

如何理解“管党治党不能只嘴上说墙上挂，失责必问”？

【精选案例 5】

多家单位多名干部办公用房超标准，县委副书记、县纪委副书记被问责

“原来想着顶多批评教育一下就过去了，没想到连县委副书记和县纪委副书记都受到了处分，真是动真格了。”一个县几家单位的多名干部违纪，县委副书记、县纪委副书记因落实中央八项规定精神不到位，受到责任追究，这让该县党员干部特别是领导干部深受触动。

2015 年春节前夕，为防“四风”反弹，甘肃省纪委在各地开展明察暗访。2 月 9 日，工作人员敲开西和县政协办公室主任吴晓宏的房门，一间宽敞的大办公室映入眼帘。

该办公室实测面积 31. 5 平方米，属于超标准办公用房。

其实，西和县早在 2013 年 9 月，就开展了党政机关清理办公用房工作。当时吴晓宏从一间 30 余平方米的套房办公室搬进了一间面积约 17 平方米的办公室。然而 9 个月后，认为“风声已过”的吴晓宏，在没向主要领导汇报的情况下，又搬进了这间 31. 5 平方米的大办公室。

被清理后重新搬回超标准办公用房，这种现象在该县其他单位有没有？调查人员了解到，西和县疾控中心主任谢小虎也在清理办公用房后离开了50平方米的原办公室，可一年多以后又搬了回去，县农技中心主任陈永禄也存在类似违纪行为。而该县文化体育局为应付检查，将分别拥有25平方米办公室的四名干部的办公用房面积都谎报为12平方米。被下发通知要求整改后，只是在这4名干部的办公桌上加上其他职工的岗位牌，企图蒙混过关。

西和县纪委共发现该县多家单位7名干部存在办公用房超标问题，分别给予这7人党内警告、党内严重警告等相应处分。

事情到此并未结束，西和县委副书记辛晓宏和县纪委副书记、监察局局长安文辉，作为办公用房清理工作领导小组组长和办公室主任，履行党风廉政建设主体责任、监督责任不力，对清退超标准办公用房工作重视程度不够，监督检查覆盖面不广，对整改情况没有跟踪督查，没有及时发现瞒报、谎报问题，对苗头性、倾向性问题约谈和批评教育不够。2015年5月，陇南市纪委对辛晓宏、安文辉进行问责，给予二人党内警告处分。

资料来源：中央纪委国家监委网站，http：//www. ccdi. gov. cn/

【思考题】

谈谈加强作风建设的重要性。

【精选案例6】

政治建设是全面从严治党的根本性建设

习近平总书记在十九届中央纪委二次全会上强调，要坚持以党的政治建设为统领，坚决维护党中央权威和集中统一领导。“政治建设事关党举旗、走路、定向的大问题，事关党的理想信念能否长久坚持，事关党中央权威和集中统一领导，事关党的长期执政能力，事关党能否永葆生机活力，是管党治党的根本性问题。”日前，中国延安干部学院副院长、教授赵耀宏在接受记者专访时表示。

1. 政治上的坚定源于理论上的清醒

“理论上的成熟是政治上成熟的前提和基础，政治上的坚定来源于理论上的清醒。”赵耀宏表示，坚持以政治建设为统领，就要始终坚持以习近平新时代中国特色社会主义思想武装头脑、指导实践、推动工作，善于掌握贯穿于习近平新时代中国特色社会主义思想中的坚定信仰信念、鲜明人民立场、历史担当、求真务实作风、勇于创新精神和科学方法论。

赵耀宏说，要通过学习提升政治定力、理论功力和工作能力，补精神之钙、固思想之元。通过理论学习，提高政治鉴别能力，自觉抵制新自由主义、历史虚无主义等错误思潮，自觉增强道路自信、理论自信、制度自信和文化自信，既不走封闭僵化的老路，也不走改旗易帜的邪路，始终坚持和发展中国特色社会主义。

2. 对党忠诚是共产党员的庄严承诺

习近平总书记指出，党中央做出的决策部署，所有党组织都要不折不扣贯彻落实，始终在政治立场、政治方向、政治原则、政治道路上同党中央保持高度一致。任何时候任何情况下，党的领导干部在政治上都要站得稳、靠得住，对党忠诚老实、与党中央同心同德，听党指挥、为党尽责。对此，赵耀宏表示，对党忠诚与否是判断一名共产党员是否合格的试金石。对一个真正的共产党人而言，要牢记自己对党的庄严承诺，坚持在党爱党、在党言党、在党忧党、在党为党，对待党的事业要像对待自己的生命一样，维护党的形象要像爱护自己的眼睛一样，这是立身、立德、立言之本。

赵耀宏表示，历史和现实都表明，中国共产党的领导是革命、建设和改革事业取得成功的根本保证，是中国特色社会主义最本质的特征，是中国特色社会主义制度的最大优势。要增强“四个意识”，把对党忠诚体现在坚决维护习近平总书记这个全党的核心、党中央的核心上，体现在坚决维护党中央权威和党的集中统一领导上，体现在坚决执行党中央的路线方针政策上。

3. 用严明的纪律管全党治全党

习近平总书记指出，要全面加强纪律建设，用严明的纪律管全党治全党。要加强纪律教育，使铁的纪律转化为党员、干部的日常习惯和自觉遵循。赵耀宏认为，政治纪律是党最根本的纪律。一些党员干部违规违纪违法，根本上还是政治上出了问题，政治意识淡漠、政治纪律松弛。

在一些地方和部门，党内政治生活随意化、形式化、平淡化、庸俗化的现象蔓延，个人主义、分散主义、自由主义、好人主义盛行，系统性、塌方式、家族式的腐败不断出现，特别是周永康、薄熙来、郭伯雄、徐才厚、孙政才、令计划等人政治野心膨胀，阳奉阴违、拉帮结派，大搞政治阴谋活动。“还有衡阳破坏选举案、南充和辽宁拉票贿选案等，严重破坏了党内选举制度和人大选举制度。这些严重的违纪违法问题，从根本上看，都严重违反了党的政治纪律，都是对党的政治纪律的亵渎和践踏。”赵耀宏说。

“坚定执行党的政治路线，就要严格遵守政治纪律和政治规矩，在思想上、政治上、行动上同党中央保持高度一致。”赵耀宏表示，要严格尊崇党章，严格执行党规党纪，自觉抵制违法违规行为对党内政治生活的侵蚀。要加强政治纪律教育，提高党员干部的政治觉悟和政治能力，切实把高的标准、严的要求、细的对策和实的措施融入严格执行政治纪律的每一个环节，使讲政治、守纪律、懂规矩成为每一个共产党人的自觉遵循。

4. 把党性修养落实到为民服务实践中

习近平总书记指出，要深刻认识共产主义远大理想和中国特色社会主义共同理想的辩证关系，既不能离开发展中国特色社会主义事业、实现民族复兴的现实工作而空谈远大理想，也不能因为实现共产主义是一个漫长的历史过程就讳言甚至丢掉远大理想。赵耀宏认为，理想信念问题是共产党人党性修养的首要问题。

赵耀宏说，从组织层面看，党性就是党的性质，加强党的政治建设，目的在于坚定不移维护和确保党的性质永不变色；从党员个体层面看，党性就是党员与党的一致性问题，党员是党的细胞，党员与党保持一致性就是有党性，党员若与党不能保持一致性或不完全一致，就是没有党性或党性不纯。

赵耀宏说，加强党的政治建设，就要求共产党人必须自觉锤炼党性，在锤炼党性的过程中，不断提高政治素养、政治站位和政治本领。

赵耀宏认为，正确处理好党性与个性的关系，把党性放在第一位；正确处理党的利益与个人利益的关系，把党的利益放在第一位；正确处理个人与群众的关系，把群众利益放在第一位。像习近平总书记要求的那样，“保持对人民的赤子之心，坚持工作重心下移，扑下身子深入群众，面对面、心贴心、实打实做好群众工作，着力解决群众反映强烈的突出问题。”

“党的政治建设直接关系到全面从严治党能否真正落到实处，直接关系到党的新气象新作为。”赵耀宏说。十八大以来，我们党解决了许多长期想解决而不能解决的问题，办成了许多过去想办而没有办成的大事，这得益于党的政治建设的不断加强、党中央权威和集中统一领导的不断强化。党的政治建设作为新时代党建工作的鲜明特色和核心内容，是全面从严治党向纵深发展的根本保证。

资料来源：《光明日报》，2018 年 1 月 19 日，第 5 版

【思考题】

如何理解中国共产党在党的建设问题上把党的政治建设摆在首位？

六、名人名言名句

“翻两番，国民生产总值人均达到八百美元，就是到本世纪末在中国建立一个小康社会。这个小康社会，叫作中国式的现代化。”

——邓小平

“改革开放从一开始就有反对意见，我说不争论，一争论，就把时间都争掉了。要敢闯，没有一点敢闯的精神，没有一点勇气，没有一点干劲，干不出新事业。”

——邓小平

“中国要出问题，还是出在共产党内部。对这个问题要清醒。”

——邓小平

“小智治事，中智治人，大智立法。治理一个国家、一个社会，关键是要立规矩、讲规矩、守规矩。”

——习近平

“领导干部要严以修身、严以用权、严以律己，谋事要实、创业要实、做人要实。”

——习近平

对党绝对忠诚要害在“绝对”两个字，就是唯一的、彻底的、无条件的、不掺任何杂质的、没有任何水分的忠诚。

——习近平

要坚持“老虎”“苍蝇”一起打，既坚决查处领导干部违纪违法案件，又切实解决发生在群众身边的不正之风和腐败问题。

——习近平

对违规违纪、破坏法规制度踩“红线”、越“底线”、闯“雷区”的，要坚决严肃查处，不以权势大而破规，不以问题小而姑息，不以违者众而放任，不留“暗门”、不开“天窗”，坚决防止“破窗效应”。

——习近平

要加强对权力运行的制约和监督，把权力关进制度的笼子里，形成不敢腐的惩戒机制、不能腐的防范机制、不易腐的保障机制。

——习近平

全面从严治党永远在路上。……各级党组织要担负起全面从严治党主体责任。全面从严治党，核心是加强党的领导，基础在全面，关键在严，要害在治。

——习近平

七、实践项目

实践项目一

小康生活在我身边

【目标要求】

通过组织学生开展《小康生活在我身边》教育活动，更好地宣传我区实现全面小康所做的工作和成效，从而让全体学生体会和深刻感悟美好的小康生活，营造浓厚的全面小康建设的舆论氛围。

【活动方案】

1. 时间：利用课余时间（大约两周时间）
2. 地点：社区或家乡
3. 对象：本校一年级学生
4. 组织：每5—8名同学组成一个学习小组，分工合作
5. 流程：（1）确定本组的主题（近年来，家乡在衣食住行等方面所发生的巨大变化）。（2）收集相关资料。（3）制作PPT。（4）上课时间，小组派代表进行汇报。

【活动评价】

以主题班会形式让同学们汇报自己在活动中的收获，从而让学生懂得今天的幸福生活来之不易，激发学生长大后为家乡做贡献的热情。老师根据学生参与的积极程度、资料详细程度、PPT制作及展示效果进行综合考评，按优秀、良好、及格和不及格四个等级评定成绩。

实践项目二

我校大学生法律意识现状调研

【目标要求】

针对我校在校大学生设置调查问卷，了解我校大学生对法律知识的了解和掌握程度，以及运用法律知识来维护自身利益的能力，帮助学生进一步理解“全面依法治国是关系我们党执政兴国、人民幸福安康、党和国家长治久安的重大战略问题”。

【活动方案】

1. 时间：利用课余时间开展调查问卷工作（大约两周时间）

2. 地点：校园内

3. 对象：本校在校大学生

4. 组织：每5—8名同学组成一个调研小组，分工合作

5. 流程：（1）设计调查问卷：问卷设计10道题目；问卷编写须有针对性；采用单项选择题，每道题的选项为2—4个选项。（2）发放调查问卷：准备100份问卷，无记名填写。（3）统计问卷结果。（4）问卷分析讨论。

【活动评价】

活动结果：撰写调研报告

八、学习延伸

1. 阅读《大雅·民劳》，《诗经》，北京出版社，2006年版。

2. 阅读邓小平：《中国本世纪的目标是实现小康》，《邓小平文选》第2卷，人民出版社，1994年版。

3. 阅读费孝通：《乡土中国》，人民出版社，2008年版。

4. 阅读习近平：《摆脱贫困》，福建人民出版社，2014年版。

5. 阅读邓小平：《在武汉、深圳、珠海、上海等地的谈话要点》，《邓小平文选》第三卷，人民出版社，1993年版。

6. 阅读《中华人民共和国宪法》，人民出版社，2018年版。

7. 阅读习近平：《习近平谈治国理政》第一卷，外文出版社，2018年版。

8. 阅读《党员就该这样干》，红旗出版社，2018年版。

9. 阅读戴立兴，黄宇，龚上华：《精神：新时代中国共产党的伟大精神》，人民日报出版社，2018年版。

10. 观看纪录片《永远在路上》，中央纪委宣传部、中央电视台联合制作，中央纪委中国方正出版社，2016年首播。

11. 观看纪录片《法治中国》，中央宣传部、中央电视台联合制作，2017年首播。

12. 观看纪录片《辉煌中国》，中央宣传部、中央电视台联合制作，2017年首播。

13. 观看纪录片《将改革进行到底》，中共中央宣传部、中央全面深化改革领导小组办公室组织指导，中央电视台承担制作，2017年首播。

九、相关链接

1. 贫困线：是在一定的时间、空间和社会发展阶段的条件下，维持人们的基本生存所必需消费的物品和服务的最低费用，贫困线又叫贫困标准。国际贫困标准2015年为一人一天1.9美元。中国贫困标准2016年贫困线约为农村居民家庭人均纯收入3000元人民币/年，2015年为2800元。

2. 低碳：是指较低（更低）的温室气体（二氧化碳为主）排放。随着世界工业经济的发展、人口的剧增、人类欲望的无限上升和生产生活方式的无节制，世界气候面临越来越严重的问题，二氧化碳排放量越来越大，地球臭氧层正遭受前所未有的危机，全球灾难性气候变化屡屡出现，已经严重危害到人类的生存环境和健康安全，即使人类曾经引以为豪的高速增长或膨胀的GDP也因为环境污染、气候变化而大打折扣。减少排放二氧化碳的生活则叫作低碳生活。

3. 主体功能区：是指基于不同区域的资源环境承载能力、现有开发密度和发展潜力等，将特定区域确定为特定主体功能定位类型的一种空间单元。

4. 破窗效应：环境中的不良现象如果被放任存在，会诱使人们仿效，甚至变本加厉。一幢有少许

破窗的建筑为例，如果那些窗不被修理好，可能将会有破坏者破坏更多的窗户。最终他们甚至会闯入建筑内，如果发现无人居住，也许就在那里定居或者纵火。

5. “四风”：指形式主义、官僚主义、享乐主义和奢靡之风。四风问题是违背中国共产党的性质和宗旨的，是群众深恶痛绝、反映最强烈的问题，也是损害党群干群关系的重要根源。

6. “三严三实”：2014 年 3 月 9 日，习近平总书记在中华人民共和国第十二届全国人民代表大会第二次会议安徽代表团参加审议时，关于推进作风建设的讲话中，提到“既严以修身、严以用权、严以律己；又谋事要实、创业要实、做人要实”的重要论述。

7. 码头文化：主要是指以“义”“利”为主导而形成的一种文化，表现为划分势力范围，拉帮结伙，讲江湖义气，重当前利益。所谓“拜码头”，正是其中一种。“义”“利”二字是其“文化”精髓，但其实质则是带着浓厚江湖气息的形为“义”而实为“利”。

参考答案

一、重点难点测试

（一）单项选择题

1. B 2. C 3. C 4. B 5. C 6. D 7. B 8. C 9. D 10. B

（二）多项选择题

1. ABD 2. ABCD 3. AD 4. ABCD 5. ABCD 6. BC 7. ABD 8. BCD 9. ABCD 10. ABD

（三）问答题

1. 答案要点：习近平总书记在党的十九大报告中指出：从现在到 2020 年，是全面建成小康社会决胜期。要按照十六大、十七大、十八大提出的全面建成小康社会各项要求，紧扣我国社会主要矛盾变化，统筹推进经济建设、政治建设、文化建设、社会建设、生态文明建设，坚定实施科教兴国战略、人才强国战略、创新驱动发展战略、乡村振兴战略、区域协调发展战略、可持续发展战略、军民融合发展战略，突出抓重点、补短板、强弱项，特别是要坚决打好防范化解重大风险、精准脱贫、污染防治的攻坚战，使全面建成小康社会得到人民认可、经得起历史检验。

2. 答案要点：党的十九大报告对全面深化改革做出明确谋划——必须坚持和完善中国特色社会主义制度，不断推进国家治理体系和治理能力现代化，坚决破除一切不合时宜的思想观念和体制机制弊端，突破利益固化的藩篱，吸收人类文明有益成果，构建系统完备、科学规范、运行有效的制度体系，充分发挥我国社会主义制度优越性。

3. 答案要点：党的领导是人民当家做主和依法治国的根本保证，人民当家做主是社会主义民主政治的本质特征，依法治国是党领导人民治理国家的基本方式，三者统一于我国社会主义民主政治伟大实践。在我国政治生活中，党是居于领导地位的，加强党的集中统一领导，支持人大、政府、政协和法院、检察院依法依章程履行职能、开展工作、发挥作用，这两个方面是统一的。要改进党的领导方式和执政方式，保证党领导人民有效治理国家；扩大人民有序政治参与，保证人民依法实行民主选举、民主协商、民主决策、民主管理、民主监督；维护国家法制统一、尊严、权威，加强人权法治保障，保证人民依法享有广泛权利和自由。巩固基层政权，完善基层民主制度，保障人民知情权、参与权、表达权、监督权。健全依法决策机制，构建决策科学、执行坚决、监督有力的权力运行机制。各级领导干部要增强民主意识，发扬民主作风，接受人民监督，当好人民公仆。

4. 答案要点：新时代党的建设总要求是：坚持和加强党的全面领导，坚持党要管党、全面从严治党，以加强党的长期执政能力建设、先进性和纯洁性建设为主线，以党的政治建设为统领，以坚定理想信念宗旨为根基，以调动全党积极性、主动性、创造性为着力点，全面推进党的政治建设、思想建设、组织建设、作风建设、纪律建设，把制度建设贯穿其中，深入推进反腐败斗争，不断提高党的建设质量，把党建设成为始终走在时代前列、人民衷心拥护、勇于自我革命、经得起各种风浪考验、朝气蓬勃的马克思主义执政党。

“坚持党要管党、全面从严治党”是新时代党的建设的根本方针。“把党建设成为始终走在时代前列、人民衷心拥护、勇于自我革命、经得起各种风浪考验、朝气蓬勃的马克思主义执政党”是新时代党的建设目标。新时代党的建设目的、方针、主线、总体布局和目标，紧密联系、相互作用、相互促进，共同构成了新时代党的建设科学有机的整体。

二、案例品评

【精选案例1】

答案要点：我们要有充分的信心在2020年全面建成小康社会。

从现在到2020年，是全面建成小康社会决胜期。要按照十六大、十七大、十八大提出的全面建成小康社会各项要求，紧扣我国社会主要矛盾变化，统筹推进经济建设、政治建设、文化建设、社会建设、生态文明建设，坚定实施科教兴国战略、人才强国战略、创新驱动发展战略、乡村振兴战略、区域协调发展战略、可持续发展战略、军民融合发展战略，突出抓重点、补短板、强弱项，特别是要坚决打好防范化解重大风险、精准脱贫、污染防治的攻坚战，使全面建成小康社会得到人民认可、经得起历史检验。

【精选案例2】

答案要点：新的变化包括高铁的普及、移动支付的普及、共享经济的出现、网红经济的出现等。改革是一个国家、一个民族的生存发展之道。没有改革开放就没有当代中国的发展进步。改革只有进行时，没有完成时。习近平总书记在党的十九大报告中指出："明确全面深化改革的总目标是完善和发展中国特色社会主义制度、推进国家治理体系和治理能力现代化。"这是由当前改革所处的历史方位所决定的，我国发展进入新阶段，改革进入攻坚期和深水区，要啃的都是硬骨头、要涉的都是险滩。

【精选案例3】

答案要点：面对党执政环境的新变化，我们必须坚持问题导向，保持战略定力，以"越是艰险越向前"的英雄气概、"狭路相逢勇者胜"的斗争精神，以永远在路上的执着把全面从严治党引向深入。要加强党的思想建设；加强党的组织建设；持之以恒正风肃纪。

【精选案例4】

答案要点：首先，权力就是责任，责任就要担当。对共产党人来说，没有离开责任的权力，党和人民赋予权力时，更是压上了责任，就要有与之相匹配的责任担当。其次，不愿担当、不敢担当、不真担当，主体责任就会落空，党风廉政建设就会出问题。党风廉政建设出问题，党委的主体责任不可推卸，纪委的监督责任也难辞其咎。最后，事件查处时，蔡晓滨、官明亮已经离开原来的岗位，但仍然因在任时履行"两个责任"不力受到处分。这个案例说明，问责没有过去时，履责一天，追责终身。

【精选案例5】

答案要点：首先，加强作风建设是全面从严治党新常态的政治要求。作风建设，关系党的形象、关系人心向背、关系党和国家生死存亡。习近平总书记反复强调，作风建设永远在路上，必须抓常、抓细、抓长，持续努力、久久为功；必须以最严格的标准、严厉的举措治理作风问题，打好攻坚战持久战。其次，推进党的建设新的伟大工程，作风建设是"先手棋"。抓作风建设一丝都不能放松、一刻都不能停顿。党中央把问责作为从严治党的利器，坚持失责必问，问责必严，以问责倒逼责任落实。当前，从严管党治党、从严正风肃纪、从严管理干部已经成为全面加强党的建设的新常态。各级党组织和党的领导干部要始终绷紧作风建设这根弦，发现问题及时纠正，持之以恒，落实中央八项规定精神，防止党的建设缺失，作风建设流于形式，不断提高党的建设科学化水平，积极推进作风转变。

【精选案例6】

答案要点：旗帜鲜明讲政治是我们党作为马克思主义政党的根本要求。党的政治建设是党的根本性建设，决定党的建设方向和效果。注重抓党的政治建设是党的十八大以来全面从严治党的成功经验。

第十二章　全面推进国防和军队现代化

一、学习目的和要求

通过对本章的学习，使学生从理论上深入了解习近平强军思想，理解军民融合，既是强国之举，又是强军之策。

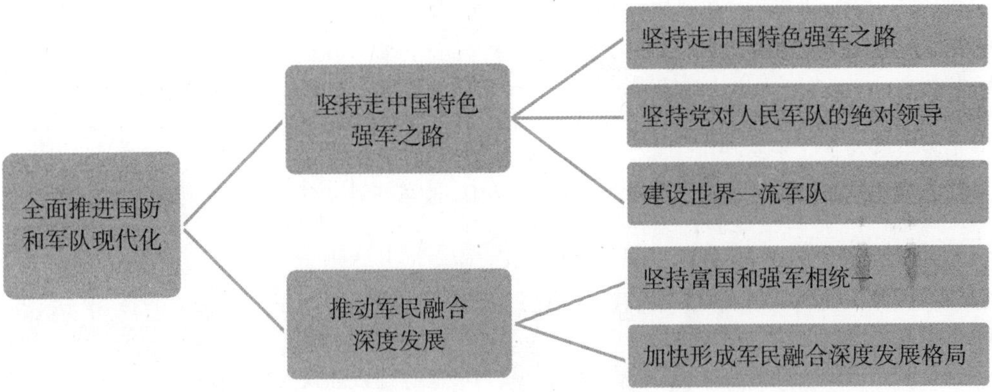

图 12－1　思维导图

二、学习重点

1. 习近平强军思想。
2. 坚持富国和强军相统一。

三、学习难点

1. 坚持党对人民军队的绝对领导。
2. 军民融合深度发展格局。

四、重点难点测试

（一）单项选择题

1. 党在新时代的强军目标是到 2035 年（　　）。
A. 基本实现机械化　　B. 基本实现国防和军队现代化
C. 全面建成亚洲一流军队　　D. 全面建成世界一流军队
2. 党在新时代的强军目标是到 2020 年（　　）。
A. 基本实现机械化　　B. 基本实现国防和军队现代化
C. 全面建成亚洲一流军队　　D. 全面建成世界一流军队

3. 党在新时代的强军目标是到本世纪中叶（　　）。

A. 基本实现机械化　　B. 基本实现国防和军队现代化

C. 全面建成亚洲一流军队　　D. 全面建成世界一流军队

4.（　　）是人民军队建军之本、强军之魂。

A. 作风优良　　B. 能打胜仗

C. 党对军队的绝对领导　　D. 维护正义

5.（　　）是人民军队战无不胜的根本保证。

A. 作风优良　　B. 党的领导　　C. 组织建设　　D. 维护正义

6. 军队最高领导权和指挥权属于（　　）。

A. 人民群众　　B. 全国人大　　C. 党中央和中央军委　　D. 习近平主席

7. 我军政治工作萌芽于大革命时期，创立于建军之初，奠基于（　　）。

A. 三湾改制　　B. 井冈山的斗争　　C. 遵义会议　　D. 古田会议

8.（　　）是现代战争的核心战斗力。

A. 科技　　B. 航空母舰　　C. 火箭军　　D. 核武器

9.（　　）是我国战略威慑的核心力量。

A. 科技　　B. 航空母舰　　C. 火箭军　　D. 核武器

10.（　　）是实现富国和强军统一的重要途径。

A. 走军民融合式发展路子　　B. 社会主义道路

C. 社会主义核心价值观　　D. 改革开放

（二）多项选择题

1. 习近平强军思想深刻回答了新时代（　　）的时代课题。

A. 落后就要挨打　　B. 强国必须强军

C. 建设一支什么样的强大人民军队　　D. 怎样建设强大人民军队

2. 党在新时代的强军目标是建设一支（　　）的人民军队，必须同国家现代化进程相一致，全面建设世界一流军队。

A. 听党指挥　　B. 能打胜仗　　C. 技术过硬　　D. 作风优良

3. 中国共产党对军队的绝对领导是包括（　　）在内的全面领导。

A. 作风领导　　B. 政治领导　　C. 思想领导　　D. 组织领导

4.（　　）是我们党建军治军的基本方略。

A. 依法治军　　B. 从严治军　　C. 改革强军　　D. 科技兴军

5. 中国特色现代军队力量体系作战力量包括（　　）。

A. 陆海空三军　　B. 火箭军　　C. 战略支援部队　　D. 武警部队

（三）问答题

1. 如何理解习近平强军思想的主要内容？
2. 谈谈你对“能战方能止战，准备打才可能不必打，越不能打越可能挨打”这一论断的认识。
3. 如何坚持富国和强军相统一？

五、案例品评

【精选案例1】

大阅兵，展示的是和平力量

纪念中国人民抗日战争暨世界反法西斯战争胜利70周年阅兵式（简称9·3阅兵，或抗战胜利日阅兵），是中华人民共和国政府为纪念中国人民抗日战争暨世界反法西斯战争胜利70周年而开展的众多纪念活动中的一项重要活动。

阅兵于2015年9月3日在北京天安门地区组织实施，这是新中国历史上第15次大阅兵，是进入21世纪以来第二次大阅兵，同时也是第一次在非国庆节举行的大阅兵。

阅兵装备方队展示的装备为国产现役主战装备，84%为首次展示。同时，这次阅兵还邀请有关国家军队派代表和方队参加。阅兵共编50个方（梯）队。其中，徒步方队11个，抗战老同志乘车方队2个、装备方队27个、空中梯队10个，正式受阅约1.2万人，动用40多种型号装备500多件、20多种型号飞机近200架。

中共中央总书记、国家主席、中央军委主席习近平发表重要讲话并检阅部队。在1600余字的讲话全文中，习近平共18次提及“和平”，彰显中国坚定不移走和平发展道路，坚定不移维护世界和平，捍卫国家主权、安全和发展利益的坚定立场，彰显中国人民在世界反法西斯战争中，做出的巨大民族牺牲和重要历史贡献，展示中国军队贯彻强军目标、推进现代化建设的新成就和威武之师、文明之师的良好形象，动员和激励全党全军全国各族人民，更加奋发有为地为实现中华民族伟大复兴而努力奋斗！

资料来源：360百科，https：//baike.so.com/

【思考题】

前事不忘，后事之师。你如何看待中日两国之间的关系？简述强大的军队与和平之间的关系。

【精选案例2】

军民融合创未来

“军民融合”上升为国家战略的三年来，从国防技术的解密放开，到民营企业参与武器装备研发，再到创新示范区建设试点。军民融合发展逐渐成为受到全社会认同的发展潮流，融合成效也初步显现。

在中央军民融合发展委员会办公室记者看到了这样一组数据，军民融合发展上升为国家战略以来，“民参军”规模继续扩大，获得武器装备科研生产许可证的非军工企业约占总数的50%。军民协同创新助力载人航天、探月工程、大型飞机等国家科技重大专项和重大工程顺利实施，突破了一大批核心技术。

上海交通大学国家战略研究院研究员顾建一说，通过军民协同创新，提升武器装备创新能力，提升关键技术的这种破解关键技术的瓶颈和整个国家的创新能力，整个国家的创新能力强了，才有可能促进和带动我们国家经济结构的转型升级。

面向未来，新的“军民融合发展”项目正在展开实施。“十三五”规划部署的21个重大示范项目，通过军地统筹有望节省投资30%左右。“科技创新2030—重大项目”中的航空发动机及燃气轮机、深海空间站、天地一体化网络信息系统等军民两用项目已立项实施；智慧海洋、火星探测等重大军民融合工程正在加快推进。

中国工程院院士王礼恒说，现在大家正在积极推进的就是怎么去共享。存量（已有的项目），你认真去梳理，增量（未来项目）你以后要做的，一定要考虑融合。民要考虑军力的需求，同时军的有些项目，你要考虑对民开放。

中央军民融合办协调局军地协调处负责人刘建斌说，推动快速增长的经济科技实力及时转化为国防实力，推动军用技术人才设施向国民经济领域开放。军民融合已经成为赢得国际竞争战略主动的重要路径。

资料来源：央视网，2018年8月2日新闻稿

【思考题】

如何更好地加快形成军民融合深度发展格局？

六、名人名言名句

兵民是胜利之本。

——毛泽东

一切帝国主义和反动派都是纸老虎。

——毛泽东

我军之所以能够战胜各种艰难困苦、不断从胜利走向胜利，最根本的就是坚定不移听党话、跟党走。这是我军的军魂和命根子，永远不能变，永远不能丢。

——习近平

树立科技是核心战斗力的思想，推进重大技术创新、自主创新，加强军事人才培养体系建设，建设创新型人民军队。

——习近平

七、实践项目

实践项目一

亲近自然、徒步拉练、挑战自我

【目标要求】

通过“亲近自然、徒步拉练、挑战自我”实践活动，提高学生身体素质、磨炼学生意志，让学生突破自我极限、打破旧的思维模式、树立敢于迎接挑战的信心与决心；激发学生的责任感、自信心，提升观察能力、独立能力，团队合作精神以及面对困难和挑战时的应变能力和户外生存能力。

【活动方案】

活动时间：周六上午 8 点校门口集合。

行程路线：从学校出发沿江北大道徒步至石埠并返回。

分组进行，10 人组成一个团队，每个团队要求至少 3 名异性。徒步过程中要求相互协作，不能掉队。各班根据自身情况可在沿途设置多个补水休息节点或团队游戏任务节点。

注意事项：

1. 参加活动人员统一穿着轻便的运动装。
2. 活动期间，要服从统一安排，遵守纪律，严禁单独行动，尤其是到危险地段或从事危险活动。
3. 保护环境，自觉维护形象，不能在游玩之地留下任何生活垃圾。

【活动评价】

徒步拉练结束后，组织主题班会，各组分别派代表谈谈感受，分享收获。

老师根据学生的徒步成绩、团队协作和态度进行综合考评，按优秀、良好、及格和不及格四个等级评定最终成绩。

实践项目二

观看纪录片《9·3 阅兵》（或《沙场点兵》《南海阅兵》）

【目标要求】

通过观看纪录片更深入地理解习近平的强军思想，进一步理解强国必须强军及建设一支强大人民军队的重要性。

【活动方案】

1. 时间：课前学生自行安排时间。
2. 方式：利用学习通观看视频。
3. 上课环节。

（1）请同学们谈谈观后感。

（2）课堂讨论。①谈谈你对“能战方能止战，准备打才可能不必打，越不能打越可能挨打”这一论断的认识。②如何坚持富国和强军统一？

【活动评价】

1. 实践结果：撰写观后感（课后写一篇观后感，字数在 800 字以上）。
2. 评价方式：通过同学们参与程度、观后感的写作质量、课堂表现三个方面给学生综合评价。

八、学习延伸

1. 阅读罗广斌，杨益言：《红岩》，中国青年出版社，2017 年版。
2. 阅读都梁：《亮剑》，北京联合出版公司，2017 年版。
3. 阅读刘和平：《北平无战事》，北京联合出版公司，2018 年版。
4. 阅读赫尔曼·沃克：《战争与回忆》，湖南文艺出版社，2016 年版。
5. 阅读孙武：《孙子兵法》，北京联合出版公司，2016 年版。
6. 阅读毛泽东：《论持久战》，人民出版社，1981 年版。
7. 观看电影《红海行动》，博纳影业集团股份有限公司、中国人民解放军海政电视艺术中心等出品，2018 年上映。
8. 观看纪录片《战争启示录》，国家地理频道出品，2012 年首播。
9. 观看纪录片《强军》，中央军委政治工作部、中央电视台联合制作，2017 年首播。

九、相关链接

1. 三湾改编：指的是 1927 年 9 月 29 日至 10 月 3 日，毛泽东在江西永新县三湾村，领导了举世闻名的“三湾改编”。从政治上组织上保证了党对军队的绝对领导，是我党建设新型人民军队最早的一次成功探索和实践，标志着毛泽东建设人民军队思想的开始形成。主要包括：第一，整编部队，把原来的工农革命军第一军第一师缩编为一个团，下辖两个营十个连，称工农革命军第一军第一师第一团。第二，党组织建立在连上，设立党代表制度，排有党小组，班有党员；营、团以上有党委，全军由毛泽东领导前委，从而确立了“党指挥枪”的原则。第三，连队建立士兵委员会的民主制度，实行官兵平等，经济公平，破除旧军雇佣关系；并初步酝酿出“三大纪律、六项注意”。

2. 古田会议：1929 年 12 月，在福建上杭县古田镇召开的红四军党的第九次代表大会，即古田会议。古田会议决议，确立了红军的建军原则，奠定了我军政治工作优良传统的坚实基础，也是我们党建党的一个纲领性文献。

3. 三大纪律八项注意：是中国人民解放军的优良传统和行动准则，体现了人民军队的本质和宗旨。“三大纪律”是指一切从实际出发；正确执行党的政策；实行民主集中制。“八项注意”是指同劳动同食堂；待人和气；办事公道；买卖公平；如实反映情况；提高政治水平；工作要同群众商量；没有调查没有发言权。

参考答案

一、重点难点测试

（一）单项选择题

1. B　2. A　3. D　4. C　5. B　6. C　7. D　8. A　9. C　10. A

（二）多项选择题

1. CD　2. ABD　3. BCD　4. AB　5. ABCD

（三）问答题

1. 答案要点：习近平强军思想十个方面的主要内容立论于马克思主义基本原理，立足于新时代国防和军队鲜活实践，深刻回答了强军兴军的使命任务、目标方向、原则制度、根本指向、战略布局、重要路径等一系列根本性问题，是一个逻辑严密、意蕴深远的科学军事理论体系。

2. 答案要点：习近平主席指出，“能战方能止战，准备打才可能不必打，越不能打越可能挨打。”就是讲能打仗与不打仗、能打仗与打胜仗的辩证关系，即只有备战能战胜战，才能止战。慎战是追求不战，但不是畏战，也不是不能战，是通过备战能战胜战达成“止战”。近代中国屈辱历史早已昭示我们，要想推动持久和平，唯有谋国家强盛、军队强大之势，这样才是达成“不战而屈人之兵”的善之善策。

备战是止战的前提，其实现途径是强国兴军。备战的目标是胜战，胜战的根本是能打胜仗，最终达成止战的目的。

3. 答案要点：历史一再告诉我们，落后一定挨打，兵弱无以护国。只有坚持富国与强军相统一，国家才算是真正强国，人民才能安居乐业。坚持富国和强军相统一是经济建设和国防建设协调发展规律的内在要求。走军民融合式发展路子，是实现富国和强军统一的重要途径。

三、案例品评

【精选案例 1】

答案要点：作为一衣带水的邻国，中国和日本能走的路只有一条，那就是友好。牢记历史，是为了开创未来；不忘战争，是为了维护和平。日本人民也是那场战争的受害者。中日双方应该本着以史为鉴、面向未来的精神，共促和平发展，共谋世代友好，共创两国发展的美好未来，为亚洲和世界和平做出贡献。强国必须强军。历史有力证明，落后就要挨打，没有国防和军队的现代化，就不会有国家的现代化，就不会有中华民族的伟大复兴。

【精选案例 2】

答案要点：（1）坚持全国一盘棋。（2）健全体制机制。（3）强化战略规划。（4）突出重点领域。

第十三章　中国特色大国外交

一、学习目的和要求

通过本章的学习，使学生深入了解当今世界正处于大发展大变革大调整时期的时代背景下，中国站在人类道义制高点，放眼世界，胸怀天下，提出“一带一路”倡议和构建人类命运共同体重大理念，是中国特色的大国外交的谋篇布局，是向世界提供中国方案和贡献中国智慧，也是对世界走向的响亮回答。

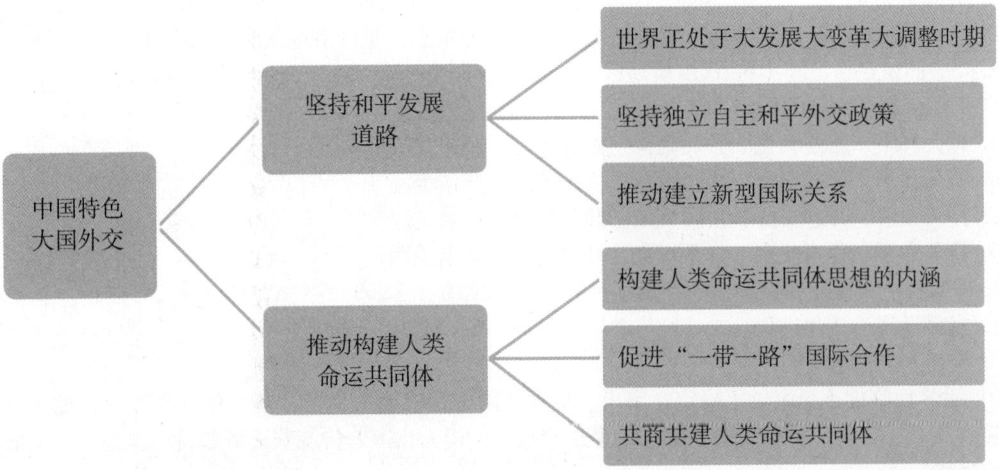

图 13－1　思维导图

二、学习重点

1. 构建人类命运共同体。
2. “一带一路”倡议。

三、学习难点

当今世界正处于大发展大变革大调整时期。

四、重点难点测试

（一）单项选择题

1. 当今的时代主题是（　　）。

A. 战争与和平 B. 合作与发展 C. 和平与发展 D. 和平与共赢

2. 中国坚定奉行（ ）的和平外交政策，尊重各国人民自主选择发展道路的权利，维护国际公平正义，反对把自己的意志强加于人，反对干涉别国内政，反对以强凌弱。

A. 改革开放 B. 一边倒 C. 独立自主 D. 和平发展

3. 中国秉持（ ）的全球治理观，倡导国际关系民主化，坚持国家不分大小、强弱、贫富一律平等。

A. 亲诚惠容理念 B. 共商共建共享 C. 正确义利观 D. 团结平等

4. 十八大以来，全面推进中国特色大国外交，形成（ ）的外交布局，为我国发展营造了良好外部条件。

A. 全方位、多层次、立体化 B. 全面、开放、立体
C. 全方位、深层次、多样化 D. 全面、深层、多样

5. 中国特色大国外交要推动构建（ ），推动构建人类命运共同体。

A. 新型双边关系 B. 新型多边关系 C. 新型大国关系 D. 新型国际关系

6. 中国将高举和平、发展、合作、共赢的旗帜，恪守维护世界和平、促进（ ）的外交政策宗旨。

A. 共同繁荣 B. 共同发展 C. 和平崛起 D. 和平发展

7. 推动形成全面开放新格局。要以（ ）建设为重点，坚持引进来和走出去并重。

A. “金砖机制” B. 自由贸易区 C. “一带一路” D. 区域合作

8. 人类命运共同体的核心是（ ）。

A. 持久和平、普遍安全、共同繁荣、开放包容、公平正义
B. 持久和平、普遍安全、共同繁荣、公平正义、清洁美丽
C. 持久和平、普遍安全、共同繁荣、开放包容、清洁美丽
D. 持久和平、普遍安全、公平正义、开放包容、清洁美丽

9. 中国特色大国外交要推动构建新型国际关系，推动（ ）。

A. 世界经济一体化进程 B. 全球化进程
C. 构建人类命运共同体 D. “一带一路”进程

10. 世界面临的不稳定性不确定性突出，世界经济增长动能不足，贫富分化日益严重，地区热点问题此起彼伏，（ ）、网络安全、重大传染性疾病、气候变化等非传统安全威胁持续蔓延，人类面临许多共同挑战。

A. 文化冲突 B. 环境污染 C. 地区冲突 D. 恐怖主义

（二）多项选择题

1. 中国将高举（ ）的旗帜，恪守维护世界和平、促进共同发展的外交政策宗旨。

A. 和平 B. 发展 C. 合作 D. 共赢

2. 坚定不移在和平共处五项原则基础上发展同各国的友好合作，推动建设（ ）的新型国际关系。

A. 相互尊重 B. 公平正义 C. 互不干涉 D. 合作共赢

3. 世界正处于大发展大变革大调整时期，和平与发展仍然是时代主题。（ ）深入发展。

A. 世界多极化 B. 经济全球化 C. 社会信息化 D. 文化多样化

4. 积极促进“一带一路”国际合作，努力实现（ ）资金融通、民心相通，打造国际合作新平台，增添共同发展新动力。

A. 政策沟通 B. 设施联通 C. 贸易畅通 D. 人员互通

5. 过去五年，我国区域发展协调性增强，（ ）发展成效显著。

A. “一带一路”建设 B. 环渤海经济区建设
C. 京津冀协同发展 D. 长江经济带

6. 过去五年，我国国际（ ）进一步提高，为世界和平与发展做出新的重大贡献。

A. 影响力　B. 感召力　C. 引领力　D. 塑造力

7. 构建人类命运共同体的核心是要建设持久和平、普遍安全、(　　) 的世界。

A. 共同繁荣　B. 开放包容　C. 清洁美丽　D. 富强文明

8. 引导应对气候变化国际合作，成为全球生态文明建设的重要（　　）。

A. 参与者　B. 贡献者　C. 引领者　D. 领导者

9. 中国独立自主的和平外交政策，就是要把（　　）放在第一位。

A. 经济发展　B. 文化繁荣　C. 国家主权　D. 国家安全

10. 中国外交政策的宗旨是（　　）。

A. 维护世界和平　B. 促进共同发展　C. 以国家利益为中心　D. 反对霸权主义

（三）问答题

1. 当今世界正处于大发展大变革大调整时期的特点有哪些？
2. 如何理解构建人类命运共同体思想的科学内涵？

五、案例品评

【精选案例 1】

中国特色大国外交：国际“朋友圈”不断扩展

“一带一路”倡议由中国国家主席习近平提出后，得到全球广泛的支持。目前，有 100 多个国家和国际组织积极响应支持，40 多个国家和国际组织同中国签署合作协议，中国企业对沿线国家投资达到 500 多亿美元。

“to Pres. Xi Jinping good luck，Peli”一件由贝利亲笔签名的明黄色巴西国家队球衣，引来不少观展者的驻足观望——这件球衣是巴西总统特梅尔赠送给中国国家主席习近平的礼物。

21 世纪经济报道记者从“砥砺奋进的五年”大型成就展看到，“国礼专柜”中还陈列着美国塔科马市林肯中学赠送给习近平主席的橄榄球和特制运动衫、南非总统赠送的木雕等。类似朋友间互赠礼物，外交场合的礼物也是彼此感情的象征。

现场解说员在一旁介绍：“元首外交为推进中国特色大国外交起到重要独特引领作用。五年来，中国国家主席习近平出访28 次，到访56 个国家，飞行里程约57 万公里，实现了对五大洲的全覆盖、对发展中国家整体合作机制的全覆盖，迄今我国同 97 个国家、地区和区域组织建立了伙伴关系，中国的‘朋友圈’越来越广……”

中共十八届七中全会一致认为，这 5 年是党和国家发展进程中极不平凡的 5 年，改革开放和社会主义现代化建设取得了历史性成就。这五年成就的一大重要领域，在于中国特色大国外交。十八届七中全会公报指出，这 5 年，全方位外交布局深入展开。

构建人类命运共同体

在保持对外大政方针稳定性与连续性的基础上，以习近平同志为核心的党中央提出一系列外交新理念新思想新战略。

2013 年 3 月 22 日至 24 日，习近平就任国家主席后首次出访的第一站为俄罗斯，在俄罗斯莫斯科国际关系学院发表演讲，提出命运共同体理念，呼吁建立以合作共赢为核心的新型国际关系。

2013 年 3 月 24 日至 30 日，习近平主席访非期间首次提出正确义利观。何谓正确义利观？习近平主席表示，中国坚持独立自主的和平外交政策，坚持走和平发展道路，坚持互利共赢的开放战略，坚持和积极践行正确义利观，讲信义、重情义、扬正义、树道义，愿将中国发展同广大发展中国家共同发展紧密结合起来，共同致力于建立以合作共赢为核心的新型国际关系。

作为一个大国，中国还将坚定不移走和平发展道路。2015 年 9 月 3 日，纪念中国人民抗日战争暨世界反法西斯战争胜利 70 周年大会在北京举行。65 位外国国家元首、政府首脑、高级别代表、联合国等国际和地区组织负责人、外国前政要，部分国际友人或其遗属代表等应邀出席。习近平主席发表讲话指出："为了和平，中国将始终坚持走和平发展道路。中华民族历来爱好和平。无论发展到哪一步，中国都永远不称霸、永远不搞扩张，永远不会把自身曾经经历过的悲惨遭遇强加给其他民族。中国人民将坚持同世界各国人民友好相处，坚决捍卫中国人民抗日战争和世界反法西斯战争胜利成果，努力为人类做出新的更大的贡献。"

2017 年 1 月份，中国国家主席习近平在日内瓦万国宫出席"共商共筑人类命运共同体"高级别会议，并发表题为《共同构建人类命运共同体》的主旨演讲。习近平主席指出，让和平的薪火代代相传，让发展的动力源源不断，让文明的光芒熠熠生辉，是各国人民的期待，也是我们这一代政治家应有的担当。中国方案是：构建人类命运共同体，实现共赢共享。坚持正确的义利观，也成为新时期中国外交的一面旗帜。

拓展伙伴关系

这五年，中国还在全面拓展外交布局，构建全球伙伴关系网络。五年来，习近平主席 6 次前往俄罗斯，在多个重要多边场合与俄罗斯总统普京举行 20 多次会晤，部署和引领中俄全面战略协作伙伴关系不断深入发展，是中俄全面战略协作伙伴关系的历史最好时期。

中美高层交往频繁，两国关系总体稳定发展。2017 年 4 月，习近平主席在美国佛罗里达州海湖庄园同美国总统特朗普举行中美元首会晤。习近平主席强调，中美两国关系好，不仅对两国和两国人民有利，对世界也有利，合作是中美两国唯一正确的选择。

十八大以来，中美战略与经济对话和中美人文交流高层磋商成果不断攀升，从 2013 年的 253 项提升到 2016 年的 341 项。

中国与欧盟的关系也在不断发展。2017 年 6 月，国务院总理李克强同欧洲理事会主席唐纳德·图斯克、欧盟委员会主席让－克洛德·容克在布鲁塞尔举行第十九次中国－欧盟领导人会晤，双方就深化互利共赢的中欧全面战略伙伴关系的内涵达成系列新的合作倡议。双方领导人一致认为，中国与欧盟作为全面战略伙伴，加强全方位合作更具战略重要性。

中国还致力于巩固同邻邦、亚非发展中国家友好关系，如中国同巴基斯坦建立了全天候战略合作伙伴关系。

2015 年 12 月 4 日，习近平主席在中非合作论坛约翰内斯堡峰会开幕式上做主旨发言后，津巴布韦总统穆加贝演讲指出："习近平主席的讲话内容非常丰富，实际上涵盖了所有领域，包括农业、矿业、基础设施、工业、减贫、妇女和儿童等方方面面。我相信大家会同意我的提议，向习主席致以热烈的掌声。他代表中国，一个曾经贫穷的国度，一个从未殖民非洲的国度。他所做的是我们曾希望过去的殖民者所做的事情。如果殖民者们有耳朵，让他们听听吧。"这引起了与会非洲领导人的强烈共鸣。

主场活动频繁

此外，这五年中国多边主场外交活动频繁，包括 APEC 领导人非正式会议、纪念中国人民抗日战争暨世界反法西斯战争胜利 70 周年阅兵式、G20 杭州峰会、"一带一路"峰会、金砖国家领导人会晤等，中国更为主动地牵头搭建平台和机制，积极贡献中国经验，也提升了国际影响力。

2014 年 11 月份，APEC 第二十二次领导人非正式会议在北京举行，21 个 APEC 成员领导人围绕"共建面向未来的亚太伙伴关系"主题共商区域经济合作大计。习近平主席强调，亚太经济体应深入推进区域经济一体化，打造发展创新、增长联动、利益融合的开放型亚太经济格局，共建互信、包容、合作、共赢的亚太伙伴关系，为亚太和世界经济发展增添动力。

2016 年 9 月份，G20 领导人第十一次峰会在杭州举行，G20 成员、8 个嘉宾国领导人以及 7 个国际组织负责人与会。杭州峰会给出"中国方案"，习近平主席首次全面阐述了中方的全球经济治理观，全球经济治理应该以平等为基础，以开放为导向，以合作为动力，以共享为目标，共同构建公正高效的全球金融治理格局、开放透明的全球贸易投资治理格局、绿色低碳的全球能源治理格局、包容联动的全球发展治理格局。

2017 年 5 月份，"一带一路"国际合作高峰论坛在北京成功举办，这是新中国成立以来由中国首倡、中国主办的层级最高、规模最大的多边外交活动，29 位国家元首和政府首脑，及多位重要国际组织负责人出席。

"一带一路"倡议由中国国家主席习近平提出后，得到全球广泛的支持。目前，有 100 多个国家和国际组织积极响应支持，40 多个国家和国际组织同中国签署合作协议，中国企业对沿线国家投资达到 500 多亿美元。

由中国牵头成立的亚洲基础设施投资银行，也获得了诸多国际小伙伴们的支持。成立不到两年时间的亚投行，作为国际多边金融机构的“新人”，目前已经拥有 80 个成员，成员遍布五大洲，且收获三大国际评级公司最高级 AAA 评级。

经贸合作加深

随着外交关系的拓展，中国与许多国家的经贸合作往来日益增多。

如中俄经济上互利合作不断巩固加深。商务部数据显示，2016 年中俄进出口贸易额为 695.25 亿美元，同比增长 2.2%，中国连续六年成为俄罗斯最大贸易伙伴。中国企业对俄非金融类直接投资已达 140 多亿美元，继续保持俄第四大投资来源国地位。

中美经济合作加深，也让两国普遍受惠。2016 年，中美双边货物进出口额为 5196 亿美元，双边服务贸易超过 1100 亿美元。中国是美国第三大出口市场、第一大进口来源地，继续保持美国最大贸易伙伴国地位。美国则是中国第一大国别贸易伙伴、第一大出口市场、第四大进口来源地。

中国驻美国大使崔天凯称，作为中国第二大贸易伙伴，美国从中获益不少。美中关系全国委员会和荣鼎集团报告显示，中国企业在美俄亥俄州等“铁锈地带”直接雇用了超过 14 万名美国人。美中贸易全国委员会报告显示，仅 2015 年，中国就从美国采购了 1650 亿美元的商品和服务。美中经贸关系直接或间接支持了共 260 万个美国就业岗位。“砥砺奋进的五年”则展出了更多鲜活的案例，如 2014 年 7 月，中方企业参与建设的土耳其安卡拉—伊斯坦布尔高铁二期工程通车，中国高铁“走出去”实现了零的突破；中国企业制造的铁路机车、客车、货车和地铁列车，助力阿根廷完善交通运输网络；2015 年 12 月，中国与古巴之间首条航线北京—蒙特利尔—哈瓦那航线开通，为两国人民友好往来提供了便利等。

资料来源：周潇枭，21 世纪经济报道

【思考题】

中国特色大国外交的主要内容有哪些？

【精选案例 2】

2018 年 3 月 21 日，发生在阿富汗首都喀布尔一处集市的自杀式爆炸袭击，造成死亡人数增至 33 人，另有 65 人受伤。死伤者多为青年人。伊斯兰国组织已经宣称制造了这起袭击。

2018 年 5 月 14 日，美国驻以使馆将迁至耶路撒冷并举行开馆典礼，不过这一天对于巴勒斯坦人来说却弥漫着血腥味。当天，加沙地带爆发大规模抗议和冲突事件。以色列军方当天在加沙地带击毙了至少 58 名巴勒斯坦人，2800 多人受伤。这也是 2014 年以来，巴勒斯坦人在一天内死亡的最高数字。

2018 年 6 月 6 日，欧盟委员会宣布将对美国商品征收报复性关税，以回应美国对钢铝产品加征关税的举措。新的关税方案将于 7 月开始实行。同一日，墨西哥正式宣布对美国钢铁产品和部分产品征收 15% 至 25% 关税，被加征关税的美国农产品包括猪腿肉、猪肩内和波本威士忌酒等。

2018 年 9 月 25 日报道，正值中美关系艰难、敏感之际美国国防安全合作局于 24 日发出声明，称美国务院已批准份对台军售案。这份军售案同意对台湾地区出售 F－16 等战机备件，严重挑战一个中国的红线。

2018 年 10 月 29 日，商务部 2 日发布今年第 81 号公告公布对原产于美国等国的进口乙醇胺反倾销调查的最终裁定，决定对上述产品采取反倾销措施。

2018 年 12 月 4 日，受中美经贸关系缓和等因素提振；3 日亚太和欧洲地区主要股指集体上扬，市场信心得到提振。

2018 年 12 月 9 日，法国“黄背心”抗议活动热度不减，仅 8 日就有 13 万 6 千人走上街头参加抗议活动。法国内政部于 9 日早上发布最新消息称，在“黄背心”示威活动中，警方共逮捕 1723 名抗议者，其中有 1220 人被拘留。

【思考题】

阅读以上材料，您认为当今世界的发展趋势和特点是什么？

六、名人名言名句

不忘历史才能开辟未来，善于继承才能善于创新。”

——习近平

中国将坚定不移走和平发展道路，同各国一道共谋和平、共护和平、共享和平。和平、和睦、和谐的追求深深植根于中华民族的精神世界之中。中国是和平共处五项原则的积极倡导者和坚定实践者，走和平发展道路是中国根据时代发展潮流和自身根本利益做出的战略抉择。中国走和平发展道路，不是权宜之计，更不是外交辞令，而是思想自信和实践自觉的有机统一。

——习近平

今天倒运的人，也许明天走运，所以一个精明的外交家总是给未来留下余地的。

——〔法〕罗曼·罗兰

在考虑国际问题的时候，……不陷于眼前或过去的仇怨，思索即将到来的新世界的性质，这是一个真正伟大的标志。

——〔美〕尼克松

历史是充满了不可预料的事件的，这就需要对之采取灵活的行动。

——〔美〕富·罗斯福

世界和平与国家实力是分不开的。不运用国家实力，任何外交政策目标……都无法实现。

——〔美〕尼克松

大国之间的困难只能靠坦率友好交谈才能排除。

——〔美〕富·罗斯福

我们将遵循一项朋友越多越好，敌人越少越好的政策。

——〔新〕李光耀

七、实践项目

实践项目一

观看《大国外交》

【目标要求】

通过观看《大国外交》了解当今时代的背景及主题，了解和掌握中国特色大国外交的基本原则、内容和特点。

【活动方案】

在规定时间内自由安排时间，课堂统一讨论、分组提问和考核。

【活动评价】

统一讨论、分组提问和考核。

实践项目二

学生讲课《中国特色大国外交》

【目标要求】

通过此项活动，使学生对十八大以来中国特色大国外交谋篇布局有进一步的理解，更加坚定我国走中国特色社会主义道路的信心。

【活动方案】

1. 时间：上课时间 2 课时。
2. 方式：学生讲课（时间每位学生 10 分钟），以学习小组为单位。

3. 活动环节：（1）第一环节：提前布置，学生利用课外时间搜集资料并制作 PPT。（2）第二环节：上课时间由学生主讲。（3）第三环节：请同学们补充及提问讲课的同学。（4）第四环节：任课老师点评及总结。

【活动评价】

通过学生团结协作精神、制作 PPT 的质量、课堂表现三个方面进行综合评价。

八、学习延伸

1. 杨洁篪：新形势下中国外交理论和实践创新

党的十八大胜利闭幕和今年“两会”结束以来，面对新形势新任务，以习近平同志为总书记的党中央准确把握世界格局变化和中国发展大势，着眼长远和战略全局，在保持外交大政方针延续性和稳定性的基础上，统筹国内国际两个大局，审时度势，开拓进取，推进外交理论和实践创新，实现良好开局，谋划全面布局，提出许多重大对外战略思想、外交政策和策略方针，开展一系列重大对外行动，不仅为党和国家工作全面推进创造了有利外部条件，而且丰富和发展了中国特色外交理论体系。

外交开局和布局充分体现了战略性、全局性、创新性。党的十八大后，针对国际社会对以习近平同志为总书记的党中央大政方针走向的高度关注，习近平同志的首次外事活动专门会见在华工作的外国专家代表。此后，中共中央政治局又围绕坚定不移走和平发展道路进行集体学习。在这些内外活动中，习近平同志发表重要讲话，阐述了中国对外开放战略和外交政策，向外界发出中国新一届中央领导集体将坚持改革开放，坚持走和平发展道路，坚持奉行互利共赢的开放战略，坚定维护国家核心利益的明确信息。今年“两会”结束以来，习近平同志等党和国家领导人分别出访亚非拉和欧洲、北美各大洲，涵盖大国、周边、新兴市场国家和发展中国家，接待数十个国家领导人来访。通过走出去、请进来和多双边结合，我国领导人同一百多位外国国家元首和领导人会见接触，有力促进了我国与世界各国的友好往来和务实合作。积极运筹与主要大国关系。习近平同志担任中国国家主席后，将俄罗斯作为首次出访第一站，加强了中俄经贸、能源和战略安全合作，夯实了中俄全面战略协作伙伴关系基础。习近平同志赴美国洛杉矶安纳伯格庄园同美国总统奥巴马举行会晤，双方同意共同努力构建中美新型大国关系，相互尊重、合作共赢，为两国关系未来发展指明了方向、规划了蓝图。中美还成功举行第五轮战略与经济对话，在落实两国元首共识、推进中美新型大国关系建设方面取得积极进展。党和国家领导人访问多个欧洲国家，我们还接待了法国总统奥朗德等欧洲国家领导人访华，不断开拓中欧互利务实合作的新领域。全力稳定和拓展周边睦邻友好关系。我国同周边国家关系总体上朝着更加积极的方向发展。习近平同志出席博鳌亚洲论坛 2013 年年会并举行系列国事活动，集中阐释我国内外政策新理念，增进与有关国家的战略互信，提升与周边国家关系。我们接待越南国家主席张晋创、韩国总统朴槿惠、巴基斯坦总理谢里夫等周边国家领导人来访，加强与东南亚、中亚等周边国家的双边关系，巩固睦邻友好合作。在钓鱼岛、南海等问题上，坚定维护我国领土主权与海洋权益，推动周边国家通过对话谈判妥善处理和解决争端。在朝核问题上，坚持半岛无核化目标，积极做有关国家工作，推动半岛局势趋向缓和。大力加强与发展中国家友好合作。习近平同志先后成功访问非洲和拉美，充分体现了我们对发展中国家的高度重视。习近平同志访问坦桑尼亚、南非、刚果共和国，开创了我国国家元首首次出访就访非的先例。习近平同志还以早餐会形式同十多位非洲国家领导人见面，在传承友谊、增进互信、推进合作、共谋发展等方面取得丰硕成果。习近平同志访问特立尼达和多巴哥、哥斯达黎加、墨西哥，并与加勒比地区 8 国领导人举行双边会谈，增进了政治互信，加强了务实合作，提升了我国同拉美和加勒比国家的整体合作水平。深入参与和引导多边外交进程。习近平同志在会见国际组织领导人时强调，中国积极倡导和践行多边主义，高度重视联合国等国际组织的重要作用。中国将履行自己应尽的国际义务，在维护世界和平与安全、促进人类发展和进步以及解决全球性问题和挑战等领域与相关国际组织深度合作。我国与重要国际组织的关系取得新的发展。习近平同志出席在南非德班举行的金砖国家领导人第五次会晤，就全球经济和政治领域重大问题与其他发展中大国加强沟通协调，推进金砖国家机制建设。会晤后发表《德班宣言》和行动计划，决定建立金砖国家开发银行和外汇储备库等，为推动建立更加公正合理的国际政治经济新秩序注入强劲动力。以习近平同志为总书记的党中央在继承中创新，外交开局气势恢宏，外交布局全面均衡，使新形势下的中国外交呈现出理念丰富、重点突出、立场坚定、策略灵活、风格鲜明等特点，不仅充分调动了各方发展对华关系的积极性，为下半年乃至今后 5 至 10 年对外工作奠定了良好基础，而且有力提振了党心、军心、民心，极大激发了全党全国各族人民为实现党的十八大确定的“两个一百年”奋斗目标而努力拼搏的热情。

外交理论和实践创新取得一系列重大成果。面对错综复杂的国际局势，以习近平同志为总书记的党中央发扬我们党理论联系实际的优良作风，勇于探索，坚持内政和外交有机统一、中国特色与时代特征融为一体，在很短的时间里取得了一系列外交理论和实践的重要突破，体现了开拓创新的决心，展现出宽广的世界眼光、前瞻的战略思维和驾驭全局的能力，为开创外交工作新局面、抓住和用好重要战略机遇期提供了有力的理论和实践保障。

提出中国梦重要思想并赋予其深刻的内涵，增进我国与世界各国的交流合作。党的十八大以来，习近平同志在出访和接待外国来宾的过程中，向各国领导人和公众深入介绍实现中华民族伟大复兴的中国梦重要思想，阐述中国梦的丰富内涵。习近平同志强调，中国梦是中国各族人民的梦，也是每个中国百姓的梦。中国梦的实现需要和平稳定的国际和周边环境，中国将坚持通过和平发展方式实现中国梦。中国梦与世界各国人民的梦想息息相通，中国在实现自身发展的同时将努力带动和帮助其他国家特别是发展中国家和周边国家发展。中国将与各国更多分享发展机遇，使他们更好地实现自己的梦想。中国希望同世界各国合作共赢、共同发展。中国人民希望通过实现中国梦，同各国人民一道，携手共圆世界梦。习近平同志就中国梦所做的全面深入细致的阐述，是中国坚持走和平发展道路重要思想在新时期的继承与发展，增进了国际社会对中国和平发展战略的理解和认同，在国际上受到普遍赞赏与欢迎。很多国家领导人和各界人士表示，中国梦与他们自己国家和人民的梦想是一致的，愿意同中国一道努力实现人类共同的美好理想。这一事实有力挫败了某些国际势力歪曲与诋毁中国梦的图谋。中国梦重要思想不仅大大激励了中国人民实现中华民族伟大复兴的决心和信心，同时也有力提升了我国对外影响力和亲和力，增强了我国在国际事务中的地位和话语权，充分体现了内政和外交的有机结合与高度统一。

提出构建中美新型大国关系，同时努力推动与各大国关系的发展。推动构建中美新型大国关系，实现中国与各大国关系的良性互动、合作共赢，是以习近平同志为总书记的党中央关于运筹大国关系的重要理念。这既是充分汲取历史经验教训、准确把握时代潮流、将中国自身利益与世界各国利益紧密结合做出的战略抉择，也是实现“两个一百年”奋斗目标的内在需要和坚持和平发展这一总体对外战略的必然要求。中美就构建新型大国关系达成重要共识。在中美元首安纳伯格庄园会晤中，习近平同志与美国总统奥巴马一致同意，中美将共同努力构建新型大国关系，造福两国和世界人民。习近平同志用三句话对新型大国关系内涵进行了精辟概括：一是不冲突、不对抗。就是要客观理性看待彼此战略意图，坚持做伙伴、不做对手；通过对话合作、而非对抗冲突的方式，妥善处理矛盾和分歧。二是相互尊重。就是要尊重各自选择的社会制度和发展道路，尊重彼此核心利益和重大关切，求同存异，包容互鉴，共同进步。三是合作共赢。就是要摒弃零和思维，在追求自身利益时兼顾对方利益，在寻求自身发展时促进共同发展，不断深化利益交融格局。习近平同志还指出，为落实构建中美新型大国关系共识，双方要提升对话互信新水平，在开展务实合作方面采取新步骤，建立大国互动新模式，探索管控分歧新办法。中美建立新型大国关系前无古人、后启来者，是一项没有现成经验可循的历史创举，不会一帆风顺，但只要我们看清形势、认准目标、坚定信心、不断推进，就一定能推动中美关系健康稳定发展。同时，在我国积极运筹和推进下，我国与其他大国关系也取得新进展和新突破。中俄战略互信不断深化，经贸合作水平稳步提升，能源等重大合作项目取得新突破，在重大国际和地区问题、全球经济治理等方面保持密切协调，全面战略协作伙伴关系取得新发展。中欧合作领域进一步拓宽，相互利益交融不断加深，战略合作关系水平持续提升。我们还积极发展与发展中大国及地区大国的友好合作关系，取得明显成效。

提出坚持正确义利观，加强与周边和发展中国家的友好合作。正确处理“义”和“利”的关系是中国优秀传统文化的一个精髓，也是中华民族传承至今的道德准则，不仅是指导个人为人处世的重要原则，也是指导国家处理国际关系的重要原则。习近平同志秉承中华文化和新中国外交优良传统，针对我国与发展中国家和周边国家关系面临的新形势新任务，强调在同这些国家发展关系时要树立正确义利观，政治上坚持正义、秉持公道、道义为先，经济上坚持互利共赢、共同发展。对那些对我国长期友好而自身发展任务艰巨的周边和发展中国家，要更多地考虑到对方利益，不要损人利己，以邻为壑。我们以正确义利观为引导，加强对周边和发展中国家工作。习近平同志访非期间与非洲领导人坦诚交心，全面阐述中国对非政策，提出对非合作的真、实、亲、诚四字箴言，特别强调中非合作的互利共赢性质，表示中国将不折不扣落实承诺，不附加任何政治条件，重在帮助非洲国家把资源优势转化为发展优势，实现多元、自主、可持续发展。习近平同志的讲话引起非洲领导人和民众强烈共鸣，他们纷纷表示中国对非洲的帮助是真诚的，目的是促进非洲发展，非洲国家完全信任中国。习近平同志访问特立尼达和多巴哥、哥斯达黎加，落实了一大批重大合作项目，体现了我国帮助中美洲有关国家发展的诚意。习近平同志宣布，中国将面向加勒比友好国家设立优惠贷款和基础设施建设专项贷款，受到有关国家的欢迎。习近平同志访问墨西哥，在促进两国经贸领域合作方面取得积极成果，双方宣布将中墨关系提升为全面战略伙伴关系。

提出加强外交工作的顶层设计、策略运筹和底线思维，坚定维护国家核心利益。习近平同志多次强调，要从顶层设计角度对中长期对外工作作出战略规划。党中央高瞻远瞩、总揽全局，观大势、谋大事，不断加强顶层设计和战略谋划，通过一系列重大外交行动，将大国、周边、发展中国家、多边等工作密切结合，综合施策，推动了与各方关系的全面发展，达到了外交工作开好头、起好步、布好局的预期目标，为运筹中长期外交整体布局奠定了良好基础。以习近平同志为总书记的党中央高度重视对外政策的具体执行环节，强调要搞好策略运筹，顺势而为，根据国际形势和外部环境变化，及时调整政策和策略，正确处理对外工作中遇到的新情况新问题。要有底线思维，处理问题既要朝好的方向努力，也要做最坏的打算。习近平同志强调，中国坚定不移走和平发展道路，但决不能放弃我们的正当利益，绝不能牺牲国家核心利益。任何外国不要指望我们会吞下损害我国主权、安全、发展利益的苦果。在外交实践中不回避矛盾和问题，妥善处理同有关国家的分歧和摩擦，同时推动各领域交流合作，通过合作扩大共同利益的汇合点，努力维护同周边国家关系及地区和平稳定大局。

提出加强外事工作的统筹协调，以确保中央对外交工作的集中统一领导。党中央从统筹国内国际两个大局出发，高度重视对外事工作的统筹协调，强调外事工作必须内外兼顾、通盘筹划、统一指挥、统筹实施，要求中央和地方、政府和民间、涉外各部门牢固树立外交一盘棋意识，各司其职，形成合力，既充分发挥各方面的积极性和创造力，又从国家利益的高度做好集中调度，保障中央对对外工作的领导、决策、管理、处置等各项功能顺利实施，确保中央对外战略意图的实现。半年来，中央加强了有关机制建设，逐步理顺体制机制，制定了明确规定，加强与规范外事和外事管理工作，有力改进和加强了中央对外事工作的集中统一领导和统筹协调。深入学习贯彻外交理论和实践创新成果，开创外交工作新局面。当前，新形势下的外交工作已经由实现良好开局、谋篇布局进入到全面展开、深入推进阶段。综观全局，我国发展仍处于可以大有作为的重要战略机遇期，同时也面临复杂严峻挑战。以习近平同志为总书记的党中央在外交理论和实践方面的重要创新成果，不仅为下一阶段外交工作的开展奠定了坚实基础，更指明了正确方向。我们要深入学习领会其实质内涵，不断总结提炼有关经验启示，用于指导外交实践。在良好开局基础上，再接再厉，开拓进取，不断优化外交布局，更好发挥首脑外交引领作用，大力推动与各大国关系的发展，加大与周边和发展中国家的友好互利合作，推动国际秩序朝着更加公正合理的方向发展。深入宣传外交新思想新理念，贯彻实践党的群众路线和外交为民思想，开创外交工作新局面，为实现中华民族伟大复兴的中国梦创造良好外部环境。

资料来源：新华网

2. 人民日报专访王毅：详解中国特色大国外交成果

党的十八大以来，以习近平同志为核心的党中央积极推进外交理论和实践创新，提出一系列新理念新思想新战略，形成并确立了习近平总书记外交思想。在习近平总书记外交思想指导下，中国外交开拓进取，砥砺奋进，走出了一条中国特色大国外交之路，为实现“两个一百年”奋斗目标和中华民族伟大复兴的中国梦提供了有力保障。近日，外交部部长王毅接受了专访，对党的十八大以来中国特色大国外交取得的丰硕成果，进行了详细解读。

记者：党的十八大以来，在以习近平同志为核心的党中央领导下，我国走出了一条中国特色大国外交之路，取得了丰硕成果。你能否介绍一下党中央提出中国特色大国外交理念的历史背景和主要考虑？中国特色大国外交有哪些鲜明特色？

王毅：习近平总书记指出，中国必须有自己特色的大国外交，使我国对外工作有鲜明的中国特色、中国风格、中国气派，这是习总书记从我国基本国情和所处历史方位出发做出的科学论断。

中国已经成为一个响当当的世界大国。我们用几十年时间实现了其他国家几百年取得的发展成就，是联合国安理会常任理事国、世界第二大经济体和第一大外汇储备国。正如习总书记所指出，我们前所未有地走近世界舞台中心，前所未有地接近实现中华民族伟大复兴的中国梦，前所未有地具有实现这个目标的能力和信心。与之相适应，我们有更多资源和手段坚持和平发展，坚定维护国家主权、安全、发展利益，维护和延长我国发展的重要战略机遇期。我们也有更多能力和条件发挥负责任大国作用，积极推动解决热点问题和全球性挑战，促进全球治理体系朝着更加公正合理方向发展，为世界和平与发展做出更大贡献。

同时，和历史上的传统大国不同，中国是一个有着鲜明特色的国家。我们是一个中国共产党领导下的社会主义国家，走的是中国特色社会主义道路。我们还是一个发展中国家，处于社会主义初级阶段，发展仍然是我们的第一要务。我们还是一个有五千年文明传承的国家，以和为贵、和而不同等思想理念早已融入了我们的民族基因和血脉。当前，各国相互依存愈发紧密，和平、发展、合作、共赢的时代潮流愈发强劲。外交工作既要体现自身特色，也要反映时代需要。

第一个特色就是坚持党的领导，坚定中国特色社会主义道路、理论、制度和文化自信，努力使更多国家和民众理解和认同我国选择的社会制度和发展道路。

第二个特色就是坚持合作共赢。中国决不会走国强必霸的老路，不搞零和博弈，也不搞赢者通吃，而是继续把中国发展同各国发展紧密结合，努力构建以合作共赢为核心的新型国际关系，共同朝着构建人类命运共同体的目标前进。

第三个特色就是立足于我国作为发展中国家的定位，积极服务国内发展，努力为国内发展营造良好外部环境，同时在国际上坚定维护广大发展中国家的共同利益和正当权益。

记者：以习近平同志为核心的党中央提出了一系列外交新理念新思想新战略，你对此有何认识和体会？

王毅：党的十八大以来，以习近平同志为核心的党中央深刻思考人类前途命运以及中国和世界发展大势，积极推进外交理论和实践创新，提出了一系列新理念新思想新战略，形成并确立了习近平总书记外交思想，需要我们认真学习贯彻。我的体会是，其核心要义为一条主线、两大支柱、三大特征。

一条主线，就是要牢牢把握坚持和平发展、促进民族复兴这条主线。习总书记指出，我们要高举和平、发展、合作、共赢的旗帜，统筹国内国际两个大局，统筹发展安全两件大事，为实现“两个一百年”奋斗目标和中华民族伟大复兴的中国梦提供有力保障。这为我们做好新形势下的外交工作提供了根本遵循。

两大支柱，就是构建以合作共赢为核心的新型国际关系、同心打造人类命运共同体。构建以合作共赢为核心的新型国际关系，旨在推动各国走出一条结伴而不结盟、合作而不对抗的国与国交往新路。打造人类命运共同体，旨在为人类社会确立共同努力目标，实现全球范围的共同发展和长治久安。两者相辅相成，体现了习总书记将中国发展同世界发展相统一的全球视野、世界胸怀和大国担当，具有强大的吸引力、感召力和生命力。与之相关，习总书记还提出新安全观、新发展观、全球治理观、正确义利观等一系列新理念新思想，构成了中国特色大国外交理论体系的基本架构。

三大特征，就是先进性、开拓性和稳定性。先进性，是指习近平总书记外交思想超越了以零和博弈、强权政治等为基础的西方传统国际关系理论，引领中国外交占据了国际道义和时代潮流的制高点。开拓性，是指习总书记把继承与发展、坚持与创新有机统一起来，推动外交理论创新实现一系列重大突破，开创了中国特色大国外交的新局面。稳定性，是指面对世界乱象与国际变局，习总书记强调要始终坚持走和平发展道路，支持多边主义，坚持开放包容，以中国外交的稳定性和确定性对冲当今世界各种不确定性，成为国际形势演变中的正能量。

习近平总书记外交思想是党中央治国理念和执政方略的有机组成部分，丰富了中国特色社会主义理论体系的内涵，是新时期外交工作最宝贵的精神财富和制胜法宝，必将指引中国外交乘风破浪，扬帆远航。

记者：合作共赢是近年来中国外交的关键词，“一带一路”是合作共赢的典型例子。习近平总书记提出“一带一路”倡议的主要考虑是什么？“一带一路”建设取得了哪些实际成果？

王毅：2013年，习近平总书记提出建设“一带一路”重大倡议。这一倡议源于习总书记对国内国际两个大局的深入观察和思考。

从国际看，金融危机深层次影响仍未消除，全球经济增长基础还不够牢固，逆全球化思潮抬头，发展不平衡加剧。现有国际合作的碎片化、排他性明显，难以实现发展资源的有效整合。当今世界迫切需要一个更为广阔、开放、包容和共享的国际合作平台，从而把各方力量汇聚起来，共谋发展，共应挑战。从国内看，我国经济发展进入新常态，区域发展仍然不平衡，扩大对外开放的视野，着眼亚欧大陆的互联互通，有助于加快中西部地区的发展步伐，构建更加全方位开放的新格局。

正是在这种形势下，“一带一路”倡议应运而生。在“一带一路”建设国际合作框架内，各方秉持共商、共建、共享原则，对接彼此发展战略，实现优势互补，为世界经济增长谋求动力，为各国共同发展提振信心，不仅有助于推动经济全球化朝着更加包容、普惠的方向实现再平衡，也将成为同心构建人类命运共同体的重要实践。

4年来，在各参与方共同努力下，“一带一路”逐渐从倡议变为行动，从理念转化为实践，成为当今世界规模最大的国际合作平台和各方普遍欢迎的全球公共产品。100多个国家和国际组织积极支持参与，一大批有影响力的标志性项目成功落地。我国与许多国家发展战略顺利对接，2014年至2016年同“一带一路”沿线国家贸易总额超过3万亿美元，对“一带一路”沿线国家投资累计超过500亿美元。今年5月，我国成功举办“一带一路”国际合作高峰论坛，140多个国家和80多个国际组织的1600多名代表出席，取得5大类、76大项、270多项合作成果，形成国际社会广泛参与、合力推动“一带一路”建设的磅礴气势。各方盛赞“一带一路”建设为构建开放型世界经济、改善和加强全球治理提供了中国方案。

“一带一路”建设是实现内外联动发展的世纪工程。随着我国同沿线各国和国际组织合作协议的逐步落实，我国的装备、技术、投资、标准将进一步走进和融入世界，国内的经济发展和转型升级也将迎来更为广阔的空间。“一带一路”建设同长江经济带、京津冀协同发展等区域发展战略紧密结合，为引领我国经济发展新常态、打造东中西部联动发展新局面注入强劲动力。

记者：这些年，我们同许多国家和地区建立了不同层次的伙伴关系，这些伙伴关系有什么特点？

王毅：党的十八大以来，中国外交积极进取，主动作为，构建了全方位、多层次和立体化的战略布局。如果说这个布局是一座宏伟的大厦，那么构成这座大厦的骨架就是我们打造的全球伙伴关系网。在党中央统一部署下，我们已经同100个左右的国家、地区和地区组织建立了不同形式的伙伴关系，中国的“朋友圈”越来越大，“伙伴网”越来越密，实现了对世界各个地区、不同类型国家的全覆盖。

我们提倡的伙伴关系，具有几个与以往传统国际关系模式不同的鲜明特征：

一是平等性。中国倡导的伙伴关系没有主从之分，而是以各国平等为原则，尊重各国主权、独立和领土完整，尊重各国人民自主选择的社会制度和发展道路，尊重彼此核心利益和重大关切，从根本上摒弃国际关系中以大欺小、以强凌弱、以富压贫的强权行径，为各国平等参与国际事务、推动国际关系民主化、法治化注入了新动力。

二是和平性。中国倡导的伙伴关系没有敌我之分，不设假想敌，也不针对第三方，致力于以共赢而非零和的理念处理国与国交往，注重寻求各国共同利益的汇合点，通过做大合作“蛋糕”实现共同发展繁荣，为国际社会加强对话合作、避免冲突对抗提供了正能量。

三是包容性。正如习近平总书记指出的，“志同道合是伙伴，求同存异也是伙伴”。中国倡导的伙伴关系没有门户之见，超越社会制度与意识形态的异同，追求的是共同利益，致力于在交流互鉴中取长补短，在求同存异中共同进步，从而避免了小集团政治带来的各种封闭与排斥。

记者：随着中国日益靠近世界舞台中心，中国如何参与和引领全球治理、通过中国智慧和中国方案促进世界和平与发展？

王毅：随着我国国际影响不断提升和全球治理格局的深刻演变，中国倡议、中国方案、中国贡献日益受到各国重视和欢迎。党的十八大以来，习近平总书记两次围绕全球治理主持中央政治局集体学习，为我国积极参与全球治理做出顶层设计，明确了目标和方向。近年来，我们演绎了参与全球治理的精彩“三部曲”，越来越多的中国倡议上升为国际共识，越来越多的中国方案汇聚成国际行动，显著增强了我国的议程设置权、规则制定权和国际话语权。

第一部曲是2014年的北京亚太经合组织领导人非正式会议。在习近平主席主持下，会议围绕近30个领域取得100多项成果和共识，其中中方提出的倡议占到一半以上，中国的议程设置权得到明显提升。

第二部曲是去年的二十国集团领导人杭州峰会。习近平主席引导协调各方，在创新增长、结构性改革、多边投资、气候变化、可持续发展等重要问题上制定出一系列指导原则和指标体系，达成29项重要成果，中国的规则制定权得到明显增强。

第三部曲是习近平主席今年1月出席达沃斯世界经济论坛年会并发表重要演讲，直面逆全球化思潮和贸易保护主义的抬头，呼吁让经济全球化进程更有活力、更加包容、更可持续，推进经济全球化进程再平衡；指出搞保护主义如同把自己关进黑屋子，看似躲过了风吹雨打，但也隔绝了阳光和空气。这些立场主张得到国际社会广泛赞誉，为充满不确定性和忧虑情绪的国际社会注入了来自中国的强大正能量，中国的话语权得到明显提高。

记者：近年来国际形势复杂多变，以习近平同志为核心的党中央在维护国家核心和重大利益方面采取了哪些有力举措？

王毅：习近平总书记指出，中国坚持走和平发展道路，但决不放弃我们的正当权益；任何外国不要指望我们会拿自己的核心利益做交易，不要指望我们会吞下损害我国主权、安全、发展利益的苦果。在党中央领导下，我们不惹事、也不怕事，为维护国家正当合法权益开展了一系列坚决有力的斗争。我们在钓鱼岛问题上坚持原则，充分展示了中国政府和人民捍卫国家领土主权的决心和意志。我们有理有据地回击旨在侵害中国领土主权和海洋权益的所谓南海仲裁案，同时推动各方回到直接当事方通过对话谈判解决具体争议的正确轨道，维护了南海局势的总体稳定。我们旗帜鲜明维护一个中国原则，反对制造“两个中国”或“一中一台”的图谋，抵御外部势力干预港澳事务，扎实开展涉藏、涉疆外交，加强打击“三股势力”国际合作，坚决捍卫国家安全和统一。我们积极同国际社会开展反腐败追逃追赃合作，取得重要成果。

记者：党的十八大以来，外交工作在服务国家发展和贯彻“外交为民”宗旨方面取得哪些积极成效？

王毅：发展是硬道理，服务发展是中国外交的硬任务。我们主动对接国内发展需求，充分发挥外交部和200多个驻外使领馆的信息和人脉优势，促成一批具有重要战略意义的大项目合作，推动一些遭遇阻力的重大项目得以重新启动。我们积极配合有关部门同30多个国家商签产能合作协议，打造可复制可推广的国际产能合作模式，初步形成覆盖亚非欧美四大洲的国际产能合作布局。我们加速推进自贸区战略，同冰岛、瑞士、韩国、澳大利亚等国签署自贸协定并正式生效，同东盟完成自贸区升级谈判，推动区域全面经济伙伴关系协定和中国—海合会自贸区谈判取得积极进展。我们创立地方省区市全球推介活动，迄今为中西部和东北9个省区举办推介，在有关地方和各国之间架起便捷的沟通桥梁。

“外交为民”是中国外交不变的宗旨。我国每年有1亿3千万人次出境，数百万中国公民在全球各个地方工作、生活、学习，3万多家中国企业遍布世界各地。在习近平总书记等中央领导同志亲自关怀下，我们把人民安危冷暖时刻放在心上，不断增强领保能力建设，积极打造海外民生工程。5年来成功组织9次海外公民撤离行动，受理各类领保救助案件近30万起，包括处理100多起中国公民在境外遭遇绑架或者袭击的重大案件。我们借力新媒体新技术，推出新版中国领事服务网、12308热线、“领事直通车”微信公众号等领事信息和服务平台，努力为海外同胞提供全天候、零时差、无障碍的领事服务。目前对持中国普通护照实施有条件免签或落地签的国家和地区达64个，与中国缔结简化签证手续协议的国家达41个，中国护照的“含金量”不断提升，同胞们走出国门更加安全、便利。

资料来源：学习贯彻习近平总书记外交思想奋力开拓中国特色大国外交新局面——访外交部部长王毅，《人民日报》，2017年8月30日，第6版

九、相关链接

1. 时代主题：是指人类社会某一发展阶段中带有全球性、战略性和关乎全局的核心问题。是国际社会在一个较长时段里所面临的主要任务和主要课题。

2. 世界多极化：指在世界上存在多个对世界政治经济具有重要影响的力量中心。60年代中期以来，西欧、日本和第三世界国家力量的发展冲破了两极格局，世界格局开始出现多极化趋势。冷战结束，两极格局随之瓦解，世界上各种力量出现新的分化组合，大国之间关系经历着重大而又深刻的调整。

3. 经济全球化：世界经济活动超越国界，通过对外贸易、资本流动、技术转移、提供服务、相互依存、相互联系而形成的全球范围的有机经济整体，是商品、技术、信息、服务、货币、人员等生产要素跨国跨地区的流动（简单地说也就是世界经济日益成为紧密联系的一个整体）。经济全球化是当代世界经济的重要特征之一，也是世界经济发展的重要趋势。

4. 文化多样化：世界上每个民族、每个国家都有自己独特的文化，民族文化是民族身份的重要标志。从民族节日和文化遗产中，人们能够深切感受到世界文化多姿多彩。

5. 社会信息化：是以计算机信息处理技术和传输手段的广泛应用为基础和标志的新技术革命，影响和改造社会生活方式与管理方式的过程。社会信息化指在经济生活全面信息化的进程中，人类社会生活的其他领域也逐步利用先进的信息技术，建立起各种信息网络；同时，大力开发有关人们日常生活内容，不断丰富人们的精神文化生活，提升生活质量的过程。

6. 人类命运共同体：在追求本国利益时兼顾他国合理关切，在谋求本国发展中促进各国共同发展，建立更加平等均衡的新型全球发展伙伴关系，同舟共济，权责共担，增进人类共同利益。

7. “一带一路”：是“丝绸之路经济带”和“21世纪海上丝绸之路”的简称，2013年9月和10月由中国国家主席习近平分别提出建设“新丝绸之路经济带”和“21世纪海上丝绸之路”的合作倡议。

8. 新型国际关系：是指推动建设相互尊重、公平正义、合作共赢的新型国际关系。

参考答案

一、重点难点测试

（一）单项选择题

1. C　2. C　3. B　4. A　5. D　6. B　7. C　8. C　9. C　10. D

（二）多项选择题

1. ABCD　2. ABD　3. ABCD　4. ABC　5. ACD　6. ABD　7. ABC　8. ABC　9. CD　10. AB

（三）问答题

1. 答案要点：（1）世界多极化在曲折中发展；（2）经济全球化深入发展；（3）文化多样化持续推进；（4）社会信息化快速发展；（5）科学技术孕育新突破。

2. 答案要点：（1）构建人类命运共同体思想，其核心就是“建设持久和平、普遍安全、共同繁荣、开放包容、清洁美丽的世界”；（2）政治上，要相互尊重、平等协商，坚决摒弃冷战思维和强权政治，走对话而不对抗、结伴而不结盟的国与国交往新路；（3）安全上，要坚持以对话解决争端、以协商化解分歧，统筹应对传统和非传统安全威胁，反对一切形式的恐怖主义；（4）经济上，要同舟共济，促进贸易和投资自由化便利化，推动经济全球化朝着更加开放、包容、普惠、平衡、共赢的方向发展；（5）文化上，要尊重世界文明多样性，以文明交流超越文明隔阂、文明互鉴超越文明冲突、文明共存超越文明优越；（6）生态上，要坚持环境友好，合作应对气候变化，保护好人类赖以生存的地球家园。

二、案例品评

【精选案例1】

答案要点：（1）坚持和平发展道路；（2）坚持独立自主和平外交政策；（3）推动建立新型国际关系；（4）推动构建人类命运共同体；（5）促进“一带一路”国际合作。

【精选案例2】

答案要点：（1）世界多极化在曲折中发展；（2）经济全球化深入发展；（3）文化多样化持续推进；（4）社会信息化快速发展。

第十四章　坚持和加强党的领导

一、学习目的和要求

通过本章的学习，使学生了解中国共产党的领导地位是历史的必然，是人民的选择。中国共产党是中国特色社会主义事业的坚强领导核心，是中国特色社会主义最本质的特征，是中国特色社会主义制度的最大优势。面对新时代新挑战新要求，坚持和加强党的领导就是战胜艰难险阻，不断取得胜利的法宝，也是党面对新时代做出的响亮回答。

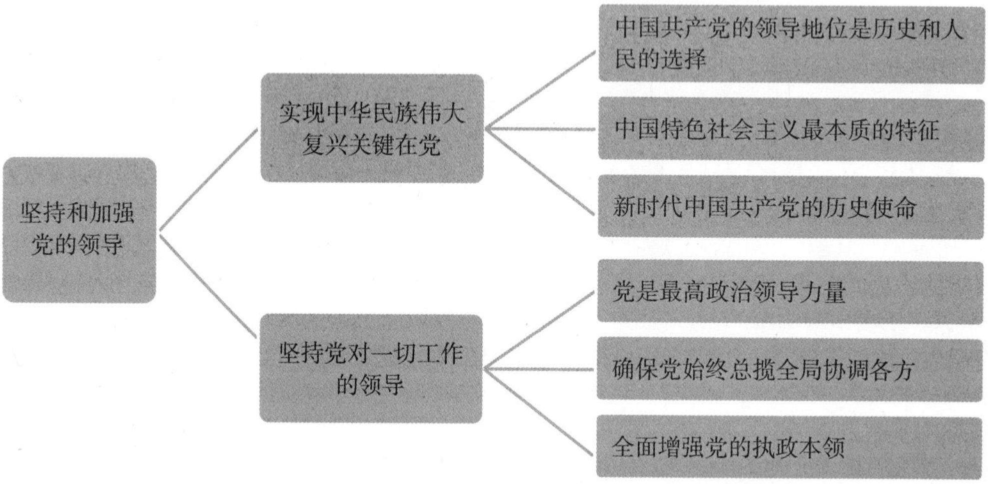

图 14－1　思维导图

二、学习重点

1. 实现中华民族伟大复兴关键在党。
2. 坚持党对一切工作的领导。

三、学习难点

1. 党的领导是中国特色社会主义最本质的特征。
2. 党是最高政治领导力量。

四、重点难点测试

（一）单项选择题

1. 中国特色社会主义最本质的特征是（　　）。

A. 人民当家做主　B. 中国共产党的领导　C. 依法治国　D. 人民代表大会

2. 中国共产党是中国特色社会主义最本质的特征，是（　）提出的重要论断。

A. 习近平　B. 邓小平　C. 江泽民　D. 胡锦涛

3. 只有坚持（　），才能保证中国特色社会主义的性质和正确方向。

A. 人民当家做主　B. 社会主义制度　C. 中国共产党的领导　D. 文化自信

4.（　）是中国特色社会主义制度最大的优势。

A. 中国共产党的领导　B. 人民代表大会制度　C. 政治协商制度　D. 依法治国

5. 坚持党对一切工作的领导，要提高党（　）的能力和定力，确保党始终总揽全局、协调各方。

A. 把方向、谋大局、定政策、促改革　B. 把方向、谋大局、定政策、促落实

C. 把方向、谋大局、定政策、务实干　D. 把方向、谋大局、定政策、促发展

6. 历史已经并将继续证明，没有（　），民族复兴必然是空想。

A. 中国共产党的领导　B. 国家富强

C. 人民物质生活水平的极大提升　D. 改革开放

7. 全党要更加自觉地坚定党性原则，不断增强党的（　），确保我们党永葆旺盛生命力和强大战斗力。

A. 政治领导力、思想凝聚力、群众组织力、社会号召力

B. 政治领导力、思想引领力、群众组织力、社会号召力

C. 政治号召力、思想凝聚力、群众组织力、社会号召力

8. 确保党始终总揽全局、协调各方，必须增强（　）。

A. 政治意识、大局意识、核心意识、看齐意识

B. 政治意识、大局意识、权威意识、看齐意识

C. 政治意识、全局意识、核心意识、看齐意识

D. 政治意识、全局意识、权威意识、看齐意识

9. 加强和规范党内政治生活，增强党内政治生活的政治性、时代性、原则性、战斗性，发展积极健康的党内（　），营造风清气正的良好（　）。

A. 政治文化；政治环境　B. 政治氛围；政治生态

C. 政治文化；政治生态　D. 政治生态；政治文化

10. 新时代党的建设总要求，突出（　）在党的建设中的重要地位。

A. 思想建设　B. 政治建设　C. 作风建设　D. 纪律建设

（二）多项选择题

1. 五年来，我们勇于面对党面临的重大风险考验和党内存在的突出问题，以顽强意志品质正风肃纪、反腐惩恶，消除了党和国家内部存在的严重隐患，党内政治生活气象更新，党内政治生态明显好转，党的（　）显著增强。

A. 创造力　B. 创新力　C. 凝聚力　D. 战斗力

2. 必须增强（　），自觉维护党中央权威和集中统一领导，自觉在思想上政治上行动上同党中央保持高度一致。

A. 政治意识　B. 核心意识　C. 大局意识　D. 看齐意识

3. 要深刻认识党面临的（　）的长期性和复杂性。

A. 执政考验　B. 改革开放考验　C. 市场经济考验　D. 外部环境考验

4. 领导十三亿多人的社会主义大国，我们党既要政治过硬，也要本领高强。要（　）。

A. 增强学习本领，增强政治领导本领　B. 增强改革创新本领，增强科学发展本领

C. 增强依法执政本领，增强群众工作本领　D. 增强狠抓落实本领，增强驾驭风险本领

5. 强化管党治党（　）和（　），加强对党的领导机关和党员领导干部特别是主要领导干部的监督，不断完善党内监督体系。

A. 主体责任　B. 领导责任　C. 监督责任　D. 管理责任

6. 推进伟大工程，要结合（　　）的实践来进行，确保党在世界形势深刻变化的历史进程中始终走在时代前列，在应对国内外各种风险和考验的历史进程中始终成为全国人民的主心骨，在坚持和发展中国特色社会主义的历史进程中始终成为坚强领导核心。

A. 伟大斗争　　B. 伟大事业　　C. 伟大梦想　　D. 伟大道路

7.（　　）是关系党生死存亡的问题。

A. 党风问题　　B. 精神懈怠问题

C. 党同人民群众联系问题　　D. 能力不足问题

8. 深入推进党风廉政建设和反腐败斗争，以零容忍态度惩治腐败，构建（　　）的有效机制。

A. 不易腐　　B. 不敢腐　　C. 不能腐　　D. 不想腐

9. 中国共产党领导人民发展社会主义民主政治。坚持（　　）有机统一，走中国特色社会主义政治发展道路。

A. 党的领导　　B. 人民当家做主　　C. 依法治国　　D. 民主政治

10. 党要适应改革开放和社会主义现代化建设的要求，坚持（　　），加强和改善党的领导。

A. 科学执政　　B. 民主执政　　C. 依法执政　　D. 文明执政

（三）问答题

1. 为什么说中国共产党的领导是中国特色社会主义最本质的特征？

2. 如何理解党是最高的政治领导力量？

五、案例品评

【精选案例 1】

黄大年：心有大我　至诚报国

黄大年是著名地球物理学家，生前担任吉林大学地球探测科学与技术学院教授、博士生导师。2009年，黄大年同志毅然放弃国外优越条件回到祖国，刻苦钻研、勇于创新，取得了一系列重大科技成果，填补了多项国内技术空白，2017 年 1 月 8 日不幸因病去世，年仅 58 岁。黄大年去世后，习近平做出重要批示，强调要以黄大年同志为榜样，学习他的爱国情怀、敬业精神和高尚情操。党中央追授黄大年同志为“全国优秀共产党员”。

黄大年同志秉持科技报国理想，把为祖国富强、民族振兴、人民幸福贡献力量作为毕生追求，为我国教育科研事业做出了突出贡献，他的先进事迹感人肺腑。我们要以黄大年同志为榜样，学习他心有大我、至诚报国的爱国情怀，学习他教书育人、敢为人先的敬业精神，学习他淡泊名利、甘于奉献的高尚情操，把爱国之情、报国之志融入祖国改革发展的伟大事业之中、融入人民创造历史的伟大奋斗之中，从自己做起，从本职岗位做起，为实现“两个一百年”奋斗目标、实现中华民族伟大复兴的中国梦贡献智慧和力量。

资料来源：习近平对黄大年同志先进事迹做出重要指示

李保国：苦干实干　一心为民

李保国生前是河北农业大学教授、博士生导师。他把太行山区生态治理和群众脱贫奔小康作为毕生追求，每年深入基层 200 多天，让 140 万亩荒山披绿，带领 10 万农民脱贫致富。常年高强度工作让李保国积劳成疾，2016 年 4 月 10 日凌晨，58 岁的他突发心脏病，经抢救无效去世。李保国去世后，习近平做出重要批示，号召广大党员、干部和教育、科技工作者向李保国同志学习，自觉为人民服务、为人民造福，努力做出无愧于时代的业绩。

李保国同志 35 年如一日，坚持全心全意为人民服务的宗旨，长期奋战在扶贫攻坚和科技创新第一线，把毕生精力投入到山区生态建设和科技富民事业之中，用自己的模范行动彰显了共产党员的优秀品格，事迹感人至深。李保国同志堪称新时期共产党人的楷模，知识分子的优秀代表，太行山上的新愚公。广大党员、干部和教育、科技工作者要学习李保国同志心系群众、扎实苦干、奋发作为、无私奉献的高尚精神，自觉为人民服务、为人民造福，努力做出无愧于时代的业绩。

资料来源：习近平对李保国同志先进事迹做出重要批示

罗阳：航空报国英模

罗阳，辽宁沈阳人，研究员级高级工程师。生前任沈阳飞机工业（集团）有限公司董事长、总经理、党委副书记。2012 年 11 月 25 日 12 时 48 分，在大连执行任务时，突发急性心肌梗死、心源性猝死，经抢救无效，在工作岗位上殉职，享年 51 岁。罗阳去世后，习近平做出重要指示，要求广大党员干部学习罗阳同志优秀品质和可贵精神。

罗阳同志不幸因公殉职，我谨致以沉痛的哀悼，并向他的家人表示深切的慰问。罗阳同志秉持航空报国的志向，为我国航空事业发展做出了突出贡献，他的英年早逝是党和国家的一个重大损失。要很好地总结和宣传罗阳同志的先进事迹，广大党员、干部要学习罗阳同志的优秀品质和可贵精神。

资料来源：习近平对罗阳同志先进事迹作出重要批示

【思考题】

新时代中国共产党的历史使命是什么？

【精选案例 2】

中央决策项目落地缓慢　河南问责 9 名“不担当”干部

为提高河南省伊洛河防护能力，中央下达补助资金 1.5 亿元，对其进行治理。作为重大民生工程，该项目本应于 2015 年完工，但督查发现，截至 2015 年 5 月，伊洛河宜阳、偃师、巩义段尚未开工建设。其中宜阳段 2015 年 10 月 8 日才完成招投标工作，2015 年 11 月，部分采砂企业还未撤离……

本是为民务实的政策，却硬生生被拖成了“挂在墙上的标语和口号”。对此河南省委高度重视，迅速组成调查组对有关问题进行了核查，并对相关人员进行了问责。2015 年 10 月 10 日，河南省纪委监察厅通报处理结果：

3 个县（市）水利部门对该工程重视不够，协调推进不力，工作效率不高，县（市）政府作为领导机关，在推动工程建设过程中没有完全尽到领导、协调、督查责任，导致该项目工程延误。为此，对负有重要领导责任的宜阳县政府副县长王定泽、偃师市政府副市长赵颇进行诫勉谈话。按照干部管理权限，给予负有直接责任的宜阳县水利局纪委书记李勋党内警告处分；偃师市水利局副局长李效峰行政记过处分；巩义市伊洛河治理工程建设管理局办公室主任马鹏飞记过处分。给予负有主要领导责任的原宜阳县水利局局长张午丙（副县级）、现任局长楚汉章、偃师市水利局局长高子炫行政警告处分；巩义市政府党组成员、副县级干部王竹潭行政记过处分。

“如果认识到位，如果重视到位，如果担当到位，完全可以尽早开工，也完全可以按期完工……”一位被问责的干部表示。然而，落实中央决策部署没有“如果”，必须不折不扣、坚定不移，决不能有丝毫的含糊和动摇。

资料来源：中央纪委国家监委网站，http：//www. ccdi. gov. cn/

【思考题】

请你谈谈对“坚持党的领导，强化责任担当”的理解。

【精选案例 3】

某国有大型骨干企业 30 多家所属单位未成立党组织
相关党员领导干部被问责

“党的基层组织不健全，有党员无组织，党员处于脱管状态和违规发展党员。”2015 年 7 月至 9 月，中央巡视组对某国有大型骨干企业进行专项巡视时，发现该企业下属某单位有 60 多名党员处于脱管状态。

其他所属单位怎么样？该企业党委举一反三，对所属企业党组织建设和党员管理情况进行了全面排查，发现有30多家所属单位未成立党组织，流动党员和脱管党员有120多名。

党的建设缺失，组织生活不健全，相关党员领导干部就要被问责——2015年9月，该单位上级党委对存在“有党员处于脱管状态和违规发展党员”问题的党委班子成员进行了诫勉谈话，对其提出严肃批评。该单位党委还在2015年11月召开党委会，对此事进行了通报，严肃有关纪律，每位党委委员作了检讨。目前，该企业已对巡视中发现的问题认真整改，所属单位未成立党组织、党员脱管问题得到有效解决。

资料来源：中央纪委国家监委网站，http：//www.ccdi.gov.cn/

【思考题】

根据上述案例，请你谈谈加强党的建设的积极重要性。

【精选案例4】

大气污染防治不力 8名县（市、区）主管领导被追责

点开石家庄市政府官方网站“中国石家庄”，在“公告公示”一栏里，醒目处可以看到每月空气质量排名靠后县（市）区情况通报。

推进生态文明建设是关系人民福祉、关乎民族未来的长远大计，治理大气污染是推进生态文明建设的重要任务。为甩掉“重污染城市”这顶“帽子”，石家庄市在加大通报力度之外，还出台相关制度强化问责，既问责大气污染防治不力的直接责任人，又问责相关领导干部，以严格的责任追究，促进环境污染治理工作的落实。

“石家庄市有关县（市、区）应对重污染天气不力，责任落实不到位……”2015年冬天，在重污染天气应急响应期间，石家庄市有关县（市、区）推进不力，被上级督导组点名通报。随后，该市成立调查组，对有关问题进行了调查核实。问题查实后，经石家庄市委常委会研究同意，按照干部管理权限，分别对晋州市、灵寿县等县（市、区）的8名县（市、区）主管领导、54名相关责任人进行了责任追究。

“教训深刻，触动很大。”被问责的相关责任人纷纷表示，要以这次问责为警示，强化责任意识，抓好整改，不断深化对大气污染问题的治理。

资料来源：中央纪委国家监委网站，http：//www.ccdi.gov.cn/

【思考题】

根据上述案例，谈谈你对“坚持党的领导必须强化责任担当”的理解。

六、名人名言名句

习近平同志关于党建的十八条名言：

1. 理想信念就是共产党人精神上的“钙”，没有理想信念，理想信念不坚定，精神上就会“缺钙”，就会得“软骨病”。

2. 对党绝对忠诚要害在“绝对”两个字，就是唯一的、彻底的、无条件的、不掺任何杂质的、没有任何水分的忠诚。

3. 我们的干部要上进，我们的党要上进，我们的国家要上进，我们的民族要上进，就必须大兴学习之风，坚持学习、学习、再学习，坚持实践、实践、再实践。

4. 工作作风上的问题绝对不是小事，如果不坚决纠正不良风气，任其发展下去，就会像一座无形的墙把我们党和人民群众隔开，我们党就会失去根基、失去血脉、失去力量。

5. 作为党的干部，就是要讲大公无私、公私分明、先公后私、公而忘私，只有一心为公、事事出于公心，才能坦荡做人、谨慎用权，才能光明正大、堂堂正正。

6. 从严治党，关键是要抓住领导干部这个“关键少数”，从严管好各级领导干部。

7. 我一直说，鱼和熊掌不可兼得，当官就不要发财，发财就不要当官，这是两股道上跑的车。

8. 领导干部要严以修身、严以用权、严以律己，谋事要实、创业要实、做人要实。

9. 立明规则，破潜规则，必须在党内形成弘扬正气的大气候。大气候不形成，小气候自然就会成

气候。

10. “人在做、天在看”。“天”是什么？“天”就是党和人民。党内监督和人民群众的监督起作用了，制度不是稻草人，效果就出来了。

11. 好的法规制度如果不落实，只是写在纸上、贴在墙上、编在手册里，就会成为“稻草人”、“纸老虎”，不仅不能产生应有作用，反而会损害法规制度的公信力。

12. 要坚持“老虎”“苍蝇”一起打，既坚决查处领导干部违纪违法案件，又切实解决发生在群众身边的不正之风和腐败问题。

13. 要以踏石留印、抓铁有痕的劲头抓下去，善始善终、善做善成，防止虎头蛇尾，让全党全体人民来监督，让人民群众不断看到实实在在的成效和变化。

14. 要让每一个干部牢记“手莫伸，伸手必被捉”的道理。孔子说：“见善如不及，见不善如探汤。”……领导干部要心存敬畏，不要心存侥幸。

15. 要加强对权力运行的制约和监督，把权力关进制度的笼子里，形成不敢腐的惩戒机制、不能腐的防范机制、不易腐的保障机制。

16. 要提高制度执行力，让制度、纪律成为带电的“高压线”，使查处违纪违法问题制度化、经常化，使党员、干部心有所畏、言有所戒、行有所止。

17. 对违规违纪、破坏法规制度踩“红线”、越“底线”、闯“雷区”的，要坚决严肃查处，不以权势大而破规，不以问题小而姑息，不以违者众而放任，不留“暗门”、不开“天窗”，坚决防止“破窗效应”。

18. 全面从严治党永远在路上。……各级党组织要担负起全面从严治党主体责任。全面从严治党，核心是加强党的领导，基础在全面，关键在严，要害在治。

七、实践项目

实践项目一

“坚持和加强党的领导”知识竞赛

【目标要求】

通过本次知识竞赛，使学生了解掌握中国共产党是建设中国特色社会主义事业的领导核心及党的领导是中国特色社会主义最本质的特征，充分认识到坚持和加强党的领导就是战胜艰难险阻、不断取得胜利的制胜法宝。

【活动方案】

1. 时间：上课时间1—2课时。

2. 地点：多媒体教室。

3. 参赛形式：把学生以5—7人进行分组，由一名主持人主持；以2—4组的方式进行，设定题目和分值，分为问答环节、抢答环节，主题陈述等方式进行知识竞赛。

4. 流程：（1）提前两周通知比赛时间、地点、竞赛内容及规程。（2）任课教师：提前准备好笔试的题目和试卷或现场回答的题目。（3）进行现场回答。

【活动评价】

以回答的方式进行，按得分进行排列，计入平时成绩进行加分。

实践项目二

我向党支部提建议

【目的要求】

通过此项活动，一方面使基层党组织更加了解同学们的所思所想，推进基层党组织建设；另一方面，使其他同学通过相互互动，加深对党的认识，更加坚信党的领导。

【活动方案】
1. 时间：2 课时。
2. 地点：本班上课教室。
3. 方式：以学习小组为单位开展讨论，最后各学习小组提交建议。
【活动评价】
根据各学习小组提出建议的合理化程度进行考核，小组的得分计入平时成绩。

八、学习延伸

1. 观看大型反腐专题片《永远在路上》（共八集），网址：CCTV 央视网 . COM，http：//tv. cntv. cn/videoset/VSET100311165593？from = singlemessage&isappinstalled = 1
2. 阅读习近平：《在庆祝中国共产党成立 95 周年大会上的讲话》，人民日报，2016 年版。
3. 阅读《习近平关于全面从严治党论述摘编》，中央文献出版社，2016 年版。
4. 阅读《中国共产党的领导是中国特色社会主义最本质的特征》《习近平谈治国理政》第 2 卷，外文出版社，2017 年版。
5. 阅读《中国共产党问责条例》，共产党员网，http：//www. 12371. cn/special/wztl/。

九、相关链接

1. 中国共产党的性质：中国共产党是中国工人阶级的先锋队，同时是中国人民和中华民族的先锋队，是中国特色社会主义事业的领导核心，代表中国先进生产力的发展要求，代表中国先进文化的前进方向，代表中国最广大人民的根本利益。
2. 坚持党的领导：中国共产党的领导是中国特色社会主义最本质的特征。坚持党的领导，就是要坚持党在建设中国特色社会主义事业中的领导核心地位。
3. 新时代中国共产党的历史使命：就是统揽伟大斗争、伟大工程、伟大事业、伟大梦想，在全面建设小康社会的基础上全面建成社会主义现代化强国，实现中华民族伟大复兴的中国梦。
4. 民主集中制：在集中指导下的民主和在民主基础上的集中相结合的制度。是党的根本组织制度和领导制度，也是马克思主义认识论和群众路线在党的生活和组织建设中的运用。
5. 坚持党对一切工作的领导：包含三层含义：一是只有中国共产党才能领导好一切；二是党的领导必须体现在一切工作中；三是坚持党的政治领导。

参考答案

一、重点难点测试
（一）单项选择题
1. B　2. A　3. C　4. A　5. A　6. A　7. B　8. A　9. C　10. B
（二）多项选择题
1. ACD　2. ABCD　3. ABCD　4. ABCD　5. AC　6. ABC　7. AC　8. BCD　9. ABC　10. AB
（三）问答题
1. 答案要点：（1）这是由科学社会主义的理论逻辑所决定的；（2）这是由中国特色社会主义产生与发展的历史逻辑所决定的；（3）这是由中国特色社会主义迈向新征程的实践逻辑所决定的。
2. 答案要点：（1）党是最高政治领导力量，这是马克思主义政党学说的基本原则，是对历史经验的深刻总结，是推进伟大事业的根本保证；（2）党是最高政治领导力量，是马克思主义政党的基本要求；（3）党是最高政治领导力量，是对党领导革命、建设和改革历史经验的深刻总结；（4）党是最高政治领导力量，是推进伟大事业的根本保证。

二、案例品评

【精选案例1】

答案要点：(1) 新时代中国共产党的历史使命，就是统揽伟大斗争、伟大工程、伟大事业、伟大梦想，在全面建成小康社会的基础上全面建成社会主义现代化强国，实现中华民族伟大复兴的中国梦；(2) 实现伟大梦想，必须进行具有许多新的历史特点的伟大关键；(3) 实现伟大梦想，必须深入推进党的建设新的伟大工程；(4) 实现伟大梦想，必须推进中国特色社会主义伟大事业。

【精选案例2】

答案要点：(1) 党的领导是中国特色社会主义最本质的特征，集中体现为政治、思想和组织领导，必须毫不动摇地贯穿到经济建设、政治建设、文化建设、社会建设、生态文明建设之中。贯彻落实党中央决策部署，关乎坚持党的领导、加强党的建设，必须不折不扣、坚定不移，决不能有丝毫的含糊和动摇。《中国共产党问责条例》把“党的领导弱化”置于问责情形首要位置，传递出要坚决贯彻党的理论和路线方针政策、党中央决策部署的强烈信号；(2) 执行党的路线方针政策，是党章规定党员干部的基本条件。但当前，有的地方、部门和单位贯彻党的路线方针政策不坚决、不全面、不到位，以官僚主义、形式主义的错误方式应对。有的以会议贯彻会议、以文件落实文件，更有甚者索性把党中央决策部署变成标语和口号、不贯彻不落实，有的贯彻执行不力，有的在贯彻中走样。有权必有责、有责要担当；(3) 作为党员领导干部，要把权力与责任、义务与担当对应起来，充分发挥党的领导核心作用，厚植党执政的政治基础。党的领导弱化，党的理论和路线方针政策、党中央的决策部署没有得到有效贯彻落实，作为党的领导干部，难辞其咎，必须严肃追究责任。

【精选案例3】

答案要点：(1) 党的领导核心地位决定了必须加强党的建设。我们党作为一个有8800多万名党员、440多万个党组织的党，作为一个在有着13亿多人口的大国长期执政的党，党的建设关系重大、牵动全局。党和人民事业发展到什么阶段，党的建设就要推进到什么阶段。党的中央、地方和基层组织必须重视党的建设，失职失责将受到严肃问责；(2) 坚持党的领导关键在加强党的建设，推进党的建设必须坚持问题导向。当前，一些党组织和党的领导干部出现党的观念淡漠、组织涣散、纪律松弛等问题：有的党组织居然把预备党员甚至是非党员任命为党的干部；有的党组织长期不按党章要求过党的组织生活，党员不按规定足额交纳党费；有的领导干部竟然记不住自己的入党年份，有的甚至几年没交过党费……对于党的建设缺失、党内政治生活不正常、组织生活不健全等问题，要通过实施强有力的问责，唤醒责任意识，激发担当精神。各级党组织和党的领导干部要切实担负起管党治党的政治责任，履好职尽好责，增强党的凝聚力和战斗力，永葆先进性和纯洁性。

【精选案例4】

答案要点：(1) 党的领导是中国特色社会主义最本质的特征，集中体现为政治、思想和组织领导，必须毫不动摇地贯穿到经济建设、政治建设、文化建设、社会建设、生态文明建设之中。贯彻落实党中央决策部署，关乎坚持党的领导、加强党的建设，必须不折不扣、坚定不移，决不能有丝毫的含糊和动摇；(2) 推进“五位一体”建设，离不开党的坚强领导。坚持党的领导，贯彻落实党的路线方针政策，统筹推进“五位一体”总体布局和协调推进“四个全面”战略布局，各级党组织和党的领导干部都有责任；(3) 实施强有力的问责，为的是推动各级党组织和党的领导干部切实担负起责任，把党的战斗力焕发出来，确保实现党的历史使命。失职失责，在推进经济建设、政治建设、文化建设、社会建设、生态文明建设中，或者在处置本地区本部门本单位发生的重大问题中领导不力，出现重大失误，给党的事业和人民利益造成严重损失，产生恶劣影响的，侵蚀的是党的执政基础，必须进行严肃问责。